优秀的绵羊

EXCELLENT SHEEP

THE MISEDUCATION OF THE AMERICAN ELITE &
THE WAY TO A MEANINGFUL LIFE

[美]威廉·德雷谢维奇（William Deresiewicz）著

[美]林杰 译

中信出版集团 | 北京

图书在版编目（CIP）数据

优秀的绵羊 /（美）威廉·德雷谢维奇著；（美）林杰译 . -- 北京：中信出版社，2025.3. -- ISBN 978-7-5217-7243-2

Ⅰ . G649.712

中国国家版本馆 CIP 数据核字第 202538F83V 号

Simplified Chinese Translation copyright © 2025
By CITIC PRESS CORPORATION
EXCELLENT SHEEP: The Miseducation of the American Elite and the Way to a Meaningful Life
Original English Language edition Copyright © 2014 by William Deresiewicz;
Preface copyright © 2024 by William Deresiewicz
All Rights Reserved.
Published by arrangement with the original publisher, Free Press, an Imprint of Simon & Schuster, LLC
本书仅限中国大陆地区发行销售

优秀的绵羊

编者： ［美］威廉·德雷谢维奇
译者： ［美］林杰
出版发行：中信出版集团股份有限公司
　　　　　（北京市朝阳区东三环北路 27 号嘉铭中心　邮编　100020）
承印者： 河北鹏润印刷有限公司

开本：787mm×1092mm 1/16　　印张：19　　字数：212 千字
版次：2025 年 3 月第 1 版　　　　印次：2025 年 3 月第 1 次印刷
京权图字：01-2025-0750　　　　　书号：ISBN 978-7-5217-7243-2
　　　　　　　　　　　　　　　　定价：69.00 元

版权所有·侵权必究
如有印刷、装订问题，本公司负责调换。
服务热线：400-600-8099
投稿邮箱：author@citicpub.com

献给我的学生们

以及一如既往地，献给吉尔

目 录

导读与赞誉 _03
10 周年纪念版序言 _39
前言 _47

01 第一部分 绵羊

第一章 学生 _003
第二章 历史 _024
第三章 训练 _039
第四章 机构 _058

02 第二部分 自我

第五章 大学的使命 _075
第六章 创造自己的生活 _087
第七章 领导力 _130

03 第三部分 学校

第八章 人文经典 _149
第九章 精神向导 _172
第十章 排名指南 _188

04 第四部分 社会

第十一章 欢迎加入俱乐部 _201
第十二章 精英教育的自我救赎 _221

致谢 _241

导读与赞誉

从"优秀的绵羊"
到幸福的人

胡敏｜教授
新航道国际教育集团创始人

在这个充满竞争与焦虑的时代,"成功"似乎成了一项标准化的产品,精英教育既是成功的台阶,又是成功的勋章,因此备受青睐。在极限追求精英教育的路上,孩子们从小就在分数的世界里奔跑,家长们在"鸡娃"的道路上挣扎,而教育者在这场看似永无止境的竞赛中努力纠偏,有时候也迷失方向。与之形成鲜明对比的是:越来越多大学生迷茫、自卑、抑郁,"丧""躺平""佛系"这些词在他们中流行,白领精英因压力过大而选择放弃奋斗的比例在增加,很多人甚至全方位"摆烂"。

看似矛盾的现象背后,隐藏着深刻的问题:我们的教育是否过于关注分数与成就,忽视了青少年内心的真实感受和成长需求,导致他们因追求高分而忽视个性发展,虽然成绩优异但缺乏内在动力和独立思考?教育如何才能真正帮助孩子们找到成功与幸福的道路?

前耶鲁大学英文系教授威廉·德雷谢维奇在《优秀的绵羊》一

书中，描述了相似的问题——众多拥有优秀成绩和光鲜履历的美国学生，求学于哈佛、耶鲁、普林斯顿等顶尖名校，却没有真正的幸福感。

德雷谢维奇教授本人是精英教育的亲历者和内行。他生于美国上层中产家庭，在正统的犹太教社区长大，在耶鲁大学待了10年之后，决定辞去教职。之所以这么做，是因为他感觉当前的美国精英教育已经陷入了误区，这套系统下培养出来的学生大都聪明，有天分，斗志昂扬，同时又充满焦虑，胆小怕事，对未来一片茫然，极度缺乏目标感，虽然非常擅于解决手头的问题，但不知道为什么要解决这些问题，如同一群"优秀的绵羊"。

《优秀的绵羊》一书对美国青少年的求学与心理、名校的使命与课程、家庭教育等方面进行了深入分析，对精英教育的弊病鞭辟入里，发人深省，出版以来影响了无数中外读者。欣闻中信出版社将推出"10周年纪念版"，还增加了作者亲自撰写的序言，我感到这是一件好事，希望更多中国读者读到此书，以其为镜，关照我们当下的问题，寻找到应对教育和社会内卷问题的良方。

德雷谢维奇教授说："从我教过的学生，包括我在美国各大校园接触过的相当数量的学生，以及过去多年曾经与我通信的几百位学生，再加上我曾经阅读过的学生吐露心声的文章来看，当那层不可一世的自信和完美无缺的光鲜外表被剥离之后，你会惊讶地发现，这群年轻人身上寄居着令人窒息的恐惧、焦虑、失落、无助、空虚和孤独。"

美国心理学会的一份名为《大学校园的危机》的报告佐证了这个问题。该报告指出：接近一半的大学生觉得自己"无望"，接近 1/3 的大学生承认"在过去的 12 个月中由于心情过度低落而影响到了自己正常的生活"。大学校园的心理咨询服务需求从 20 世纪 90 年代中期以来一直攀升，现在相关服务机构几乎门庭若市，应接不暇。在接受过心理咨询服务的学生群体中，被诊断有严重心理障碍的学生数量增加了 2 倍，接近整体人数的一半。斯坦福大学在 2006 年就本校学生的心理健康问题组建了一个行动小组，斯坦福大学的副校长也发出警示："我们发现越来越多的学生在心理上出现了轻重不等的问题，有自卑、发展障碍、抑郁症、焦虑、进食障碍、自残、精神分裂症和自杀行为等。"

什么原因导致了这些聪明的年轻人面临如此严重的心理健康问题？

首先是巨大的学业压力。这本书中有很多案例，其中一位普林斯顿大学负责教学的老师讲道："前几天有一位本科生备受学习压力的折磨，在我的办公室里讨论毕业论文的时候，晕了过去。"一位斯坦福大学的学生说："如果要出人头地，出类拔萃，那么就要完全配合并服从于这个系统。我看到身边不少朋友，为了成绩和简历，不惜牺牲自己的健康、友情、爱情、个人探索、课余活动等。这些牺牲恰恰又是构建一个人内心和灵魂的基石。"而一个耶鲁大学的学生说道："我也许在受罪，但是我若不曾受罪，我又怎么可能成功被耶鲁录取。"

中国的大学里，不乏类似的情况。2021 年 3 月，清华大学的一位同学发起一门"摸鱼学导论"课，迅速吸引了上千名同学选课。一个学生评论说："我们不是不想努力，而是长期的高压让我们连思考'为什么要学习'的时间都没有，所以只能摸鱼。"清华学子的"摸鱼狂欢",反映出我们顶尖大学的学子对于"卷"也感到疲惫,普遍存在焦虑、烦躁和抑郁情绪。

其次是成为"完美学生"的虚假追求。美式精英学生除了学业优秀,还要无止境地追求课外活动,表现自己的领导力与社会责任感,同时发展一些个人爱好,似乎琴棋书画样样精通。这些活动不仅侵占个人的空余时间,也牺牲了理智探索的机会,使学习变得虚假,甚至学生们根本没有时间全身心地倾注于某种热爱。一个耶鲁大学学生的故事是这样的:上大学之前,他大部分时间都花在阅读和写短篇故事上;上大学三年之后,他变得极度不自信,为了能够在众人面前表现得博览群书,对于任何有所耳闻的图书,他都会快速阅读其首尾两部分,并囫囵吞枣式地阅读大量的书评,以便自己能够快速、全面了解图书内容。

豆瓣上有个"985废物引进计划"小组,汇聚着我们众多高学历的名校学霸。这些别人眼中的优等生,却自嘲是"废物"。他们有着共同的特质——成绩优异、名校光环,是从小被夸大的"别人家的孩子"。但是,这种"完美"特别经不起打击,随着上大学后光环逐渐消失,尤其毕业后走进社会,他们发现所谓的成功远不是一张优异的成绩单所能实现的,因此这些人更容易迷失。

除了学校,家庭往往也会给孩子施加追求完美的压力。书中引用了一位父亲的话:"我们就是要做对的事情,培养出完美的孩子。"对于家庭而言,"完美"往往是有多层含义的:既是"幸福快乐",又是"有成就"。中国家庭在这一点上非常相似。当家长在孩子的潜意识中种下了一颗种子——只有成功,才值得被爱,那么孩子就会理解,并依照父母对自己的期望来引导自己。但是,父母的需求和期望是无止境的，满足感也总是短暂的，所以孩子会永远觉得做得不够，必须不断地追求完美。

从哈佛到清华，从美国到中国，精英教育系统原本希望培养"超人"，但事实上将学习变成了一种机械化的任务，许多孩子在这样的训练中逐渐成了"高分机器"，陷入过度追求成功和缺乏自我探索的矛盾中。

如何帮助年轻人构建内心世界的丰盈，在人工智能时代实现人生的价值，获得幸福生活？

在《优秀的绵羊》一书中，谙熟精英教育的德雷谢维奇教授提出，现成的解决方案是回到博雅教育。博雅教育不求完美，允许试错，其终极目标是培养具有创造自我、认识自我和思辨能力的人，也是更幸福的人。

确实，教育的真正目的是帮助每个人找到属于自己的道路，"允许试错的教育"才是让学生真正成长的关键。这意味着我们需要给学生更多空间去探索、失败，重新定义自己的人生目标，而不是把他们困在成功里。

接受博雅教育的学生，不但是更完整的人，而且在人工智能时代的职场也更有优势。全球经济已经表现出高度的流动性和不稳定性，叠加生成式人工智能对社会的改造，工作的意义将被重新定义，强大的、富有创造力的个人，才能创造更大的社会价值。

唯愿我们的孩子脱离成功的羁绊，循着自己的个性，在学习中找到快乐，在成长中发现自我，在竞争中保持自信，在合作中实现共赢，拥有幸福的能力。这是教育的真谛，也是我们对孩子最深沉的爱与期待。

"优秀的绵羊"是如何培养出来的?

姚洋 | 北京大学博雅特聘教授

威廉·德雷谢维奇的这本书把美国的大学生比喻为"优秀的绵羊"。他曾长期在耶鲁大学执教,对美国精英大学里的学生有第一手的观察。这些学生从中学就开始打拼,努力把自己铸造成名校希望他们成为的样子——学习成绩拔尖、课外活动丰富、擅长多项文体活动、富有领导力,等等;进入大学之后,他们的竞争没有停止,下一个目标是成为高薪行业——特别是金融业——所期待的优秀毕业生的样子。他们很优秀,但失去了个性、失去了创造力。无独有偶,德雷谢维奇在耶鲁大学的同事丹尼尔·马科维茨在《精英陷阱》这本书里也有相同的描述。马科维茨进一步指出,优绩主义导致全社会的焦虑——普通人竭尽全力想挤入精英阶层,但胜出者寥寥;精英们的状态也好不到哪里去,尽管他们的收入很高,但为了保持自己的位置,他们不得不卷入无休止的竞争和过度的劳累之中,生活也不幸福。

相比于美国,"优秀的绵羊"在中国只会更多。相对于人均收入而言,中国的中产阶级家庭在把自己的孩子训练成"优秀的绵羊"方面所付出的精力和金钱，远比美国家庭多得多。训练不是从中学开始的，而是从幼儿园开始的；等到大学毕业的时候，我们的孩子已经成为一群"优秀"而温驯的"绵羊"，等待社会的"宰杀"。"焦虑"是当今中国社会的一个流行词，而教育和升学压力以及由此而产生的择业困境，无疑是全社会焦虑的重点之一。

如何矫正这种状态？马科维茨认为优绩主义是万恶之源，但并没有提出像样的改进措施；德雷谢维奇往前迈进一步，为个体和学校提出了一些建议。一方面，马科维茨全面否定优绩主义，显然是走过头了，因为一个不奖励勤奋和才智的社会是不可持续的，中国的计划经济时代就是一个很好的例子。另一方面，德雷谢维奇的建议又过于微观，无法清除培养"优秀的绵羊"的土壤。

美国和中国教育的共同问题是重选拔、轻培养。美国的初等教育好于中国，基本上贯彻了培养的目标，但又过于轻松，普通学生没有学好基本的知识和技能。到了高中阶段，美国的中学就和中国的中学没有多大差别了，选拔成为学校最为重要的任务。中国学生一路被选拔上来，高中只是他们接受选拔路上的一个环节而已；美国学生却不同，突然到来的选拔让许多学生无所适从，掉队的很多。进入大学之后，两个国家的大学生面临同样的压力，拼绩点、拼履历，全力把自己塑造成高薪行业所希望的样子。

两个国家都需要对教育体制进行改革，弱化教育的选拔功能，让教育回归培养人这个本来目的。其他国家的实践已经提供了很好的经验，比如给学生随机分配学校，教师在不同学校之间轮岗，大学独立招生，等等。美国的少数城市已经开始实施高中阶段抽签入校，对于提升教育公平起到积极作用。中国在教育改革方面落后较多，选拔仍然主导着中小学教育。初中之后的"普职分流"就是一个致力于选拔的典型例子。然而，在AI和自动化加速替代重复性劳动的时代，职高教育已经失去了原有的意义；"普职分流"非但不是人才培养的正确路径，反而加剧了社会的焦虑，因此必须改革。另一个例子是对拔尖人才的培养。中国科学技术大学自恢复高考之后就办少年班，但40多年的实践证明，少年班的毕业生并不比普通大学毕业生的成就更高。然而，过去十几年间，更多的少年班冒了出来，而且往往冠以名人的名字。这些"XX班"除了给学生烙上"XX"的名牌之外，不会有任何突出的成绩呈现给社会。如果说中美的大学都在培养"优秀的绵羊"的话，遍地开花的少年班就是在培养温顺但未必优秀的"羔羊"。

德雷谢维奇的《优秀的绵羊》在国内再版，是一件好事。希望这本书能够给中国教育界再次敲响警钟，推进中国教育的改革步伐。

精致的利己主义者和
常春藤的绵羊①

万维钢 | 科学作家
得到APP《精英日课》专栏作者

现在很多忧国忧民的老派人物已经对中国的大学，包括一流名校，有点儿不敢抱太大希望了。中国的大学给人的印象是，不但学术创新能力不行，就连社会责任感也不行，用钱理群的话说，培养出来的学生都是"精致的利己主义者"。那么礼失求诸野，美国的大学又如何呢？常春藤名校学生，是否都是德才兼备、文能安邦武能定国、充满英雄主义和冒险精神的人中之龙凤？在美国名校读本科——而不是一般中国留学生读的、以搞科研发论文为目标的研究生——是一种怎样的体验？

像这样的问题光问哈佛女孩刘亦婷不行，最好再找个懂行的本地人问问，比如曾在耶鲁大学教过10年书的威廉·德雷谢维奇。他在2014年出了一本书，叫作《优秀的绵羊》。这个称号并不比"精致的利己主义者"好听。

---

① 原文刊登于《南方周末》（2015年7月30日），个别字词有改动。——编者注

显然这是一本批评美国名校教育的书，不过这本书并不只是图个吐槽的痛快，它讲述了一点儿名校的运行机制。此书没怎么提中国，可是我想如果把中美两国的名校教育放在一起比较一下，将是非常有意思的事情。作为中国读者，如果你不怎么了解美国教育，读完这本书可能会惊异于中美大学的巨大差异；如果你已经对美国教育有所了解，读完这本书可能会惊异于中美大学之间巨大的相似性。

也许我们还可以思考一下，现代大学到底是干什么用的。

一、好得像绵羊一样的学生

为便于叙述，我们虚构两个学生：清华大学的小明和耶鲁大学的Joe。能入选各自国家的顶级名校，两人显然都是出类拔萃的精英。人们相信他们都是未来的社会栋梁，甚至有可能成为各自国家的领导人。

然而，此时此刻，小明的形象距离领导人还相差很远。他来自中国某个边远地区，身体谈不上健壮，戴个眼镜，社会经验相当有限，也不怎么善于言谈，除了成绩好外，简直一无所长。刻薄的人可能会说小明有点读书读傻了，是高考的受害者。

但小明其实是高考的受益者。他是自己家族，甚至可以说是家乡的骄傲。为了得到这位全省状元，清华大学招生组曾把小明请到北京陪吃陪玩，美其名曰"参观校园"，直到看着他填报了志愿才算放心。这简直是球星的待遇。

Joe的父亲是某大公司的CEO，母亲在家做全职主妇。由于父母都是耶鲁大学毕业生，Joe上耶鲁大学不过是遵循了家族传统而已。美国大学的录取标准并不只看分数，非常讲究综合素质。跟小明相比，Joe可谓多才多艺。他高中时就跟同学搞过乐队，能写能弹能唱，从小就精通游泳、网球和冰球，而且入选校队参加比赛。Joe的组织能力很强，是高中学生会副主席，而且很有爱心，经常去社区医院帮助残疾人做康复运动。

要论解决刁钻古怪的高考数学题，Joe肯定不如小明——但是Joe的学习成绩并不差。Joe从高二开始就选修了几门大学先修课程（Advanced Placement，简称AP），还没上大学已经具备微积分和宏观经济学的知识，这都是小明高考范围以外的内容。

跟其他很多名校一样，耶鲁大学允许Joe高中毕业后先玩一年再入学。这样一来，Joe一方面可以休息休息，另一方面可以趁着年轻看看世界。Joe并没有浪费这一年时间。在欧洲游历了半年之后，他在父亲的帮助下前往非洲，以志愿者身份在盖茨基金会工作了几个月，任务是帮助赞比亚减少艾滋病病毒感染。

小明深知自己的一切荣誉都来自分数。只有过硬的分数才能让他拿到奖学金、出国留学、找份好工作。为此，小明在清华大学的学习策略跟高中时期并无区别，那就是一定要门门功课都拿优等。

Joe的大学生活就比小明丰富多了。他是多个学生组织的成员，每逢假期就去做志愿者或者去大公司实习，有相当专业的体育运动，而且经常跟老师和同学们交流读书心得！

所以中美大学教育的确是非常不同的。可是如果你据此认为，相对于小明辛苦的应试教育，Joe正在经历的素质教育非常快乐，或者你认为Joe是比小明更优秀的人才，那你就完全错了。其实，Joe和小明是非常相似的一类人。

Joe为什么要参加那么多课外活动？因为这些活动是美国学生评价体系的重要组成部分，像考试分数一样重要。跟小明刷GPA（平均学分绩点）一样，Joe刷课外活动的经验值也只不过是完成各种考核指标而已。每天忙得焦头烂额的Joe，对这些事情并没有真正的热情。比一心只想着考试的小明更苦的是，Joe还必须顾及自己在师生中的日常形象，他需要知道别人经常谈论的书里都说了什么——所以他用只读开头、结尾和书评的方式，假装读过很多本书。至于能从一本书中真正学到什么，Joe根本没时间在乎。

如果说小明是个精致的利己主义者，那么其实Joe也是。20世纪六七十年代和更早时候的大学生，的确都很有社会责任感，非常关心国家大事，甚至愿意为了社会活动而牺牲学业。可能因为各行业收入差距越来越大，也可能因为大学的学费越来越贵，现在的大学生竞争非常激烈，根本没时间管自己生活以外的事情。除了拿经验值走人，他们并不打算对任何事物做特别深入的了解。清华大学的学生还有闲情逸致搞个女生节向师妹师姐致意，而耶鲁大学这种水平的顶尖美国大学中，学生经常忙得没时间谈恋爱。

Joe和小明的内心都非常脆弱。一路过关斩将进入名校，他们从小就是取悦老师和家长的高手。别人对他们有什么期待，他们就做什么，而且一定能做好。层层过关的选拔制度，确保这些学生都是习惯性的成功者，他们从未遇到挫折——所以他们特别害怕失败。进入大学，他们的思想经常走极端，做事成功了就认为自己无比了不起，一旦失败就认为自己简直一无是处。Joe曾经真诚地认为，如果考不进耶鲁大学，他就与一个屠宰场工人无异。

面对无数跟自己一样聪明、一样勤奋的人，他们的情绪经常波动，充满焦虑。他们选课非常小心谨慎，专门挑自己擅长的选，根本不敢选那些有可能证明自己不行的课程。

　　人们印象中的名校应该不拘一格降人才，每个学生都根据自己的个性选择不同的道路，百花齐放。然而，事实是，在追求安全、不敢冒险的氛围下，学生们互相模仿，生怕跟别人不一样。小明一入学就在最短的时间内跟师兄们学会了自己学校的切口和校园BBS上的专用语。什么时候考托福，哪个老师的课不容易拿分，考研及找工作的各种流程，就连办出国手续打预防针总共会被扎几次，BBS上都有详细的"攻略"。小明对这些进身之道门儿清，遇到与攻略稍有差异的，都要上网仔细询问，不敢越雷池半步。小明的师兄梁植在清华大学拿了三个学位而没找到毕业后该去干什么工作的攻略，习惯性地在一个电视访谈节目上向评委请教，结果遭到了老校友高晓松的怒斥。[1]

　　高晓松说："你不去问自己能为改变这个社会做些什么，却问我们你该找什么工作，你觉得愧不愧对清华十多年的教育？"

　　高晓松大概也会看不起Joe。刚入学时，"Joe们"被告知耶鲁大学特别讲究多样性，他们这些来自五湖四海、不同种族、身怀多项技能的青年才俊将来的发展有无限的可能。那么这些拥有得天独厚的学习条件的精英学生，是否会有很多人去研究古生物学，很多人致力于机器人技术，很多人苦学政治一心救国，很多人毕业后去了乌干达扶贫呢？

---

[1] 谭琳静：《清华学霸的迷茫 是否仅是他一个人的迷茫？》，《长沙晚报》2014年12月4日。——编者注

当然不是。学生们慢慢发现，真正值得选择的职业只有两个：金融和咨询。有统计发现，2014 年 70% 的哈佛大学毕业生把简历投到了华尔街的金融公司和麦卡锡等咨询公司，而在金融危机之前的 2007 年，更有 50% 的哈佛大学毕业生直接去了华尔街工作。对比之下，只有 3.5% 的哈佛大学毕业生选择政府和政治相关工作。

金融和咨询，这两种职业的共同点是工资很高，写在简历里好看，而且不管你之前学的是什么专业都可以干。事实上，这些公司也不在乎你学的是什么专业，他们只要求你出身名校、聪明能干。

别人怎么要求，他们就怎么反应。不敢冒险，互相模仿。一群一群地都往同样的方向走。这不就是绵羊吗？

二、假贵族和真贵族

既然是绵羊，那就好办了。中国学生也许不擅长当超级英雄，当个绵羊还是非常擅长的。你只要使用"虎妈"式的训练法，甭管钢琴还是大提琴，你要什么经验值我就给你什么经验值，不就行了吗？如果清华大学的入学标准对有音乐要求，我们完全可以想见，小明一定会熟练掌握小提琴。如果说中国教育的特点是分数至上，现在的美国教育不也是讲 credentialism（文凭主义）吗？美国名校难道不应该迅速被华人学生占领吗？

没有。近日有报道，美国华裔学生 Michael Wang，SAT（学术能力评估测试）成绩 2230 分（超过 99% 的考生），GPA 4.67，全班第二，13 门 AP 课程，"参加了全国英语演讲和辩论比赛、数学竞赛，会弹钢琴，在 2008 年奥巴马总统就职典礼上参加合唱团的合唱"。他在 2013 年申请了 7 所常春藤大学和斯坦福大学，结果被除了宾夕法尼亚大学之外的所有学校拒绝。

这又是什么道理？华人，乃至整个亚裔群体，哪怕是成绩再好，文体项目再多，你要求的我都会，还是经常被常春藤大学挡在门外。很多人认为这是针对亚裔的种族歧视。最近有人联合起来要起诉哈佛大学录取不公平，他们的官方网站就叫"哈佛不公平"。

但是读过《优秀的绵羊》我们就会明白，这些整天立志"爬藤"的亚裔学生，根本没搞明白藤校是怎么回事儿。

稍微具备一点百科知识的人都知道，所谓常春藤盟校，最早是一个大学体育赛事联盟。可是如果你认为这些大学当初组织起来搞体育赛事，是为了促进美国青年的体育运动，就大错特错了。常春藤的本质，是美国上层社会子弟上大学的地方。

19世纪末，随着铁路把美国变成一个统一的经济体，白人盎格鲁-撒克逊新教徒（WASP）中的新贵不断涌现，他们需要一些精英大学来让自己的子弟互相认识和建立联系。这些大学的录取标准要求会古希腊语和古拉丁语，这些都是美国公立高中根本不教的内容，这样平民子弟就被自动排除在外。

所以精英大学本来就是精英阶层自己玩的东西，是确保他们保持统治地位的手段。自己花钱赞助名校，让自己的孩子在这些大学里上学，然后到自己的公司接管领导职位，这件事外人几乎无法指责。哈佛大学是个私立大学，本来就没义务跟普通人讲"公平"。

当时"有资格上"哈佛大学的学生想进入这所高校相当容易，其录取标准根本就不看重学习成绩。事实上，一直到1950年，哈佛大学每10个录取名额只有13个人申请，而耶鲁大学的录取率也高达46%，跟今天百里挑一甚至千里挑一的局面根本不可同日而语。

相对于学习成绩，学校更重视学生的品格养成，搞很多体育和课外活动，以人为本。也许那时候的美国名校，才是我们心目中的理想大学，是真正的素质教育。

然而，精英们很快意识到这么搞不行。一方面，新的社会势力不断涌现，一味把人排除在外，对统治阶层自己是不利的；另一方面，这些"贵族"子弟的学业的确不够好。

于是，在20世纪第二个10年，一些大学开始率先取消古希腊语和古拉丁语考试，给公立高中的毕业生机会。然而，这样一来，一个立即产生的结果就是，犹太学生比例突然增加。精英们一看，这也不行，赶紧又修改录取标准，增加了推荐信、校友面试、体育和"领导力"等要求。这才有了后来的常春藤这个"体育"联盟。

类似这样的改革反复拉锯。到20世纪60年代一度只看分数录取，当时在校生的平均身高都因此降低了半英寸（1.27厘米）。最后妥协的结果就是今天这个样子：既重视考试成绩，也要求体育等"素质"。

而到了这个时候，这些所谓素质教育的本质就已经不是真正为了培养品格，而是为了确保精英子弟的录取比例。并非所有"素质"都有助于你被名校录取，你需要的是有贵族气质的，而且必须是美式传统精英阶层的素质。这就是为什么你不应该练吉他而应该练大提琴，不应该练武术而应该练击剑；你需要在面试时表现出良好教养，最好持有名人的推荐信；你光参加过学生社团还不够，还必须曾经担任某个社团的领袖；你参加社区服务决不能像奥运志愿者那样一副三生有幸的表情，而应该使用亲切屈尊的姿态。

一句话，这些事儿普通人家的孩子很难做到。如果你不是贵族，所有这些素质教育的要求，都是逼着你假装贵族。

美国名校通常都有对低收入家庭孩子减免学费的政策，比如哈佛大学规定家庭年收入在 6 万美元以下的学生全部免费，家庭年收入在 18 万美元以下的学生最多只需交家庭年收入的 10%。[①] 这是非常慷慨的政策，要知道如果你的家庭年收入是 18 万美元，你已经比 94% 的美国家庭富有。但哈佛大学能用上这个减免政策的学生，只有 40%——大部分哈佛学生的家庭年收入超过 18 万美元。我还看到另一个数据，在斯坦福大学，接近一半的学生家庭年收入超过 30 万美元（这相当于美国家庭年收入前 1.5%），只有 15% 的学生家庭年收入不到 6 万美元（相当于美国家庭年收入后 56%，即一半以上）——这意味着前者进入斯坦福大学的可能性约为后者的 124 倍。

上大学花多少钱根本不重要，上大学之前花了多少钱，才是真正重要的。有人统计，就连 SAT 成绩都跟家庭收入呈正相关。而获得贵族素质的最有效办法是进私立高中。哈佛、耶鲁和普林斯顿这三所大学，所录取新生中的 22% 来自美国 100 所高中，这相当于全美国高中总数的 0.3%——这 100 所高中之中，只有 6 所不是私立的。

也就是说，如果你生在一个普通家庭，你什么素质都还没比就已经输在起跑线上了。但即便如此，仍然有人不服，再难也要进藤

---

① 根据 2025 年哈佛大学官网消息，这两个收入门槛分别为 8.5 万美元和 15 万美元。——编者注

校。那么在众多"假贵族"的冲击下，现在藤校的录取竞争处于什么水平呢？

《优秀的绵羊》中透露了一点耶鲁大学的真实录取标准。如果你在某一方面有特别突出的成就——获得一般小打小闹的奖项没用，必须是英特尔科学奖这样的全国性大奖——你肯定能被录取。如果没有，那你就得"全面发展"——对耶鲁大学来说，这意味着7~8门AP课程和9~10项课外活动——即便如此也不能保证被录取，还得看推荐信和家庭情况。至于亚裔津津乐道的SAT考试成绩，没有太大意义。

我觉得考清华大学似乎还比这个容易一点。这就是为什么有志于名校的美国高中生其实比中国高考生辛苦得多。

但耶鲁大学还有第三个录取渠道。凡巨额捐款者的孩子，一定可以被录取。

三、名校到底是干什么用的？

这样说来，美国私立名校从来都不是为全体国民服务，而是为上层服务的机构。名校之所以时常做出一些"公平"的努力，比如减免学费，优先录取少数族裔（不包括亚裔），仅仅是出于两个原因：第一，要为精英阶层补充新鲜血液，这样系统才能保持稳定；第二，只有"公平"，才能保住自己作为非营利机构的免税资格。

既然是为精英阶层服务，那肯定得严格要求、精心培育，把大学生培养成真正的未来领袖吧？德雷谢维奇却告诉我们，现在名校其实并不重视学生教育。

中国科学技术大学有一年新生入学，校方搞了个家长会，校领导居然对学生说：科大在北京录取分数线低，你们北京来的要好好努力才能跟上同学！像这样的事根本不可能在耶鲁大学发生。学生明明是靠家庭特权进来的，学校对他们却只有赞美，而且在各种场合不停地夸，学生以为自己能力以外的因素等于零。这导致名校学生对上不了精英大学的普通人的事根本不感兴趣，更谈不上了解国家现实。他们没有真正的自信，但是个个自负。

既然都是精英，那必须好好对待。如果你在普通大学有抄袭行为，或者错过一次期末考试，你可能会有很大的麻烦；而在耶鲁大学，这些都不是大问题。截止日期可以推迟，不来上课不会被扣分，你永远都有第二次机会。据德雷谢维奇在耶鲁大学亲眼所见，哪怕你遭遇最大的学业失败，哪怕你抄袭，哪怕你威胁同学的人身安全，你都不会被开除。

一方面，名校学生平时课外活动实在太忙；另一方面，教授们指望学生给自己留个好评，现在名校的成绩标准也越来越宽松。1950年，美国公立大学和私立大学学生的平均GPA都是2.5；而到了2007年，美国公立大学学生的平均GPA是3.01，私立大学则是3.30，特别难进的私立大学呢？3.43。到底哪国的大学更"严进宽出"，中国的还是美国的？

但这组GPA贬值的数据也告诉我们，过去的美国大学比现在严格得多。事实上，在两位罗斯福总统上大学的那个年代，这些名校虽然摆明了就是让贵族子弟上的，其教学反而比现在严格得多。老贵族非常讲究无私、荣誉、勇气和坚韧这样的品质。那时候，当学校说要培养服务社会精神和领导力这些东西，它们是玩真的。今日新贵充斥的大学，简直是在折射美国精英阶层的堕落。

如果名校不关心教育，那么它们关心的是什么呢？是声望，更确切地说，是资金。

《美国新闻与世界报道》每年推出的全美大学排名，并不仅仅是给学生家长看的。大学能获得多少捐款，甚至能申请到多少银行贷款，都与这个排名息息相关。为什么在真正的入学要求越来越高的情况下，名校还鼓励更多人申请？是为了刷低录取率。录取率是大学排名计算中非常重要的一项，越低越好。为什么大学把学生视为顾客，不敢严格要求？因为毕业率也是排名标准之一，而且是越高越好。

在现代大学里，教授最重要的任务是搞科研而不是搞教学，因为好的研究成果不但能提升学校声望，还能带来更多科研拨款。在这方面，中美大学并无不同，讲课好的教授并不受校方重视。但大学最重视的还不是基础科研，而是能直接带来利润的应用科研——德雷谢维奇说，名校在这方面的贪婪和短视程度，连与之合作的公司都看不过去了。

校友捐赠，是名校的一项重要收入来源，哈佛正是凭借几百亿美元的校友捐赠基金成为世界最富有的大学。我们前面说过，大部分哈佛毕业生去了华尔街和咨询公司工作，其实这正是大学希望你从事的工作。

我曾看到的两条新闻正好说明了这一点。一条是在2008年美国次贷危机中大肆做空获利的对冲基金总裁约翰·保尔森（John Paulson），给哈佛大学工程与应用科学学院捐4亿美元，为该校史上最高校友捐款，哈佛大学直接把学院命名为约翰·保尔森工程与应用科学学院。另一条更有意思，黑石集团的苏世民（Steve

Schwarzman）向耶鲁大学捐款 1.5 亿美元，哈佛大学为此非常后悔，因为此君当初曾经申请了哈佛大学而没有被录取——所以有人在《纽约时报》发表文章说，哈佛大学应该用大数据的思维更科学地分析哪些高中生将来可能成为亿万富翁，可别再犯这样的错误了。

学生职业服务办公室对律师、医生、金融和咨询以外的工作根本不感兴趣。你将来想当个教授或者社会活动家？学校未必以你为荣。大学最希望你好好赚钱，将来给母校捐款。

为什么出生在美国的 Michael Wang 上不了藤校，而一所中国高中——南京外国语学校——却有多名学生被藤校录取？这可能恰恰是藤校布局未来校友捐款的策略——新兴经济体国家的精英学生未来有更大的赚钱潜力，对藤校来说，"金砖五国"的高中生比西欧国家的更有吸引力。

总而言之，美国名校找到了一种很好的商业模式。在这个模式里最重要的东西是排名、科研、录取和校友捐款，教学根本不在此列。

而鉴于中国的名牌大学——尽管没有一所是私立的——一直把美国名校当作榜样，甚至还可能把这些事实上的问题当成优点去学习，我们有理由相信中国大学的未来也是如此。

有位清华大学教授程曜，出于对学校的种种不满，竟曾经以绝食抗争（《南方人物周刊》2012 年 10 月 29 日）。德雷谢维奇的愤怒可能还没到这么极端。他认为大学应该培养学生的人生观、价值观和真正的思考能力，推崇博雅教育，甚至号召学生不要去名校。

但如果小明和 Joe 跑来问我，我不知道应该给他们什么建议。也许大学根本就不是教人生观、价值观和思考能力的地方。也许你应该自己学那些东西，也许你根本就没必要学。德雷谢维奇说，他有好几个学生最终决定放弃华尔街的工作，宁可拿低薪为理想而活，我想小明未必需要这样的建议。

但我的确觉得，这个世界哪怕分工再细，专业化程度再高，也不太可能完全靠绵羊来运行。

何况绵羊的生活其实并不怎么愉快。

精英幻象下的教育真相

袁希 | 水卢教育科技投资人
艺圆艺术创始人

每一位父母都望子成龙、望女成凤。为了不让孩子"输在起跑线上",我们不惜从幼儿园起就投入无尽的补习班、竞赛培训中,像打了鸡血般地"鸡娃"——刷题、学琴、比赛,一个都不能少,只为在履历上添上漂亮的一笔。然而,当我们的孩子挤进梦想中的名校,等待他们的真的是一条康庄大道吗?威廉·德雷谢维奇在《优秀的绵羊》一书中发出振聋发聩的质疑:今天那些被精心培养出来的名校尖子生,有多少正迷失在精英教育的幻象之中,成为一群缺乏自我方向的"优秀的绵羊"?

名校光环与现实落差:心理代价沉重

在许多家长眼里,名校似乎自带光环:进了名校就等于获得了成就与幸福的保证。然而,现实并非如此简单。德雷谢维奇揭示,顶尖大学里的学生表面风光,内心往往承受着巨大的心理压力和困惑。他们从小名列前茅,习惯了被称作"最优秀的孩子",父母和老师的赞美不断，让他们产生了一种脆弱的优越感。这种优越感建立在成绩和光环之上：哪怕考砸一次，他们的整个自我价值感就会崩塌；哪怕只是一次小小的失败，都足以让他们觉得自己一无是处。德雷谢维奇指出，这些名校生往往在"自大感"和"自卑感"之间摇摆：不是感觉自己无所不能，就是感觉自己一文不值。当社会灌输给孩子"非清华北大（或哈佛耶鲁）不上"的信念，他们就会感觉自己要么登顶，要么坠落，中间地带仿佛不存在。这种极端的成败观，令孩子的心理不堪重负。近年来，无论美国还是中国，名校学生焦虑、抑郁乃至崩溃的案例并不鲜见，这正是精英教育光环下的阴影。表面的荣耀背后，是孩子在茫然中的不断自问："我这么拼命，究竟为什么？"

功利教育盛行：独立思考的缺失

造成上述困境的原因，离不开从小到大的功利主义学习风气。在精英教育的赛道上，学生被训练成了标准化的优秀机器：为了考取高分和名次，他们服从指令、埋头苦干，却很少有机会停下来思考自己为什么要如此学习。就像德雷谢维奇形容的那样，我们仿佛在对孩子进行一场残酷的行为实验：红灯一亮，就必须按下按钮，否则就算失败。孩子的日程被各种课堂和活动塞满，几乎没有独处反思的时间，这终将让他们身心俱疲。为了进入理想的大学，一套固定的"优秀简历"模板早已成型：出色的考试分数、大堆课外活动、学生会干部、"领导力"和志愿服务经历……然而这一切很多时候只是流于形式。领导力沦为头衔竞赛，只要拿到职位就是"领袖"；公益服务本应是为了社会，但为了履历而做的志愿服务不免变成了自我包装的手段。久而久之，学生对这些空洞的履历构建变得玩世不恭、内心麻木——学习不再是为了求知和自我提升，而成了一场充满功利算计的游戏。

在这样的教育氛围中，独立思考和内在动力无从培养。孩子们习惯于按照既定规范完成任务，缺乏质疑权威和探索自我的机会。一路被牵着走的他们，到了需要自己抉择的人生关口时，便会茫然不知所措。正如作者所说，这些长期被框定轨道的优等生，被迫一直追逐下一个目标，永远按照别人的标准跳过一个又一个圈套，却从未学会选择方向。当有一天外在的指引突然停止，他们才惊觉自己从未真正想过"我想要什么样的人生"。

近亲繁殖的精英循环：成功神话的幻灭

精英教育带来的另一大问题，是社会阶层的固化和精英的近亲繁殖。名校录取看似公平竞争，实际上有太多隐形的门槛：昂贵的补习班、国际夏令营、各种竞赛奖项……这些资源往往只有经济宽裕的家庭才能提供。这意味着精英阶层通过教育在自我复制——正如德雷谢维奇尖锐指出的："精英阶层以牺牲子孙后代的幸福为代价来换取自身的延续。"（在我看来这就是近亲繁殖。）在美国，常春藤里的很多孩子来自社会顶层，他们借助父母的财力、人脉登上精英快车道；在中国，越来越多中产家庭不惜倾家荡产送孩子出国镀金，也是寄望借名校之名跨越阶层。可是，父母倾尽所有换来的名校文凭，真能确保孩子人生圆满吗？如果我们不顾孩子的个性和兴趣，一味将其挤入所谓的成功独木桥，最终可能只是满足了父母的虚荣和不安全感，却让孩子背负了难以承受之重。

德雷谢维奇让我们看清一个现实：名校并非万能的保障，精英教育神话下隐藏着巨大的风险。那些被培养成"优秀的绵羊"的孩子，也许擅长考试和面试，却缺乏创造力和激情；他们也许头顶光环，却未必能在走出校园后找到真正的方向。社会固然需要精英，但更需要多样化的人才和脚踏实地的幸福人生。我们必须警惕把名校等同于成功的思维陷阱。精英循环只会让教育变成一场狭隘的竞赛，割裂了成功与幸福的本质联系。

为了孩子还是为了面子：重新思考教育的意义

读罢《优秀的绵羊》，最发人深省的问题跃然纸上：作为家长，我们究竟是在为孩子的成长负责，还是在替自己的面子和焦虑买单？我们苦心孤诣规划孩子的人生道路，有没有倾听过孩子内心真正的声音？他的兴趣、热情、梦想被放在第几位？当我们把名校录取通知书视作终极胜利时，是否忘了教育的初衷是帮助孩子成为更好的自己，而非满足社会对"成功"的狭隘定义？

德雷谢维奇在书中提醒我们，社会通过教育传递的主流价值，往往变成了对名利的追逐：将成功简单地等同于财富和地位，至于独立思考、真诚热爱、贡献社会这些教育本应承载的价值，却日渐被忽视。难道这真是我们希望孩子继承的人生观吗？在这个人人争当精英的时代，《优秀的绵羊》为我们敲响了警钟：教育的意义不在于让孩子成为刷题机器、履历赢家，而在于让他们发现自我、追寻有意义的人生。正如作者所言，教育应当是一场精神的朝圣，是一段自我发现与成长的旅程。我们应该引导孩子寻求内心的声音，敢于有自己的想法和道路，而不是仅仅成为体制的齿轮。

当你合上这本书时，也许会开始重新审视自己的教育理念。每位父母的出发点都是爱孩子，但爱不该以焦虑和功利为名，绑架孩子的未来。《优秀的绵羊》值得每一位为孩子筹谋未来的中国父母深思细品。它让我们有勇气问自己：我们希望塑造的，是一个按部就班的优秀"绵羊"，还是一个心智健全、懂得幸福为何物的独立人？答案或许不言自明。让我们以更清醒的认识拥抱孩子的成长，让教育回归本真的初衷。希望这本书能成为你反思与调整教育航向的起点，让每个孩子都能摆脱精英幻象的桎梏，自在地成长为独一无二的自己。

本书赞誉

一位前耶鲁大学教授,探讨美国高校教育,涉及中国家长和学生关心的话题:是不是要成为一个"顺从"的学习者,是不是要为分数而学习?书中的探讨,值得我们借鉴和深思。

——陈志新　北京师范大学政府管理学院副教授

1961年,迈克尔·扬生造了一个词"精英治理"(Meritocracy),替代了"贵族统治"(Aristocracy),他将"Aris"这个希腊文改成了拉丁文"Meri"(违反了所有正确的语法规则,简直如同暴行)。在这一高竞争、高流动且无阶级的乌托邦中,"聪明人"替代"最好的人"来统治。"出人头地"的"聪明人"有什么特征?他们的策略是什么?他们各自的处境又是什么?本书给予了洞悉。

在扬的设想里,2034年,大众终于起来造反了,他们的口号是:生活不能由"数学方法"来治理,这场运动斗争的目标是一切人平等,建立无阶级的社会。过了半个多世纪,精英治理结束。

这一天,不会遥远。精英治理是如扬的寓言所示,在某个时间点轰然倒塌，还是会经历一个慢性的、不可逆转的衰竭过程？

——刘云杉　北京大学教育学院教授

在日新月异的 AI 时代，学历和成绩是否仍然重要？昂贵、漫长、艰难的名校之路是否值得？未来需要什么样的人才？如何让孩子找到持久的动力，培养批判性思维和问题解决能力？教育的责任是什么？青少年如何真正成长为独立的成人？十年过去，这本书依然引人深思。面对教育的种种焦虑，我们常常被成绩、排名和名校光环裹挟，却很少停下来问：孩子真正需要的是什么？《优秀的绵羊》帮助我们重新思考成长的意义，以及如何在竞争之外，看到更广阔的世界。

——诸葛越　斯坦福大学博士、《成长树家庭教育法》作者

一流大学到底缺失了什么？《优秀的绵羊》提醒我们，今天的精英教育已经进入一个误区，变成了一场单纯追求"资质"和"标签"的怪异游戏，而学生们则生活在虚假的光环里，被迫成为循规蹈矩、只会按照社会标准行事的"成功机器"。对于教育工作者来说，这本书是一次深刻的反思，敦促我们重新审视精英教育的真正价值，重拾教育的初心。

——严飞　清华大学社会学系副教授

《优秀的绵羊》像一面镜子，照见了精英教育背后的焦虑与迷失，它提醒我们：教育的真正目标是培养自我驱动的独立思考者，

而非"标准化"的成功者。人生不是只有一条赛道，我们不必扎堆前行。这本书的当头棒喝，值得每一位家长、教育者和年轻人深思，并将帮助我们重新定义什么是真正的教育。

——樊登　帆书 APP 创始人、首席内容官

重读此书依然令我感叹且有共鸣。十年前作者就对美国精英高校的另一面发出悲鸣和警告，让人感叹"原来他们也就这样"，而今更多的是回心转向地追问："我们为何也竟至于此？"不用刻意寻找书中开了什么良方，在贴切而生动的批判性描述的背面，就是行动改进的方向。

——林小英　北京大学教育学院长聘副教授

《优秀的绵羊》是可以一鼓作气读完的好书，而且读完内心久久不能平静。书的作者曾经是耶鲁大学的老师，也是背负了家庭期待、经历痛苦挣扎的传统好学生。他用自己以及广大年轻人的经历告诉我们：恐惧是选择之敌，而对成功的执念和贪婪同样让我们迷失。真心推荐这本书给每一个正彷徨和不安的人，希望我们都能看清浮华世界的纷纷扰扰，走出自己的路。

——李一诺　一土教育联合创始人

威廉·德雷谢维奇是美国最优秀的年轻知识分子之一。他撰写了一篇充满激情、深刻见解和尖锐批评的文章，批判了我们教育年轻人的方式。无论你同意还是不同意——我发现自己既同意又不同意——你都必须阅读这本书。它会在美国校园内外引发一

场大辩论。

——法里德·扎卡里亚 《为人文教育辩护》作者

威廉·德雷谢维奇在《优秀的绵羊》中，对美国道德沦丧的教育体系发出了尖锐而重要的批评。他正确地指出，学院和大学充斥着企业资金，一心想培养企业经理和墨守成规的人，而不是培养学者。这不仅背叛了它们的使命，而且背叛了它们声称要教的学生，进而背叛了更广泛的社会。德雷谢维奇的书与其说是呼吁改革，不如说是呼吁反抗。这场反抗来得太晚了。

——克里斯·赫奇斯 普利策新闻奖得主

在《优秀的绵羊》一书中，威廉·德雷谢维奇试图让美国现在和未来的大学生（以及他们的父母）感到不安。他非常成功，对精英教育的谴责应该引发一千次对话。读这本书可以记住学习应该是什么，然后把它传给下一只应该离开羊群的绵羊。

——艾米丽·贝兹伦 耶鲁大学法学院高级研究员

《优秀的绵羊》挑战父母打破从众心理，思考我们真正想要从孩子身上得到什么，我们真正希望他们成为什么样的人。这本书让我充满希望，相信可以有一种更真实、更有创意的方式来培养新一代的思想家，并且有勇气去尝试找到这种方式。

——佩姬·奥伦斯坦 畅销书作家

《优秀的绵羊》是对统治美国教育和生活的务实精神的严肃分

析，也是一个关于更好理想的鼓舞人心的例子。一位真正的老师在这里发言。我钦佩和感激他。

——利昂·韦斯尔蒂埃　评论家、编辑

　　威廉·德雷谢维奇的书本身就是一种高等教育，阅读它就是了解大学的意义。作者是一位有灵感的老师，他的教诲是一个迫切需要被讲述的真理。

——刘易斯·拉帕姆　作家、编辑

　　《优秀的绵羊》可能会留下……持久的印记，原因有三。第一，德雷谢维奇先生在常春藤盟校度过了24年——他毕业于哥伦比亚大学，在耶鲁大学任教10年……他带来了血淋淋的细节。第二，作者是一名前锋（借用足球术语）。他是一位生动的作家，一位文学评论家，他的头球往往落在球门深处。第三，他的控诉鞭辟入里：他瞄准了美国上层中产生活的几乎所有方面……德雷谢维奇先生的书充满了他想在美国生活中看到的更多的东西，即更多充满激情的怪异性。

——《纽约时报》

　　对家长的提醒：让孩子进入精英学校的竞争日益激烈，学校正在培养出一批新的"仿生仓鼠"大军，这些没有灵魂的超级学生一心一意地渴望获得证书。这份对美国名牌教育成瘾症的尖锐控诉书令人耳目一新，揭示了大学生从所有的工作、所有的挣扎、所有的压力和所有的学费贷款中真正得到了什么。

——《更多》杂志

他的控诉书交织着一种激情、理想主义的恳求：将本科时代重新定位为自我发现之旅，由敬业的教授指导，鼓励学生独立思考，而不是随波逐流进入华尔街。德雷谢维奇批评美国的顶级名校是唯利是图的平庸之辈的殿堂，这种批评清晰、尖锐、深入……他提出了关于大学教什么以及为什么教的重要问题。

——《出版人周刊》

在这份深刻的起诉书中，一位前耶鲁大学教授指责美国顶尖大学将年轻人变成了目光短浅的专业主义者，他们善于充实简历和银行账户，却没有准备好面对生活中最重要的问题。德雷谢维奇认为，在校园里，学生学到的是懦弱的从众，而不是自由奔放的独立，校园里充斥着高度专业的教授，他们追求晦涩难懂的研究课题，本科生的教学工作则留给兼职教授和助教。德雷谢维奇断言，现在是时候让大学教授和管理人员把学生放在首位，让他们接受具有挑战性的文科教育了。这种教育以人文学科为基础，将为学生提供真正的智力和想象力，而不仅仅是专业证书。除了推动课程和教学改革外，德雷谢维奇还呼吁彻底改革招生政策，从而扭转大学成为等级制度执行者的趋势。德雷谢维奇备受争议的整个提案如果成功实施，确实意味着精英统治的结束和工人阶级公平的开始。这是一次对大学应该做什么以及如何做的迟来辩论的紧急召唤。

——《书单》杂志

作为拥有两个女儿（分别为 4 岁和 6 岁）的幸运家长，我一直在进行一项不切实际的任务，想弄清楚在这个时代理想的教育应该是什么样的：是金钱能买到的最好的预科学校吗？在家上学？非学校教育？蒙台梭利？华德福？STEM（科学、技术、工程、数学）导向？寄宿学校？特许学校？免费的在线可汗学院还是学费每年 36 000 美元的斯坦福高中？课外活动中的非学术部分呢？它如何与早期学习相结合？更难以捉摸的问题是：当她们成年时，早期教育应该体现为什么？是进入常春藤盟校的门票吗，还是工程学院？理想的大学是什么样的？从根本上说，作为父母，我如何确保我成功引导两个女儿到达一个她们可以掌控自我以及实现自我的节点？如今，大学真的能帮助她们实现自我吗？更重要的是，我是否在自己的生活中做到了这一点，为她们树立了足够好的"成功"榜样？随着每个问题的出现，我越来越感到不安，似乎没有一所学校或系统能够给出答案，而我无法自己找到答案。

不出所料，德雷谢维奇的书并没有回答所有这些问题。然而，它提供了一本极好的指南，告诉人们应该对大多数常春藤盟校／精英院校抱有什么期待。这本书对这些大学进行了非常必要的、令人耳目一新的批评，因为作者谈到了它们如何造就了社会上那些才华横溢但又困惑不解、自鸣得意的"领导者"。由于缺乏培养自我意识所需的时间和指导，它们确实培养了一群能力强但脆弱的人。很多书都提供了很好的指导，教你如何像训练一只表演贵宾犬一样包装和训练你的孩子，以便进入这些精英机构……但很少有作者站在"终点"解释这个游戏的负面后果。我认识的所有父母都知道，爬这座山的体验是很糟糕的，但很少有人像德雷谢维奇一样批评终点线。更鲜有人强调这个显而易见的事实：被录取这一"终点线"实际上只是开始……

《优秀的绵羊》是一本我会在多年后重读的书。在众多流行心理学育儿书籍和大学指南中,我找不到任何一本可以作为不错的指南针。这本书就是这样的一本。我非常感谢作者,他不一定会给我答案,但会像任何一位好老师一样,教我如何提出更好的问题。这本书很棒,对于其他像我一样怀有良好意愿但被误导的父母来说,这是一本必读书。

——亚马逊读者评论

10 周年纪念版序言

"自从这本书出版以来，情况有所好转吗？"

10 年前，我在《优秀的绵羊》一书中探讨了关于精英教育的竞争压力、学生由此经历的痛苦、大学教育质量的下滑，以及这一体系所塑造的领导阶层等议题。如今每当谈及此类议题，我总会被问到上述问题。

"没有，"我回答道，"为什么会好转呢？如果说有什么变化的话，只是情况变得更糟了。"

大学录取率仍在不断下降，一些学校已经降至 4%，甚至更低。精英大学的毕业生依旧扎堆进入少数几个行业：金融、咨询、法律、医学，如今还包括科技行业。这些领域不仅提供了最稳妥的通往财富和社会地位的路径（至于是否有利于社会整体利益，则无人过问），而且在大学毕业后的头几年，工作内容基本上就是成人版的家庭作业。

如今的学校涌现出许多学生自主运营的金融和咨询社团——往往还是彼此敌对的，当然，各自的成员选拔也充满竞争（"不然还有什么意义？"学生们会这样反问）。过去，学生被告知，若想在毕业后斩获理想的工作岗位，就必须在大三的暑假争取到名企的实习机会；现在他们却听说，若想在大三的暑假获得这样的实习机会，从大一的暑假就得开始积累"次一级"的实习经历。

我最近走访了在《美国新闻与世界报道》发布的美国文理学院排名中高居榜首的威廉姆斯学院。我了解到，如今最热门的专业已不再是英语和政治学（人文学科正在消失，许多社会科学的学科亦是如此），而是计算机科学、经济学、统计学和数学。至于我遇到的那些学生（包括那些曾梦想教书或创业的孩子）毕业后将去向何方，答案一目了然：整个学生群体仿佛都被卷入了金融、咨询和科技的"漩涡"。

在某些方面，情况不仅没有改善，甚至以灾难性的速度恶化，最明显的便是学生的心理健康。2012—2013 年我撰写此书时，青少年和年轻人的焦虑与抑郁危机对关注这一问题的人来说已十分明显，而在此之前这一趋势已延续了十多年。然而，我未曾预见的是，我们正处于一个转折点——正如琼·M. 特文格在《i 世代》中所指出的，原本缓慢上升的趋势突然急剧恶化：抑郁、焦虑、孤独、自杀倾向、自残行为全面飙升；约会、驾车、与朋友相处的时间大幅下滑。造成这一切的，正如书名所暗示的，是智能手机——更确切地说，是智能手机与社交媒体的结合。如今的学生再也无法摆脱同辈的压力与评判，失去了独处、思考、喘息的空间，失去了探索自我、建立真正个性和价值观的机会。随后，新冠疫情席卷全球，进一步加剧了危机。社交媒体的侵蚀、长达两年的社交能力发展的停滞、彼此为敌的优绩主义竞争——三重冲击叠加，学生们的心理健康状况至此雪上加霜。

所以，情况并没有好转。

这些年，我到一些顶尖的高中开展讲座，这些顶尖高中往往因为向精英大学输送大量学生而备受青睐。当我开始和这里的学生进行交流的时候，我往往从两份清单开始。

第一份清单是目前学生们正在学习的东西。

你学到了，要通过成绩和荣誉来衡量自己的价值。

你学到了，人们上学并不是为了学习。

你学到了，教育就像是一种电子游戏，其目标是破解密码，从而晋级到下一个关卡。

你学到了，你这个人将会被你考上的大学定义——不仅是现在，而且将持续你的整个一生。而你考上的大学，将决定你的未来是否成功。换句话说，你学到了，你的整个未来已经在拿到大学录取通知书的时刻被决定了。

你学到了，大学排名越高，就意味着它越好。

你学到了，你必须选择一个"实用"的专业。

你学到了，学习与成功，甚至幸福与成功，往往是对立的，而衡量成功的标准先是文凭和荣誉，之后则是名望和财富。

你学到了，如果你失败了，或者哪怕只是稍有差池，可怕的事情就会发生。

你学到了，如果你稍微偏离既定轨道，可怕的事情也会发生。

你学到了，如果你感到焦虑、痛苦、恐惧、恐慌、空虚或

> 迷茫，那么最重要的事情，就是把这些感受埋藏在心底，绝对不要表现出来。
>
> 你学到了，这些事情是不能谈论的。而你之所以会学到这一点，是因为你注意到，你身边的成年人既不给你任何机会去谈论它们，也同样对这些话题感到不安，不愿意谈论。

我们剥夺了儿童的童年，也剥夺了青少年的青春。那些最终考入名校的孩子，从学会走路的那一刻起就开始奔跑。而这一切究竟是为了什么？经过17年相对严格的训练，他们从这些学校毕业，拥有了比世界上其他人都更多的自由，却完全不知道该如何运用它。自由是一种能力，必须通过实践来掌握，其他重要能力亦然。如今的教育让我想起加糖的麦片——毫无营养的空壳食物，被人为地补充上"13种维生素和矿物质"。大学开设各种课程，涵盖领导力、创造力、创业、伦理、人生目标等主题，仿佛这些都可以通过刻意学习掌握。然而，这些能力关乎人的品格品质，而非简单的"学科学习"，它们只能在实践中培养，只有允许学生实地锻炼，这些品格品质才能被激发出来，真正地生根发芽。但现实是，我们培养出的毕业生空有一堆光鲜的文凭，却无法游刃有余地应对成年后的机遇与挑战。

然而，我们本不必如此。我在那些压力锅般的高中向学生列出的第二张清单，是关于他们没有学到的东西：

> 你不知道，绝大多数申请名校的学生最终都会被其中一所优秀的学校录取。他们或许无法进入自己梦想中的学校，但他

们最终都能进入一所优异的大学。大学录取确实像一场"抢椅子"游戏，但几乎所有人最终都会有椅子可坐。

你不知道，其实很多研究表明，无论你上哪所大学，你的财富最终都不会有太大差别。真正重要的不是学校，而是你自己。

你不知道，大学排名存在严重缺陷，很多时候是没有意义的。一个数字存在，并不意味着它真正代表了什么。

你不知道，并不一定要选择录取你的那所排名最高的学校，尽管几乎所有人都会这么做。你不知道，在参观大学时，应该去旁听一下课堂，尽管没什么人会这样做。

你不知道，最负盛名的学校并不一定能提供最好的教育。大多数名校都是研究型大学，教授们倾向于把尽可能多的时间投入研究，而不是花在学生身上。此外，在许多这样的学校里，学生文化本身也不利于真正的学习、探索和尝试，因为每个人都在竞争，习惯性地努力跳过一个又一个"圈"。换句话说，这样的环境和你现在就读的学校并无二致。

你不知道，优秀的大学多种多样，遍布各地——私立大学、公立大学、文理学院、女子学院、历史悠久的黑人院校（HBCU）、宗教院校，还有国际上的其他优质学校。

你不知道，世界上并不存在最好的学校，只有最适合你的学校。事实上，我们并非要找到唯一一所"最适合你"的学校，世界上有许多适合你的选择，许多能让你感到幸福的校园。这意味着，你大可不必为寻找或考入"完美"的学校而忧虑。

你不知道，有所成就的成年人其实毕业于各种不同的学校，走上各种不同的职业道路，这些成功人士也会走许多弯路，因为很多时候通往成功的道路并不是直的。

你不知道，主修人文学科的毕业生在就业市场上表现良好，因为人文学科教会你如何思考，而这正是雇主真正看重的能力。

你不知道，不同专业之间的薪资差距很大程度上是个体选择的结果。毕业10年后，这种薪资差距会大幅缩小。

你不知道，选择学习自己真正关心的领域，并在未来从事自己热爱的工作，会让你表现更出色，也会让你更加幸福和充实。

你不知道，你不需要现在就对自己的一生感到焦虑。

你不知道，青春期的目标不是考上大学，而是成长为一个独立自主的人。

你不知道，你很可能会过得还不错。如果你是能进入名校的那类学生，你的未来大概率是不错的。如果你真的面临无法安然挺过的风险，那么真正威胁你的并不是流落街头的可能，而是你也许会萌生轻生的念头。

那么，该怎么办呢？我在本书中已经探讨了，要终结这场疯狂的竞争，家长、高中、大学及其招生办公室、纳税人——所有人都要扮演各自的角色。但年轻的学子们，请不要指望成年人自己清醒过来之后再去改变现状。学生们正置身于这个体系中，他们需要现在拯救自己，好消息是，这并没有看上去那么艰难。你可以从问自己几个简单的问题开始：我擅长什么？我喜欢什么？我想要做什么（而不是"我想成为谁"）？一旦你开始找到答案，学会倾听自己，你就可以着手去实践，去开始一种真正适合自己的生活，一种让你能够认同自己的生活。这并不简单，也绝不会轻松。要知道，你想要做的事情和你（为了谋生）需要做的事情，两者之间可能存在差距，甚至很大程度上相差甚远。我们的目标是让我们需要做的事情尽可能地接近我们想要做的事情。我们必然要舍弃一些名利，从而获得生活的真正意义和自我价值的实现。在这个世界上，很多人会做出这样的选择，一个更符合内心的人生选择。每一天，都有人在这样做。

前 言

从很多方面来说，本书都可以看作一封信，而收信人，则是20岁时的我。我在书中谈论了很多我希望在我上大学时能有人激发我去思考的问题——比如大学的意义首先是什么。

当时的我跟今天的很多孩子一样（与当时的许多孩子也一样），如梦游者和僵尸一般地走进大学校园。大学是一片空白，大学是"接下来要考虑的事"。你去上大学，学点东西，然后再去……做很多其他事情，比如说很可能是去读个研究生。前方是一些你不太清楚的目标：地位，财富，往上爬——总而言之，是"成功"。至于选择什么大学，那完全是为了拥有炫耀的资本，所以你当然会选择最好的大学。至于教育到底是什么，以及你为什么想要读大学，大学如何帮助你找到自我，或者说如何帮助你独立思考，找到自己在这个世界上的位置，这些问题你根本想都没想过。跟今天的孩子一样，我只是在被动地去做那些周围所有人都认为理所当然的事。

我的大学生涯开始于1981年，当时美国的精英教育系统刚刚开始形成，但已经粗具规模，各个环节紧密相扣，形成了一套完整的系统。在本书当中，我所说的"精英教育"不仅是指一些诸如哈佛大学、斯坦福大学、威廉姆斯学院之类的名校，以及那些处于第二梯队的重点学校，还包括所有与之相关的一切，比如说：一些私立学校和经费充足的公立高中；如今正蓬勃发展的学习辅导行业，学习顾问，考试辅导，以及各种荣誉项目；"千军万马过独木桥"的大学录取流程；各种紧随本科之后的知名研究生院和大公司抛来的橄榄枝；拼命把孩子推进这台庞大机器的父母和社区（主要来自中上阶层）。简言之，我们的整个精英教育系统。

这个系统会如何影响孩子们的命运，他们该如何摆脱这个系统，它会对美国社会产生怎样的影响，我们该如何消除这些影响——这些就是我要在本书中谈到的话题。我曾经在耶鲁大学教过一门课，主要讲授"友谊"这个话题。记得有一天，我们讨论的主题是"独处的重要性"。我认为，反思能力是精神生活的关键，而独处则是反思的前提。学生们想了一下——反思、独处、精神生活，之前似乎从未有人让他们思考过这个问题。然后，一名学生仿佛恍然大悟："所以您是说，我们其实都是优秀的绵羊？"

都是？那肯定未必。但在常春藤盟校待了24年之后（在哥伦比亚大学读了本科，后来又在那里拿到博士学位，并当了5年的研究生导师，再后来在耶鲁大学担任10年教职），我感觉大多数学生多多少少都是如此。当前系统培养出来的学生大都聪明，富有天分，而且斗志昂扬，同时又充满焦虑、胆小怕事，对未来一片茫然，极度缺乏好奇心和目标感。他们被包裹在一个巨大的特权泡泡里，所有人都在老实巴交地向着同一个方向前进。他们非常善于解决手头的问题，却不知道为什么要解决这些问题。2008年，在即将辞去耶鲁大学教职之际，我发表了一篇文章，来讨论这些问题。文章的名字叫《精英教育的劣势》(The Disadvantages of an Elite Education)，文章发表在《美国学者》(*American Scholar*)杂志上，因为这只是一本小型文学季刊，所以我想这篇文章最多只能吸引几千名读者的注意。

但让我万万没想到的是，文章一经发表，就立刻像病毒一般传播开来。几周之内，它的阅读量就超过了10万次（后来的累计阅读量翻了好几倍）。很明显，这篇文章触动了很多人的神经。人们发现，这并不只是某位离职教授在发牢骚。从我收到的海量电子邮件来看——其中绝大部分来自正在学校就读或者刚刚毕业的学生——我的文章引起了这些年轻的天之骄子的广泛共鸣。他们感觉自己上当了，当前的教育系统没有让他们接受到任何有意义的教育，它灌输给他们一套他们排斥却又无法摆脱的价值观，同时又没能给他们提供足够多的训练机会，帮助他们构建自己的未来。

从那之后，我应邀到美国各地的大学发表演讲，跟学生们交流，回答他们的问题，也向他们请教了许多问题，并倾听和理解他们的答案。这个过程本身就是对我的一次再教育，这本书就是我对这段经历的思考和总结。我会尽量引用他们的原话，但书中的每一页都渗透了我的思考，即我对他们需要思考什么，以及想要思考什么的总结。如今市场上关于高等教育的书可谓汗牛充栋，但据我所知，直接面向高校学生的书屈指可数，能够说出他们心声的书，更是凤毛麟角。

本书第一部分讨论了美国精英教育系统本身,我把它简称为"一个强迫你选择是学习还是成功的系统"。教育是社会表达价值观的一种方式,也是社会传递其价值观的一种方式。虽然我经常批判那些挤进重点学校的孩子,但我真正批判的是强迫孩子这么做的大人。

第二部分我会阐述现在的学生可以做什么,从而摆脱这个系统。我会谈论如下话题:学生应该在大学里做什么,如何找到一条完全不同的人生道路,"成为一名真正的领导者"究竟意味着什么,等等。

第三部分我会进一步展开这些话题,详细讨论通识教育的意义,人文科学的价值,以及为什么我们需要真正尽心尽力的老师和小班授课等。我的意图并非指出年轻人该去哪儿,而是想说说他们为什么要那么做。

在本书第四部分,我又把话题拉回到更大的社会问题。我们整个教育系统的主要功能就是培养领导阶层,也就是所谓的精英阶层——他们会运营我们的各种机构、政府机关和公司巨头。运营得怎么样呢?从目前的情况来看,并不是太好。我们今天对孩子所做的一切,以后都会回到我们自己身上。在我看来,我们早该重新思考、改造和逆转我们的整个精英教育系统了。

最后澄清一下我所说的"精英"这个词。现在这个词经常被人们用来诋毁自由主义者、知识分子,或任何反对比尔·奥雷利[①]的人,但在本书当中,我用"精英"指代那些占据社会上层梯队

---

① 美国著名电视节目主持人,以强硬逼问自由派政治人物而著称。——编者注

的人。他们既指保守分子，又指自由主义者；既包括商界人士，又包括专业人士；既包括上层人士，又包括中上阶层人士，比如说企业经理、各种奖项获得者，以及所有进入重点学校并运营各种机构来满足自我利益的人。此外，本书也为当前的统治阶层勾勒出了一幅清晰的画像——很明显，他们退出历史舞台的时候已经到了。

01
第一部分 绵 羊

当那层不可一世的自信和完美无缺的光鲜外表被剥离之后,你会惊讶地发现,这群年轻人身上寄居着令人窒息的恐惧、焦虑、失落、无助、空虚和孤独。

第一章 学 生

"超人。"作家詹姆斯·阿特拉斯曾经这样描述典型的拥有超高成就的名校大学生：双修专业，擅长体育运动，精通乐器，掌握几门外语，参加为世界某个贫穷地区组织的援助项目，而且仍有精力发展几项个人爱好。总之，于内，琴棋书画，样样精通；于外，扶贫济困，魅力无限。我们似乎不得不向这样一群内外兼修、无所不能的精英名校生投以一种羡慕敬仰的目光。如评论家戴维·布鲁克斯所言，这些年轻人身上散发的是自信、自乐和自足。在《自由》这部小说中，乔纳森·弗兰岑将顶尖文理学院的学生描述为"（他们）似乎对任何东西都有一种与生俱来的高度悟性"。

这就是我们对当今这些头顶光环的年轻人的印象，他们似乎就是"不能输在起跑线上"的最后赢家。但是，现实与我们的印象大相径庭：从我教过的学生，包括我在美国各大校园接触过的相当数量的学生，以及过去多年曾经与我通信的几百位学生，再加上我曾经阅读过的学生吐露心声的文章来看，当那层不可一世的自信和完美无缺的光鲜外表被剥离之后，你会惊讶地发现，这群年轻人身上寄居着令人窒息的恐惧、焦虑、失落、无助、空虚和孤独。我们都知道学生在高中阶段承受着巨大的压力，那么同样是这群学生，他们进入大学之后，这一切又怎么可能自动得到改善呢？

已经有足够的证据说明，他们根本不会自愈。一项以大一学生为研究对象的大规模调研发现，大一学生的自我心理健康评估结果已经跌落至25年以来的最低谷。美国心理学会曾经发布一份名为《大学校园的危机》的报告。该报告指出：接近一半的大学生觉得自己"无望"，接近1/3的大学生承认"在过去的12个月中由于心情过度低落而影响到了自己正常的生活"。大学校园的心理咨询服务需求从20世纪90年代中期以来一直攀升，现在相关服务机构几乎门庭若市，应接不暇。在接受过心理咨询服务的学生群体中，被诊断有严重心理障碍的人增加了2倍，接近整体人数的一半。斯坦福大学在2006年就本校学生的心理健康问题组建了一个行动小组，其教务长也发出警示："我们发现越来越多的学生在心理上出现了轻重不等的问题，有自卑、发展障碍、抑郁症、焦虑、进食障碍、自残、精神分裂症和自杀行为等。"另外一所大学的校长也曾写信告诉我，"我们的年青一代中似乎正流行抑郁症"。

从高中到大学，这种情况根本没有丝毫缓解，反而在进一步恶化。大学给予了学生自己做出决策的权利和自由，这种突如其来的自由需要的是强大的自理能力，但是很多学生并未对此做充足的准备。面对挑战，越来越多的学生会选择依赖抗抑郁或者抗焦虑的药物来帮助自己应对困难和诸多的不适。有些学生会选择中途休学，或者梦想着休学。一位波莫纳学院的学生说："要是哪天我们突然崩溃了，那一定是发生在大学里。"

类似的挣扎绝非个案。一位在普林斯顿大学负责教学的老师就经历过一件类似的事："前几天有一位本科生备受学习压力的折磨，在我的办公室里讨论毕业论文的时候，晕了过去。"另外有一位正从斯坦福大学办理转校手续的学生也分享了他的心声："如果要出人头地，出类拔萃，那么就要完全配合并服从这个系统。我看到身边不少朋友，为了成绩和简历，不惜牺牲自己的健康、友情、爱情、个人探索、课余活动等。而这些牺牲恰恰又是构建一个人内心和灵魂的基石。"一位耶鲁大学的学生说道："我的一位朋友一针见血地道明了真相：'我也许在受罪，但是我若不曾受罪，我又怎么可能成功被耶鲁录取。'"

孤独是这些情况出现的一个重要原因。我之前的一位学生曾经这么说："耶鲁的学生没有时间去建立真正的感情。"另外一位耶鲁的学生告诉我，她甚至到了大四才懂得放缓脚步，交到真正的朋友。在那个时候，去看一场电影甚至都是件新鲜事。《哈佛杂志》的一篇文章这样描述擅长社交的哈佛学子：他们总是在赶场，忙着从一场活动赶往下一场，和室友的关系仅限于打个照面；如同黑夜里在茫茫大海中行驶的船，只见轮廓，不见实体。这些年轻人擅长广交人脉，但是这些人脉关系跟真实的友情大相径庭。在大学谈恋爱同样是实用至上：男女发展"炮友关系"是为了满足自己的性需求，而"务实的""校园婚姻"（如《纽约时报》专栏作家罗斯·多塞特所言）则提供了稳定性，使伴侣可以把主要精力投入职业发展。一位宾夕法尼亚大学的学生在接受《纽约时报》采访时直言不讳："我自己就是这么一个典型的例子。在大学里，我总是非常忙碌，而且我喜欢的对象也总是很忙碌。我们很难维持一段有意义的恋爱关系。"

当今的名校大学生，对成就和成功有着一种强迫症式的过分追求：他们觉得自己必须以最高效的方式去完成自己的目标。这导致他们不能从容地去发展一段深刻的感情，而这些感情是可以化解他们的痛苦的。但是，这种强迫症并非建立深刻感情的唯一阻力，比它更具杀伤力的是名校生们内心的恐惧，他们害怕在他人面前示弱，担心自己成为众人眼中屈服于压力的弱者。从中学到大学，这些名校生是一群公认的"斗士"。他们似乎浑身上下都洋溢着自信，而这种自信遭到了自我形象保护和满足社会预期的绑架。在迈入大学之后，风险更大，竞争更加激烈。人人都以为，只有自己在苦海中挣扎，所以选择闭口不谈自身的痛苦，结果就是每个人都苦不堪言。每个人都发自内心地觉得自己在伪装，并且感到别人比自己更聪明。

斯坦福大学的学生中间流传着一个名词，叫"斯坦福狂鸭症"。想象一下，一只悠闲的鸭子在湖面上逍遥自在地游过，水面之上的平静掩盖了水面之下鸭掌的疯狂拨动。麻省理工学院的一位学生在个人网站上发布了一篇标题为《崩溃》的文章，这是一位大二学生在发泄自己的无用和愧疚，以及常常伴有的"压倒式的孤独感"。这篇文章被疯传，至少有十所高校的同学都产生了共鸣。有人留言说："谢谢你的分享。其实我们经常会有同样的感受，但是很少会承认。感谢你的勇气，你能够把自己的心声公布于众。"来自波莫纳学院的学生曾告诉我，这所号称美国大学"幸福指数排名第四"的高校为了维护幸福快乐的形象，费尽心思推动校园活动，这让他们备感压力，因为他们必须展现给公众一个完美的形象。

除了因朋友之间关系的脆弱而感到孤单，这些年轻人与自己也没有建立起深层的关系。从"不能输在起跑线上"开始，这些名校生经历过无数次大大小小的"磨炼"，甚至是"魔炼"：学校俱乐部，乐团，大小团体（如体育社团等），AP课程（美国大学先修课程），SAT（学习能力评估考试），晚间活动，周末安排，夏季课程，体育训练，课业家教，"领导能力"，"服务精神"，等等。为了完成这些，学生已经没有时间也没有精力去思考自己的追求，包括对大学的憧憬。从小到大，这些年轻人为了名校的炫目光环而奋斗。而在这个过程中，人生的目标和内心的热爱从未被给予足够的尊重，从未被思考和探索。在被阿默斯特学院或者达特茅斯学院这样的名校录取之后，不少学生迷茫了，不知道自己为什么会去那里，或者下一步要做些什么。

《有目标地工作》一书作者拉拉·加林斯基曾经跟我说，年轻人并不擅长关注与他们有内在联系的事物。我曾经的一个耶鲁大学学生告诉我："你不可能告诉耶鲁的学生，去寻找你的挚爱吧。我们大多数人不知道怎么去找。我们只对成功充满热情。这就是我们初到耶鲁时最真实的状态。"哈佛大学本科生院前院长曾经说："太多的学生，在头一两年里就如同在狂踩一辆不通往任何地方的踏车，突然有一天感受到危机降临，如大梦初醒一般，不知道自己之前努力付出到底是为了什么。"一位来自康奈尔大学的女生这样总结自己的过去、现在和将来："我讨厌自己参加的活动，讨厌自己上的课，厌恶高中时所做的一切，而将来的工作也将是令人厌恶的。我将这样度过余生。"

成年人大都对这些现象没有意识，部分原因是他们审视事物的角度错了。在过去，对于一位成绩全A的学生，我们大概能够推测他的生活方方面面都是平衡健康的。但是现在，同样是成绩全A的学生，他的生活可能存在很大的隐患。斯坦福大学的女拉比帕特里夏·卡林-诺伊曼曾坦言："我们的一些学生，不管生活中发生了什么事情，总是有办法取得全A的成绩。因此，对我们来说重要的是，要拿掉蒙蔽我们的"眼罩"，看清他们的困境。"

之所以难以发现隐患，是因为这些年轻人擅长掩盖自己的问题。当我在耶鲁大学工作的时候，我在很大程度上并没有意识到我的学生有多不快乐。只有当我不在耶鲁大学任教，脱离了那种师生关系后，不少学生才愿意向我敞开心扉。前文谈到的那位到了大四才交上真正朋友的女生，给人的感觉是很积极正面的——风趣、友好、"真实"、聪颖，并且不那么咄咄逼人。另外有一位学生，同样优秀，相当合群，后来向我承认在大学期间极其煎熬。可以想象，这些学生在高中毕业之际已经身经百战，他们知道如何讨好自己的老师、教练，更懂得如何跟自己父母的朋友侃侃而谈——精英学子已经成为成人世界的出色辩手。在这些历练之下，这些学生在上大学之前已经锻炼得彬彬有礼、讨人喜欢、亲和帅气、能言善辩（更不用说，往往"身经百药"）。而正是通过这些外在的形象，他们塑造了自身就是如此幸福并有所成就的假象。

倘若这些煎熬都出自学习本身，那也已经够让人受罪的了，但是事实恰恰相反。美国最负盛名的大学往往容易自我陶醉于新生的优秀：他们的SAT平均成绩，来自高中前10%的学生比例，录取门槛之高，加上我们崇拜的《美国新闻与世界报道》每年发布的排名数据，等等。千万不要误解我的意思，如果仅仅从学术的角度来衡量这些精英学子，他们是绝对能应付所有的挑战的。

你若了解这些天之骄子在整个过程中是如何被培育、如何被极其苛刻地筛选的，那么也就明白，他们在学术上有如此高的造诣是理所当然之事。这群年轻人如果换成是在体育竞技场上，就会是全明星运动员，从小就接受严格训练和饮食管理。无论你要求他们做什么，他们都会做到。不管他们面前放置了什么样的障碍，他们都会清除。我有一位在顶尖大学教书的朋友，她曾经要求学生背诵18世纪诗人亚历山大·蒲柏写的一首30行的诗歌，她课上的每一位学生都能够逐字逐句地背诵，而且连标点符号都不放过。当在课堂上让学生默写出这首30行的诗歌时，她就如同在看一群汗血宝马竞赛。

问题的关键在于，许久以来，学生对教育的认知已经固化：回答问题，完成作业，考试得高分。他们在接受教育以后，对大局的认知是很薄弱的。他们懂得如何"做一名学生"，但不懂得如何思考。一次在与一位任教于某州立大学分校的朋友交谈时，这位朋友抱怨他的学生不懂得独立思考。我说，耶鲁大学的学生虽然会思考，但也只是在我们要求他们这么做的前提之下。进一步来说，我所任教过的常春藤盟校的学生往往都是聪颖、有创意并且思维缜密的年轻人，我非常喜欢跟他们交流并向他们学习。但是总体来讲，大部分的学生只是甘于服从学校给他们设计好的框架，鲜有对思考本身抱有极大热情者，更少有人能够领悟到高等教育是人生中智慧增长和探索的一部分，而且这个旅程必须是学生本人为自己设计和践行的。

对学生的洞察并非我一人独创。我的一位在阿默斯特学院任教的朋友曾经分享这么一个故事：他的一位学生为了提高自己的写作能力来找他，但是这位学生之所以有时间寻求帮助，是因为他已经被医学院录取了。倘若他那时还是大一或者大二的学生，他肯定不会额外花时间来学习写作。另外一位在一所顶尖文理学院教艺术的朋友说，她的学生是非常愿意接受创造类挑战的，但前提是做这些事能够帮助他们拿到 A。关于这一问题，我的一位教计算机的耶鲁前同事提出了更大的疑问："我很难想象如今的耶鲁本科生会花整个周末的时间卧床吟诗或者是与计算机为伍，编写一套突破性的 iPhone（苹果手机）软件。"这位计算机系的同事回顾起自己在 20 世纪 70 年代末读大学时的场景："我在上大学的时候，校园里对各种事物充满激情的奇才怪才遍地开花，而他们也让大学的生活变得丰富多彩。"

现在的学生无止境地追求课外活动，侵占了自己的空余时间，牺牲了智识探索的机会。结果就是，他们根本没有时间全身心地倾注于某种热爱。戴维·布鲁克斯和其他一些观察者发现，如今已经再也没有那种如深夜自由讨论那般自发形成的知识分子性质的对话了。而来自布朗大学、宾夕法尼亚大学、康奈尔大学、波莫纳学院以及哥伦比亚大学的学生也发出了类似的感慨。一位普林斯顿大学的大四学生在写给我的信中有这么一段话："我在暑假期间往往要比在平时'聪明'得多：更高效，更有创造力，能做更有意思（更重要的是，更能吸引我的）的事情。我真的想不明白其中的道理。"来自另外一所学校的一位年轻女孩向我透露了她在耶鲁大学就读的男友的境况：

在上大学之前，他的大部分时间都花在了阅读和写短篇故事上。上大学3年之后，他已经变得极度不自信。对于一些微不足道的细节，我那些在公立大学读书的朋友根本不会去思考，比如独自用餐的羞耻以及自己是否拓展了足够多的人脉，但他会去思索，并产生焦虑。他为了能够在众人面前表现得博览群书，对于任何有所耳闻的图书，都会快速阅读首尾两部分，囫囵吞枣式地阅读大量的书评，以便自己能够快速、全面了解图书内容。他的这些行为只有我一人知道，同时我也知道，他并非不喜欢阅读，他这样做是为了能够在众人面前滔滔不绝地讨论，比起一个人安静地读书，在人前讨论有着明显的社会奖励。

当然，任何现象都是有例外的。那些纯粹的追寻者、思考者、"充满激情的奇才怪才"，他们不管学校和周边人群的想法如何，都以最纯粹的方式去追求真正的教育。但是，往往以这种心态求学的人，在现在的大学里会显得格格不入。一位耶鲁大学的学生说："耶鲁并不能培育探索者。"另外一位学生说，她的一位朋友因为耶鲁大学令人窒息的氛围，选择了转校。还有一位学生表示："当其他人忙于贱卖自己的灵魂时，你很难独善其身，坚守自己的灵魂。"

我所列举的案例往往与耶鲁大学有关，原因并不是我有意针对该所高校，而是我过去的教学经历大部分都在耶鲁。如果读者认为我在批判耶鲁，那就误解我了。事实上，我认为，相较于宾夕法尼亚大学、杜克大学和华盛顿大学那种血淋淋的预科学校，以及相较于反对智识探索的院校如普林斯顿大学和达特茅斯学院等，耶鲁大学在顶尖大学（这里暂且不与文理学院比较）之中，培养学生创造力和独立思考能力的成就可能是最突出的。如果耶鲁大学在这个群体里已经算是最优秀的，那么这个最优秀的也是够糟糕的了。

倘若说我在过去的几年里搞明白了一件事，那就是今日的这些名校大学生在迈入大学之时不是一群温顺的绵羊或一支机器人大军，其边缘夹杂少数拥有智识追求的愤青。事实上，绝大多数学生如同他们的师哥师姐一样处于中间地带，十分理想化并带有一份孩子般的纯真，他们对这个世界充满好奇并试图追寻其中的奥秘。恰恰还是这群学生，他们不得不与进入名校所势必造成的心理和精神压力相抗争。

美国思想家阿兰·布鲁姆曾经说过："所有的教育体系都想教出有着自己特点的人。"如果你从小接受的是精英教育，那么你从小就学会了去争取并珍惜那些能够衡量你在每个阶段向精英迈进的指标，比如成绩和奖杯。获得这些你将会被认可，你将得到的奖励包括：你的父母将因你得意扬扬，你的老师将感到骄傲，而你的对手则会咬牙切齿。当然，被顶尖大学录取将会是最具分量、最能彻底地向世界展示你已经成为精英团体一分子的标志。然而，当我们认为顶尖大学的录取终于给自己的奋斗画上句号的时候，殊不知这才是游戏的序幕。在进入大学之后，游戏将愈演愈烈。这场游戏中的筹码是 GPA（平均学分绩点）、优等生联谊会、富布赖特奖学金、医学研究生院入学考试、哈佛法学院、高盛等。这些游戏的筹码不仅仅代表了你的命运，也代表了你的身份；不仅仅代表了你的身份，更代表了你的价值观。它们定义了你是谁以及你有多少价值。

这场游戏的结果就是我们所说的"文凭主义"。每个人为课业成绩无节制地忙碌，忽视学习和探索，做任何事情都必须考虑能否为自己的简历加分，生命就是不断地积累证书，不断地竞争。（一位斯坦福大学教授曾经建议：如果你想让更多的人来参与一个活动，那么一个高效的方法就是提高加入的门槛、引入竞争。）多塞特在个人的哈佛回忆录《特权》一书中提到，学习上的偷工减料普遍存在，学生不再为了学习而学习。以前学生可以根据自己的喜好，在学术领域自由探索，随心选择并尝试一些专业之外的选修课，他们可能在这个自由的探索过程中偶遇自己喜欢甚至热爱的新鲜事物。这也曾是美国高等教育的魅力所在。但是现在不同了。如今的学生必须取得一个证书，不然这一切的学习有何意义？一个偶然机会，我遇见了一名同时修四个专业的学生，他以此为荣，自认为是一个很聪明的人。

文凭主义的心态限制了人们对教育的理解，使人们只通过短期的收益率或者有目的性的狭隘目光来衡量教育的价值。因此在众多的顶尖高校中，经济学成了众人皆爱的专业。1995年，在排名前十（根据《美国新闻与世界报道》的排名）的综合性大学以及文理学院中，经济学专业是其中3所学校最受欢迎的专业。到了2013年，经济学专业已经成了8~14所顶尖高校人气最旺的专业，特别是在哈佛大学、普林斯顿大学、宾夕法尼亚大学、达特茅斯学院以及可能还有哥伦比亚大学和芝加哥大学（由于报告中的变化，有时很难明确下来）。在教育关注点不同的文理学院，排名前十的文理学院中的4所（威廉姆斯学院、明德学院、波莫纳学院以及克莱蒙特·麦肯纳学院），经济学专业独占鳌头，很有可能在阿默斯特学院、斯沃斯莫尔学院、卡尔顿学院和卫斯理学院情况也是如此。不论是综合性大学还是文理学院，在各自排名前二十的学校里，即总共40所学校里，经济学专业在其中的26所是最热门的专业，这是多么不可思议的类似和一致啊。

与此同时，金融和咨询不约而同地成了最受人追捧的职业选择。2007年，在所有已经落实全职工作的哈佛大学大四学生中，从事金融和咨询行业者占了一半。随即而来的金融风暴虽然短暂地影响了第二年的招聘和工作机会，但是到了2010年，有将近一半的哈佛大学毕业生仍然选择了这两个行业，超过一半的宾夕法尼亚大学毕业生以及超过1/3的康奈尔大学、斯坦福大学和麻省理工学院的毕业生做出了同样的选择。2011年的普林斯顿大学毕业生中，仅从事金融行业的毕业生占比就高达36%。

相比较而言，耶鲁大学2010年的毕业生中，只有25%的学生选择了金融和咨询行业。25%听起来是一个相对较低的百分数，但是2011年，耶鲁大学的一位大三学生——玛丽娜·基根就此在网上发表了一篇文章，质疑在耶鲁大学这么一个多元的校园里，为何还有如此高比例的人选择做一模一样的事情，而且这件事情关系到毕业之后的发展，是极其重要的。她继续说，考虑到学生进入大学时对二者都不熟悉，这一结果更让人匪夷所思。"我对大一学生进行了一次科学、可靠的调研……询问他们毕业之后的计划和憧憬，没有一个学生谈到咨询或者投行。"

那么问题的根源何在？为什么如此多的名校毕业生最终选择了金融和咨询这两种行业？这又告诉了我们什么样的信息呢？仅仅是欲望吗？当回头去看这些人的成长之路，我们会发现，这些人已经非常习惯于经受磨炼，因为只有克服种种困难才能出人头地，才让人觉得有安全感，才让人觉得自己有价值。比如说在高中期间，这群优秀的学生就以进入最顶尖的名校为目标，也经历了种种类似的挑战。在进入大学之后，目标就不是那么明确了。方向多重，道路多样。如基根所说，申请大学有一张统一的申请表格，但是成为音乐家是没有表格可言的。一个人如何成为一名企业家、一名政治家、一名剧作家？如果想在国务院、硅谷或者《纽约时报》工作，那又该如何去争取呢？还有哪些工作是你从未听说过的？最简单的一个问题：工作怎么找？因为没有统一的表格，没有统一的挑战去克服，所以当毕业在即，不难想象有那么多的学生四处奔波，去寻找下一个目标，他们已经习惯这样追逐了。

你将来的发展空间有多大？这些名校的年轻人肯定听说过，他们的选择是无限的。他们对这种说法司空见惯。然而，一旦做出选择，其他的可能性也就消失了。我的一位耶鲁学生，在毕业几年之后给我发了一篇原创文章，标题为《潜力的悖论》。他说，耶鲁的学生如同干细胞，在决定成为什么之前，职业的选择是无限的，所以他们尽可能推迟必须成为某一类人的时刻。"我和我的朋友并非尝试过上千条职业道路，游遍了世界各地，才决定自己要做什么。事实上，我们都是抱着从众心理，在一条久经测试的职业道路上步步为营，确保自己在几年之后还能做回干细胞，保持依然不会分化、依然拥有无限可能的状态。"

咨询公司完全利用了这种心态。它们的 HR 每年都会空降到顶尖学府的校园，鼓励尽可能多的人来应聘，但最后只录取少部分人，整个过程让人觉得竞争门槛很高。这样的工作不仅能够为你的个人简历增色，同时在辞职之后，你还照样可以做其他任何事情。咨询性质的工作本身极其类似于在大学的学习和探索：严谨的研究分析，各类信息的整合，清晰有效的沟通。完成这类工作并不要求经济学背景，咨询公司经常喜欢招聘一些人文学科背景的学生，只要你聪慧、勤奋并精力充沛。当然，这样的工作会给你带来丰厚的收入。

我曾经的一位学生写信告诉我：

耶鲁和其他同等级学校的毕业生总是觉得，如果他们的第一份工作挣不到 10 万美元的年薪，自己的名校文凭就等于被浪费了。很多常春藤盟校毕业的学生都有这种心态，认为单靠哈佛、耶鲁以及其他同等级学校的文凭，就应该获得报酬，而咨询工作完美地满足了这种心态。我从身边加入咨询行业的同学和朋友那里了解到，他们加入咨询公司的理由不外乎"我能做"。在得到这样的机会以后，极少数人还有勇气做出其他选择。

投资银行的工作也是如此。我的另外一位学生说："华尔街对大学生的心态了如指掌。顶尖大学毕业的学生是一群极其聪明但又十分缺乏方向感的年轻人。这些年轻人拥有最强的大脑、无可挑剔的敬业精神，但是严重缺乏对自己的洞察力。"大学毕业之后倘若选择了法学院，虽然需要再等几年才能够兑现经济上的高回报，但是它对学生的吸引力类似于咨询公司或者投行。如果华尔街、咨询公司、法学院都被归为营利机构的话，那么"为美国而教"（TFA）就是非营利性机构中认知度最高的代表。然而，TFA的情况别无二致：紧锣密鼓的招聘会，高门槛的筛选机制，清晰的职业发展道路，短时间的投入，个人简历炫目的光环。参与过TFA之后，学生仍然可以做出选择，比如加入贝恩咨询公司或者摩根士丹利。从道德上来看，TFA和华尔街风马牛不相及，若认为名校生受贪婪驱使才选择了这些工作，那就大错特错了。他们选择这些职业的最根本动机并非个人欲望，而是一种行为惯性。如果说他们更热爱金钱，那是因为他们在完成大学学业之后，并没有了解到自己内在追求的生活意义到底是什么。换句话说，对于这些年轻人来讲，最大的疑问是除了这些工作，还有哪些是值得去做的。

讽刺的地方正在于此。这些优秀的学生在求学期间一直被灌输一种"欲与天公试比高"的思想，被教育拥有"只要想做，都能做到"的信心，但是，最后大部分人还是选择了从事一些极其类似的工作。其他的很多可能性已经在他们眼前消失了，如担任神职、当军人、从政、任教，甚至连基础科学的学术研究也不再受关注了。我承认，现在的年轻人整体而言似乎比几十年前的年轻人更具社会参与度，更关心世界发展格局和变化，并愿意为改善它去投入精力。我也承认，现在的年轻人更具有创新或创造的激情。但是，就算这些年轻人在离开大学时能够保有对将来的憧憬或奋斗目标，他们往往还是受制于财富、资历和声誉，认定有意义的生活正在于此，至少那些从最顶尖高校出来的学生是这样的。

我在耶鲁大学的所见所闻在美国的其他高校里也普遍存在。每个人看起来都极其正常，每个人看起来高度一致；没有嬉皮士，没有朋克，没有艺术学校类型的学生或者潮人，没有女汉子形象的女同性恋者或者性别酷儿，也没有身着短袖套头花衬衫的黑人学生。极客看起来不再是那么极客范儿，时尚的也不再那么时尚。似乎穿着类似的每个人就是在时刻准备着去参加面试。我很想对这些学生说："你们都很年轻，为什么不去闯一闯呢？"表面上我们在呼吁"多元化"，但现实是都是香草味，只不过是挑选出了 32 种不同口味的香草而已。我并不是惋惜那个已经消逝的学生运动年代，那时大学被公认是一个尝试和挖掘不同自我的舞台，但是如今的大学生似乎都在向一个方向靠拢，在校期间就已经开始模仿中上阶层的白领。我之前的一位学生写道："不论耶鲁的大一新生有多么多元，耶鲁的毕业生都是严重同质化的。"

每个人都做同样的事，因为大家都正在做同样的事。这种现象就如同我之前一位学生描述的"三文鱼赛跑"，或者一位密歇根大学毕业生所说的"生产线的运输带"。这背后的驱动因素就是"三角欲望"：当你观察到众人都在追逐同一样东西的时候，你会判断它肯定是有价值的。作家迈克尔·刘易斯写道，当三文鱼洄游时，"数量多了就会产生安全感"。

所有动机的关键在于安全感。拨开应得利益、方向感缺失以及不想失去机会的心理这些表象，一切的一切都源自恐惧。在精英学生光鲜亮丽的外表之下，是一双"害怕失败"的魔爪。（不仅是恐惧，还包括惊慌和重度焦虑。）从另一个角度来看，这些精英学生通过了竞争白热化的大学选拔，被名校录取，在自己的人生简历上增添的只是成功。他们对于**不成功充满恐惧感**，迷失了方向，并无法从中挣脱出来。一直以来，他们被不成功的可能性套上枷锁，害怕失败，这种心理从他们的父母害怕自己的孩子将来不成功开始就已经播下了种子。对于他们来讲，没有满足外界的期待，哪怕是短暂的，都会影响到他们对自身价值的认定。

这一切就使得人对风险极力回避。当你的生活中没有被给予犯错空间的时候，你唯一能做的就是不给错误任何机会。这是精英教育会阻碍个人学习的一大原因。哈佛大学本科生院前任院长哈里·R.刘易斯曾经写道："由于学生都不愿意去上一门自己没有把握取得优秀成绩的课程，因此大家无法拓展并超越自己已经熟悉的领域。"大学教育的本意是为年轻人提供机会，让他们去尝试、探索和发现新的角度来观察这个世界，并在这个过程中发现自己内在的新的能力，但如今这种教育已经不复存在。谁都不愿松手，谁都不想落后。波莫纳学院的一位学生跟我说，她很想有机会去深入思考自己现在所学，但又对没有时间感到很无奈，我建议她可以考虑放弃争取全A成绩的念头，这样她便会有更多的时间去思考。她以一种异样的眼光看着我，似乎在责怪我试图向她灌输某种不得体的想法。

大学毕业之后要面临人生选择，这赋予了大四那年某种特殊的意义。学生们在求学时期步步为营、做事谨慎，那么面对大学毕业后的生活，他们更会求稳，因此，很大一部分学生开始做出相似的选择，羊群的面貌由此显现。记得我的一位学生说过，看到众人做出相似决定的时候，做出一个不同的选择绝非易事。许多学生向我诉说在大四那年备受来自同辈的压力，说服自己追求不一样的生活价值要经历一番挣扎，而且这些追求会让自己往往觉得自己很另类。他们告诉我，在同龄人的压力之下，他们会觉得放弃那些稳当的机会是不可思议的，而虚无缥缈的"另类"追求将是不可持久的，甚至从一开始就不应该有这样的想法。

这些问题不会因为毕业而远去。尽管有一部分学生或是出于理想或是出于绝望，在做出决定之后不再回头，但是更多的学生则会长期深陷于选择的迷茫和压力之中。我见过不少学生出了问题，就如今天聪慧的年轻人一样，不愿意屈就于自己不喜欢的职业，但同时也一直没能找到自己的挚爱。其中一位不仅深陷于焦虑和恐惧之中，还沉迷于对成功的追求。他们并不是真正渴望卓越，更多的是一种来自同辈的压力：他们总是在对比和观察之前的同学都在从事什么伟大的事业。如果自己不能继续取得名誉或者利益，那么自己将会是一个失败者。

我的另外一位学生在几年前加入了一家咨询公司。每当他返回母校做招聘的时候，我们总会小聚。在每次的交谈中，他总是表示自己想离开咨询行业，去做一些更具创新性、更有意义的事情，但是一想到要放弃自己习惯已久的优渥的生活方式，就不得不承认，自己已经不知道如何去达到自己的目标。言外之意，他已经迷上了金钱。

与之形成对比的另外一位学生——一个具有写作天赋并且看淡名利的人——在毕业之后一直坚持着自己的初衷。她曾经写信给我：

每一天，我都有一种冲动，想找到一个可以往上爬的梯子，然后把我接下来的15年奉献给它，但是每一天我都会克服这种冲动，因为在我的内心深处有一种恐惧，它已经非常明确地告诉我，这并不是我想要的。如果能够让我不费力气地成为《纽约时报》的资深编辑，那么我将不会满足。但是，罪恶感从四面八方向我涌来，就如同一张网笼罩了我，捆绑了我。我必须找到新的办法来摆脱这种难以控制的情绪，一旦它袭来，我感到窒息，无法思考，更不用提写作了。我知道很多耶鲁毕业生都深受远大抱负所带来的痛苦，我直到现在才如此深刻地有所感受。

需要指出，精英的矛盾心理是一种全球现象，并非美国专属。美国高校的录取标准和条件已经影响了全世界，无论是上海、首尔还是孟买的学生，都在按照美国高校的录取标准来规划和准备。目前，美国大约有10%的学生来自海外。我收到了来自加拿大、英国，还有来自东亚、南亚等地（比如印度、新加坡、中国、韩国、菲律宾和日本）学生的来信。"这本书是对现代教育的完美控诉，我要向你表示由衷感谢，"一位在加拿大读医学院的学生跟我通信时说，"你的书里所描述的精英心理状态超越了常春藤盟校的范围。"另一位学生写道："在印度，我们有自己的常春藤盟校，它们是印度理工学院和印度管理学院。你在书中所讲的每个现象我都在那里目睹过。"

这些问题如果不能及时处理，到最后就会导致成功者群体中很常见的中年危机。哈佛大学资深的本科招生办主任威廉·R.费茨蒙斯有几句很精辟的评语：

就算是那些曾经赢得无数奖项的最成功的学生，也会在某个时刻停下脚步思考这一切是否值得。在三四十岁的时候，他们是社会公认的有成就的医生、律师、学者、商人等，却往往让人感觉他们只是一群在终生竞争的集中营里的茫然生还者。其中有些人说，他们最终从事某种职业是出于他人的期望，或者缘于他们随波逐流并不假思索地加入了目前所从事的职业。经常有人会说，他们从没有去体会自己的青春，从没有生活在当下，总是在追逐一些未经深思熟虑的目标。

那么这一切到底是为了什么？夺目亮丽的精英高校，无数学生和家长争先恐后，愿意为它付出一切。当我们认为这些名校能够带来无限机会时，我们是否考虑过，这种对名校的一厢情愿，也伤害了我们自己？比如，它们限制了我们对生活的遐想。我们不再去考虑成为一名老师、一位牧师，或者一位工匠，因为从事这些职业简直就是浪费名校的教育。我的父母会怎么想？我的朋友又会如何看待我？当毕业后20年同学聚会时，当初的同班同学个个都是腰缠万贯的富豪或者高高在上的纽约社会名流，我又该如何面对他们呢？一个最重要的问题是：这不是有失我的身份吗？一旦陷入这种思考的深渊，整个世界都会在你面前消失，你也将错过自己真正的使命。

就算我对自己的使命有一丝的领悟，也不能随随便便地告诉耶鲁学生"去寻找你的挚爱吧"，因为他们中的大多数人并不知道怎么去寻找。当然，如果并不清楚自己所热爱的，那么还不如在华尔街叱咤风云。但令人不能接受的是，我们现在的教育系统虽然培育出了高智商、有成就的二十几岁的年轻人，却没有教育他们领悟生命的真谛，他们不知道自己想做什么，没有目标感，甚至不知道如何去寻找生命的意义。他们往往按部就班地生活，缺乏对新生活的想象，也缺乏内在的勇气和自由来开辟属于自己的道路。

第二章 历 史

这一切是如何演变到今天的？我们的大学招生标准支撑起了整个教育系统，或者说，教育围绕着招生而运转。学生从儿童时代到青春期，从上大学到进入职场，不论是教育方式还是教育结果，无不受制于大学招生这根指挥棒。你是否好奇，今日的招生标准从何而来？对于该问题，我们不能仅看过去10年或者15年的情况，而应追溯更久远的历史。毋庸置疑，今天的精英学生相较于20年前或者40年前的精英学生，两者之间的区别仅仅在于程度。因为教育这个系统工程影响了几代人，当今的美国职场人士、中上阶层、精英阶层，以及那些掌控美国政府、经济、文化的人都经历了这种教育的洗礼，因此，追溯教育系统的根源，也就是研究这些人从哪里来。要做好这件事，就要回到原点。

追本溯源，我们要回到更早的年代——镀金时代，具体来讲，就是19世纪末。与大家的普遍认知不同，常春藤盟校并非一直以来就是富家子弟的专属院校。在美国南北战争之前，相对来讲，常春藤盟校是规模较小、区域性较强的学校。在校就读的学生中，有少部分人确实是绅士的后代或者本身就是新绅士，但那时许多富家子弟并不会选择这类学校。在那个年代，美国还是一个以农业为主的社会，整个国家的经济仅由几大块区域性经济构成，因此，富家子弟的数量也是非常有限的。

在南北战争结束之后，情况开始发生变化，社会学家 E. 迪格比·巴尔策尔在其经典著作《新教当权者》中谈到了这一格局。工业经济爆炸式发展，催生了新的财富以及财团控制的政府。铁路系统把原来分散的区域连接成整体的网络，区域经济逐步演变成国家经济。原有的地方性精英开始意识到，他们应该成为全国性的精英，并想方设法巩固自己的阶层身份。新贵们需要通过交际让自己成为被众人接受的贵族；与此同时，面对来自南欧和东欧汹涌的移民浪潮（这些移民大部分是天主教徒和犹太人），所有的贵族要竭力保护自己的阶层地位，上层社会里开始了浩大的反犹太教和反天主教运动。其中，最有名的一个阶层是 WASP（白人盎格鲁-撒克逊新教徒）。通过巴尔策尔的作品，这一群体变得众所周知，并且其性质也慢慢变得清晰起来。"盎格鲁-撒克逊"是其重要组成部分：盎格鲁-撒克逊人在美国成了新贵之后，便重蹈覆辙，效仿起当年他们自己为了追求平等而反对的英国贵族阶层。

WASP 为自己的阶层创建了形式丰富的学府和机构。到了 1880 年，高档度假村开始出现，如巴港和纽波特；第一家乡村俱乐部于 1882 年成立。格罗顿学校于 1884 年成立，它虽然不是新英格兰地区的第一所大学预备学校，却是第一所模仿英国私立贵族学校而建立起来的学校。《社会名人录》一书于 1887 年出版。美国革命女儿会于 1890 年成立。不久之后，贵族们开始逃离大都市，往郊区新的聚居地搬迁，如费城的主线区域，乡村走读学校的创建也紧随其后。

WASP建立了不少机构，其中有一种机构（即大学）虽然并不是他们建立的，但是他们对它有绝对的影响。当时的哈佛大学、耶鲁大学和普林斯顿大学各自都开始以富有的形象书写自己的历史：哈佛是"黄金海岸线"富家子弟的聚集地；《耶鲁的斯托弗》是当年相当有名的一本关于耶鲁本科生生活的小说；普林斯顿则有F. 司各特·菲茨杰拉德（该校在1896年从"新泽西学院"更名为贵族气息浓厚的"普林斯顿大学"）。这类精英学校为富裕家庭的年轻绅士提供了极其重要的平台，方便他们跟来自全美各地的有相似背景的家庭搭建人脉，巩固自己的价值系统，并保证其毕业生在社会顶层的成员身份。与此同时，大学为了吸引新贵，着手弱化自己给人的"书呆子"形象，大力鼓励课外活动。而体育运动，特别是竞技类运动，比如能够充分彰显"男子汉"气概的美式橄榄球，就是在这段时间诞生并一直延续至今的。这一手段果然奏效，大学普遍都成功扩招了：哈佛从19世纪60年代每年招收100名学生扩展到1904年一年招收600名学生。学术被抛到了脑后，只有傻瓜或埋头苦学的学生才会认真对待它。随着来自大学预备高中的学生成了主力军，派对、恶作剧和高人一等的心态开始在学校的主流生活和社交圈蔓延。借用社会学家杰罗姆·卡拉贝尔的话："哈耶普"三巨头，正是在19世纪80年代奠定了它们院校龙头老大的地位，为其他学校设立了风向标。

但没过多久，问题就出现了。卡拉贝尔在其著作《被选中的：哈佛、耶鲁和普林斯顿的入学标准秘史》中揭露了这一点。录取结果是根据入学考试成绩而定的。一方面，有些科目，如古希腊语和古拉丁语，公立学校根本就不教授，因此，美国大部分高中毕业生从一开始就没有机会被名校录取；另一方面，来自"对口学校"的学生，不管他们成绩有多糟糕，往往都能被录取。比如，格罗顿学校从1906年到1932年有405位高中毕业生申请了哈佛，其中402位被录取。社会格调得到了保持，但是学术水平直线下降。面对这种变化，这三所高校开始有所行动，到了1916年，学校取消了古典语言成绩作为大学入学的要求。随之而来的是，公立高中申请人数开始出现井喷式增长，但是大城市的公立高中犹太学生的比例越来越高。随后，哥伦比亚大学在两年的时间里减少了近一半数量的犹太学生，但还是不能阻止上层家庭抛弃哥伦比亚大学。

有了哥伦比亚大学的前车之鉴，"三巨头"便想尽办法，避免重蹈覆辙。为了阻挡犹太申请者，一系列新的入学要求开始实施：老师推荐信，校友面试，对运动员或者有"领导特质"学生的偏好，给校友的子女加分，更加强调家庭背景，降低学术能力的比重，等等。学校宁愿录取来自美国中西部的有新教家庭背景的学生，哪怕他们不是最聪明的，也不愿录取来自纽约市布鲁克林区的"勤奋的草根"。由于仅仅依据申请者的名字无法辨别学生的身份，因此普林斯顿大学开始要求申请者提供照片。"气质"成了新的代名词，包括申请者的举止、形象、语音语调等。"耶鲁人"的气质，之前只要是从固定的几所高中录取学生就会有所保证，但在这个新的时代，则需由主观的审核过程（以及负责执行的招生办公室）来判断并维持。

这个系统一直完好无损地延续到20世纪60年代。"三巨头"

高校的生源主要还是来自大学预备高中，而这些高中的学生往往都是富家子弟。虽然学校没有官方说法，但是犹太学生的数量往往被有意限制。原来的老男孩俱乐部那一套文化还在继续发展，诸如闭门握手言事，输送"对口学校"学生，等等。就算到了20世纪50年代，哈佛大学平均10个录取名额也只有13位申请者竞争，耶鲁大学的录取率达46%。一般而言，在申请之前，你就知道自己被录取的概率，如果概率不大，那就没有必要申请了。

到了20世纪30年代，在平静表面之下的暗流已经集聚了足够的力量来摧毁原来的"生态系统"。詹姆斯·B.科南特，时任哈佛大学校长，"新官上任三把火"，开始逐步提高学术标准，为更多的学生打开哈佛之门，以便吸引更多优秀的学生。为了识别出那些聪慧的学生，弥补原有固定渠道生源的不足，他把目光转向了刚发展起来的"心理测量"考试——SAT。科南特校长是一位改革者，但不是革命家。在接下来的30年，改变是逐步的。在二战之前，顶尖大学的SAT平均成绩为500分左右，是全美SAT成绩的中间值，但是到了20世纪60年代初，顶尖大学的SAT平均成绩已经高达625分。

也是在20世纪60年代，当时的耶鲁校长小金曼·布鲁斯特认识到，如果精英阶层想继续保持自己的社会地位，继续领导这个国家，那么他们必须能够更好地接纳处于上升期的社会团体，这不是为了别人，是为了他们自己，而培养精英的大学必须走在前列。当时社会的众多变化是由不得"三巨头"忽视的。布鲁斯特于1963年开始担任耶鲁大学校长，他出台了一系列新政策：在短短几年之内就把学术潜能提到录取标准之首；推翻了"全能手"的录取思路，取而代之的是"某方面有建树的特长生";减弱了对体育健将和校友子女的偏好;整体取消了关于个人外表特征的要求(这也导致新一届学生平均身高大约下降了1.2厘米);结束了耶鲁与"对口学校"的亲密关系,不再限制犹太学生数量,不再考虑申请人的经济状况。少数族裔学生的平等政策也在20世纪60年代末出炉。1969年,耶鲁从男校转变成了一所混合学校。

布鲁斯特校长的动作很大,一口气摧毁了固有系统,以至于耶鲁的校友迫使他取消或者改变他出台的一些新政策,特别是要求耶鲁保持对运动健将和校友子女的特殊考虑。但是,时代的洪流已势不可挡。布鲁斯特开启革命的1965年,恰好是二战后美国婴儿潮一代开始进入大学的一年,更是美国大学招生录取的转折点:从原有的贵族制转变为崭新的优绩主义制,即从依据阶层、"气质"和人脉转向了依据考试成绩。

这就是现今美国大学录取机制的由来。你可能会发现,今天的录取机制跟之前的差异并不大。布鲁斯特校长和除耶鲁之外的大学成功地为大众打开了精英学府的大门,但是他们并没有废除固有的大部分标准,比如对体育健将和校友子女的偏好。新的系统不过是在旧制度基础上增加了一些新砝码。也就是说,今天的申请者除了要满足原有的条件,还要付出更多的努力。

让我们想一想,如今顶尖大学给所有希望被它录取的学生设置的门槛。虽然我们并不要求每个学生都是体育健将,有能力参加最高级别的竞技类运动,但是我们要求所有学生都具有"运动员精神"，并且经常参加体育运动。在过去，这种学生一般要参加一些只有在大学预备高中才有的体育项目，如击剑、划船等，才能既具备技能又拥有优雅气质。我们要求学生有一定的艺术造诣，作为一种自我修养的表现。要做到这些，其背后是需要时间成本和文化资源的，而在过去这些都属于上层家庭的追求。我们又要求学生具有个人魅力（用老一辈人的话来讲，就是能够社交，行走于不同的俱乐部），因此，我们需要学生参加面试并提供推荐信。我们还要求他们展现"服务"精神，而这种"服务"无非就是现代版本的贵族式恩典，是一种对低端人群的施舍。最后，我们需要"领导者"。如果学生仅仅是学生会的一名成员，那是不够的，他必须主持过学生会工作，或者是话剧社社长，抑或是棒球队队长。不管怎样，他给人的印象要如同一位储君，能担任未来的领导者，这跟百年前私立学校绅士的培养方式如出一辙。

原有的顶尖大学招生录取机制无疑是依照顶层家庭背景设计的，后来布鲁斯特校长提倡对学术高标准的追求，这超出了顶层家庭所擅长的范围。如今我们有一系列的标准化衡量标准，如 SAT、AP、GPA、奖学金证书等。现在我们的学生不仅要拥有原来的贵族特质，还要展现出现代技术官僚的特征。难怪他们如此忙碌和疯狂啊！

自 20 世纪 60 年代中期以来，招生录取游戏规则的唯一变化就是竞争趋于白热化：录取率降低，对申请者的要求提高，学生压力增大。这场优绩主义的比赛枪声一响，每个人都成了主动或者被动的参赛者。到了 1968 年，哈佛、耶鲁和普林斯顿的录取率均已降至 20% 左右。到了 1974 年，美国举国上下的高中生都为 SAT 而痴狂。哥伦比亚大学教授尼古拉斯·莱曼在他的著作《美国式"高考"》中分析了其中的前因后果。事实上，我自己的哥哥和姐姐就是当时的参赛者。20世纪70年代大学申请者的数量激增，导致入学压力剧增，最后实际拿到学士学位的人数也相应增加了。当社会上有更多的人拥有学士学位的时候，上名校从而使自己脱颖而出就显得更有必要了。

到了20世纪70年代末，富裕家庭通过各种方式占尽了优势：聘请SAT私教帮助提分，雇用自荐信"导师"（也就是代笔者），以校友捐助的名义影响录取结果，等等。另外，大学鼓励学生上AP课程，AP课程上得越多，越有竞争力。如果学生想要在高中的最后两年上更多的AP课程，那么他最好从初中开始就有所规划。到了20世纪80年代初，二战后出生的婴儿潮一代已经完成了大学学业，高校开始更加主动地吸引这批新生。由于当时美国政府放松了对航空业和电信业的管制，交通和通信的成本降低，因此高校的宣传推广走向了全美，而且家长也不介意送自己的孩子到更远的地方上大学。高校之间的竞争日趋激烈，提前录取作为高校尽早锁定优秀生源的有效方法，在这个时候变得越来越重要。

如果说高校之间、家庭之间的竞争还不够激烈的话，那么1983年《美国新闻与世界报道》发布前所未有的大学排名真的把名校游戏炸开了锅。对于高校来讲，录取数据一直以来代表了声誉和地位，如今竟出现第三方机构发布统一数据，囊括所有大学，并且对大学进行排名。到了1987年，一个由众多大学校长组成的代表团集体与《美国新闻与世界报道》杂志社交涉，要求对方停止排名行为，可惜为时已晚。20世纪80年代，整个围绕名校录取的产业已经爆发，从考试培训到咨询顾问，从家教到名校录取指南，等等。作家凯特琳·弗兰根纳提到一本开创先河的名校录取图书《如何敲开常春藤盟校之门》，该书于 1985 年出版。记者汤姆·沃尔夫观察到，名校追逐的痴狂症在 1988 年正式暴发。

名校热到底从哪一年开始？这并不重要。上面提到的年份都是对的。在过去半个世纪里任意选择一个时间点，你会发现，随着时间的推移，后来的录取竞争比之前的更残酷。回顾过往的 20 多年时间，美国大学的生源已走向全球化。美国的婴儿潮一代人口红利逐渐消失，大学入学新生数量一直在减少，直到 1997 年，局面才开始扭转。在接下来的不到 10 年的时间里，大学新生数量就回到了婴儿潮一代入学时的水平。大学变得更擅于利用招生数据来包装自己，明明知道有些学生根本就不会被录取，但还是采用激进的营销策略，鼓励所有学生都来申请，为的就是降低录取率。这些数据不仅象征着学校的社会地位，而且更有实际意义。高校就如同商业机构，运营一所学校需要经费，因此高校也时常需要贷款。信用评级机构对学校信贷的考量标准之一就是录取数据。商业机构在乎的是自己的利润，学校在乎的当然就是录取数据了，而且人们期望这些数据一年比一年好。

过去 20 多年让人有一种全新的感觉，其中最关键的因素或许是，我们已经跨入"名校游戏 2.0"的时代。第一代名校生都是 20 世纪七八十年代进入大学的，而他们的父母本身要么去读了没那么有名的大学或是公立大学，要么根本没读过大学。上名校对第一代人来讲，是一次"鲤鱼跳龙门"的机会。但是第二代名校生，也就是 20 世纪 90 年代的大学生，他们的父母本身就都是名校毕业生，后来又都是各行各业的精英，因此已愈发成为系统自身的产物。在这群家长眼中，上名校对自己的孩子来讲是必需品，而不再是改变人生的一次机会，并且在他们看来，幸福的定义只有一个，而精英式教育是通往幸福的唯一途径。

自1992年开始，《美国新闻与世界报道》排名前二十的文理学院中，有17所的录取率下降了30%以上；排名前二十的综合性大学中，有18所录取率下降了50%以上。范德堡大学的录取率从65%下降到了14%，芝加哥大学从45%下降到了13%，哥伦比亚大学从32%下降到了7%。2011年，提前申请杜克大学的学生数量在2010年14%的涨幅基础上又增长了23%。2013年，哈佛大学、斯坦福大学和哥伦比亚大学均收到了超过31 000份申请，这些申请者争夺不到2 500个的席位，其申请量相较于6年前，增幅超过了50%。

* * *

如果说20世纪七八十年代的大学生对今天的大学录取感触不深，如果说今天的名校生看着像某种异种生物——超人，或者仿生仓鼠，那只是因为：自从20世纪60年代以公平为主题的录取革命运动代替了原有的上层社会那种依赖于人脉的游戏规则，这一体系的逻辑已经持续了很长时间。在1981年我刚上大学的时候，身边进入顶尖名校的同龄人通常上3门AP课程，参加3项课外活动。如今的水平通常是7门或8门AP课程，9项或10项课外活动。2008年，我作为耶鲁大学的一名教员有机会轮值一天，参与招生办录取工作，观察并学习招生办的工作流程。学生的课外活动列表在招生办里被称为"个人炫富"名单。如果你的课外活动只有五六项的话，你就已经处于不利地位了，因为那远远不够。罗斯·多塞特在《特权》中提到一名学生有 12 项课外活动，他称其履历为"典型的全能冠军型哈佛履历"。而我曾经指导的一位耶鲁新生竟上了 11 门 AP 课程。

建立这么一套评判标准并非招生办的责任，他们只是执行来自高层的指令而已。在招生办工作的一天，招生办团队给我留下了很深刻的印象。招生官不仅仅要在漫长的冬季整理上万份申请材料，各自还得非常熟悉自己负责的地区。那天，我所在的小组负责宾夕法尼亚州东部区域的相关工作，那里实际上就是费城周边的乡村。一位 30 岁出头的年轻招生官对该地区特点的熟悉程度令人吃惊。他通过无数次的现场招生咨询，对每所高中了如指掌，并与辖区高中里的升学指导员、当地的校友以及第三方协助资源建立了紧密的关系。

我此次参与招生办工作时已是春季，因此提前申请环节已经结束。所有的申请者，根据他们档案里的各种指标（如 SAT 成绩、GPA、成绩排名、推荐信转化成的数值分数、运动专长、校友子女身份、多元性等），都会得到一个综合性评分，分值从 1 分到 4 分不等。1 分代表最具有竞争力的人群，他们将会被录取，没有任何悬念。在那天午餐休息时间，我想看一个 1 分水准的申请材料，招生办给我展示了一位英特尔科学奖得主的。除了 1 分人群之外，3 分和 4 分人群占了剩余申请者数量的 3/4，而这群人被录取的希望渺茫，除非是国家级运动员或来自最高级别的捐赠家庭。后者几乎在任何情况下都是会被录取的。我们花时间最多的是 2 分人群。在长达 6 个小时的招生委员会讨论过程中，我们排除掉 100~125 个申请，平均速度是每三四分钟一个。该区域总共有 40 个名额，我们的任务是从 2 分人群里选出最合适的 10~15 名学生。

这位年轻的招生官为每一个申请做了陈述，他快速、专业的语言如狂风暴雪般打在我身上，而我只能临场招架，边做边学："Top checks"代表推荐信的质量在各个方面都是最优秀的；"Good rig"代表学生在高中修的课程达到了让人基本满意的程度；"Ed level 1"说明家长没有上过大学，这从侧面反映了申请者成长和生活的环境；"Lacrosse #3"意味着这位学生在大学体育教练青睐的学生中排第三；"MUSD"代表这是一名拥有最高级别音乐造诣的学生，将来很有可能走职业路线；"T1"指的是第一封推荐信；"E1"指的是第一篇学生自荐信；"TX"指的是额外的推荐信；"SR"指的是学校的升学指导老师。我们讨论的过程就是先听陈述，然后发问，再参考一两封推荐信，最后投票决定。我们这组委员会一共有 5 人，3 位是招生办的，还有一位代表大学院长办公室，最后一位是我，而我一般都参考那几位招生办专业人士的意见。开此类会议往往很消耗能量，因此会议桌上有一大堆美味可口的垃圾食品。招生办主任很容易让人联想到美国演员本·斯坦，他似乎仅靠脆玉米片就能长时间工作，而且能非常快速地翻阅申请材料。

面对这么多卓越的申请者，我们寻找的是有特殊品质的学生。对于学生的个人品质，我们要通过反复揣摩推荐信或者学生的自荐信去体会。虽然高分和漂亮的履历是必需的，但是如果学生只有这两点，往往会被拒绝。而拒绝的原因大概会有："缺乏让人眼前一亮的闪光点"，"不是一位团队建设者"，或者"跟大众雷同"。有一位学生疯狂地参与课外活动，并提交了 8 封推荐信，最后众人评判他"用力过猛"。我在接受招生办培训的时候了解到，成功的申请者大概有两类：要么是"全能冠军"，要么是"偏才"。如果是后者，那么他得足够"偏"，比如说他的音乐打动了整个耶鲁大学的音乐系，或者他精通科学，获得了某项全国大奖。

实际上，大部分学生还是要争取做"全能型"的申请者，这一点跟丁克·斯托弗在耶鲁的年代大不相同了。布鲁斯特校长的革新确实让偏才选拔取代了当年老一套由大学预备学校的人脉主导的录取方式，而且现在的大学提倡招募各路"神仙"：年轻的记者、极具潜力的天文学家、未来的外交官、语言天才等。成功被录取的学生履历上的 10 项课外活动并非代表了 10 种不同性质的活动。其中，3 到 5 项体现了对某一个领域的专注，如数学、艺术或者学生会组织。你必须拿得出一两样绝活，同时你必须在其他方面也有卓越的表现。总的来说，你既要"全能"又要"偏才"。你可能早就对科学和数学不感兴趣，并对此心知肚明，但是你还是要修微积分，并且你还要尽力取得优异的成绩，这样才能保证你的高中平均成绩和在学校的排名。你有可能是一位对诗歌或者计算机编程有着执着追求的"异类"，但你还是需要会演奏一种乐器、参加体育活动并且加入（最好能创建）一个俱乐部，还要马不停蹄地去赶场。换言之，你必须面面俱到：取得全 A 的成绩，争取领导职位，参加更多的课外活动——你要将自己打造成一位"超人"。

近些年来，这种变味的大学录取机制以及它产生的人才，已经让人难以看清楚它们原来的样子了。名校严苛的录取标准和追逐名校的疯狂，已经不是由外在力量，比如经济全球化或者《美国新闻与世界报道》的排名所驱使的了；其背后最大的驱动力就是为了疯狂竞赛而竞赛。个人履历的竞赛，就如同两国之间的核武器竞赛。没有一个国家需要 20 000 颗核弹，除非存在另外一个拥有 19 000 颗核弹的国家。没有人需要 11 项课外活动，除非存在另外一个参加了 10 项课外活动的学生，那么这当中的真正目的是什么呢？唯一的答案就是超越他人。我们的孩子的发展情况，就如同长颈鹿的脖子变得越来越长，变得越来越畸形。这代人在 20 年后会成为怎样的人，是谁也无法预料的。

这种游戏规则已经不仅仅局限于"哈普耶"和斯坦福大学，不限于 8 所常春藤盟校，也不限于安德鲁·哈克和克劳迪娅·德赖弗斯在《高等教育？》一书中提到的"12 所黄金院校"（即 8 所常春藤盟校加上斯坦福大学、杜克大学、威廉姆斯学院和阿默斯特学院）。确实，最极端的竞争、最亮丽的履历、最惨不忍睹的录取率，将永远在这十几所高校中上演。但我从过去多年的全美旅行和交流经历中发现，这种疯狂在众多大学里广泛存在，只不过程度不同而已。来自弗吉尼亚大学的学生可能没有 9 项或 10 项课外活动，但是他们起码也有六七项。我曾接触过来自密西西比大学荣誉学院的学生，他们可能没有修过七八门 AP 课程，但是也完成了五六门。虽然这些院校学生的抱负、天资、痴狂症，以及家长的经济背景可能比顶级院校的稍弱一些，但是他们的思考逻辑和价值观与后者大同小异。

毕竟，这些学生都处在同一个大的系统里。每年被哈佛拒绝的 33 000 名学生照样会进入其他大学。到了 2012 年，65 所高等院校的录取率已经低于 33%，再加上另外二三十所录取率差不多的学校和一些略高于这个录取率的学校（比如女子学校，本来申请的人数就会少一些），那么大概会有 100 所高校是属于精英梯队的。事实上，这也仅仅是个保守估测。有一些不知名的地方文理学院，也存在类似的问题。资深记者詹姆斯·法洛斯估计，全美每年有 10%~15% 的高中毕业生卷入争取名校席位的竞赛之中，也就是 40 万大军。下一章我将剖析这群人的成长历程——他们的父母，他们的学校，以及他们作为"优秀的绵羊"的内心世界。

第三章 训 练

　　普通家庭确实有足够的理由为自己孩子的未来担忧。社会流动性停滞，全球性竞争愈加激烈，中产阶层艰难生存，中上阶层变得越来越遥不可及。自2008年全球金融危机爆发以来，特别是在年轻人眼里，未来要比在过去任何时间看起来都更令人胆寒。在这种情况之下，不断有人将大学文凭奉为一种不可或缺的必需品，并且大部分人普遍认同（虽然也有越来越多的人怀疑）：大学的名气，越响亮越好。在这样一个"赢家通吃"的社会环境之下，唯一可靠的办法就是让自己的孩子成为赢家之一。

　　打住！别再自欺欺人了。美国顶尖大学录取的狂风暴雨一直在进行之中，这股狂潮已经持续近50年了，并非只是从2008年才开始。这个游戏的主题并不是社会底层或者中产阶层突破自己，更上一层楼，甚至也不是中上阶层维持自己的社会地位。实质上，这是中上阶层家庭确认自己在这个阶层中具体排位的游戏。法洛斯估测10%~15%的高中生竞争一流大学，这里的10%~15%可能不是对应着高收入人群的前10%~15%，因为其中仍有一部分高中生是来自中低收入家庭，特别是移民家庭，但总体他的估计相当准确。在2012年，家庭收入排在前15%的起点为117 000美元。

生活在富裕小城镇上的家庭或大城市里的富有人群在竞争一流大学的时候，他们的游戏规则不再是能否进入一流大学，而是进入哪一所，比如说到底是选择宾夕法尼亚大学还是塔夫茨大学，而不是在宾夕法尼亚大学和宾夕法尼亚州立大学之间做比较。本来一位聪慧的学生毕业于俄亥俄州立大学，当上了医生，在布鲁明顿或者戴顿这样的小地方安居乐业，过上一种稳定的生活，这是一件很正常的事情，但是对于前面提到的两类家庭而言，这是一种很难接受的生活状态。一位母亲曾经写信给我，痛斥周边人染上了"认为住在郊区就是荒废人生的严重疾病"以及"对功名上瘾"的病症。另外一位来自波士顿附近小镇的母亲也有类似的感叹："身边人的压力如此之大，真是不可思议。"

对于中上阶层家长的专横形象我们是非常熟悉的，他们分为两种，代表相互矛盾的两种育儿方式。一种我们统称为"直升机式父母"：他们盘旋在半空，时不时施加压力，时不时批评；他们坚信孩子的成长需要一个严格、有秩序、受监督的过程，这样才能培养出能力。这种类型父母的口头禅就是"我们来做xx吧"，比如说"我们现在来练习钢琴吧"。另外一种属于"溺爱式父母"：他们往往任由孩子在一家餐厅里乱跑；在孩子过8岁生日的时候，还会替孩子系鞋带；在平日，他们会盲目地赞美自己的孩子，把孩子夸得天花乱坠；在他们看来，世界上任何事情都是可能的，孩子应该追寻自己的热爱和梦想。

虽然这两种育儿方式看起来相互矛盾，但是从根本上讲，它们并不对立，而是如出一辙。不论是张开双臂拥抱孩子，还是攥紧拳头给孩子施压，都源自家长对孩子过度保护的冲动：家长认为只要自己做对每一件事情，孩子就能获得一个稳定并安全的世界，用作家佩姬·奥伦斯坦的话说，就是孩子能"不受罪"。在作家安娜·昆德兰的眼中，"直升机式父母"之所以会产生，是因为父母幻想可以控制孩子、控制生活。我们也可以说这是一种典型的中产阶层幻想：生活是可以预测的，只要步步为营取得好成绩，就能保证将来的稳定和舒适。不论是在孩子17岁的时候向他施加压力，让他在微积分课上拿A，还是在孩子8岁的时候为他系鞋带，两者都是把孩子当成一个不能独立行动的个体。

换言之，两者都是某种形式的"幼龄化"。"他们还没有长大，"哈里·R. 刘易斯指出，"而这是所有人都想要的结果。"（一位学生写信给我说："从精神分析或治疗的角度来看，大学与家长形成的联盟从来不是良性的，这种联盟对于很多精英学生来说都很可怕。"）大学生毕业之后重新搬回家，跟父母同住，这种现象在2008年全球金融危机爆发之前就存在了，而且似乎已经成为趋势，如今我们对此也不足为奇了。但我好奇，天下到底有多少父母会在孩子回到自己身边时窃喜呢？一位父亲告诉我："我们就是要做对的事情，培养出完美的孩子。"在这句话里，"完美"有两个矛盾的含义：既是"幸福快乐"，又是"有成就"。如果追问父母为什么觉得有必要培养出"完美"的孩子，或者为什么认为这是一件可行的、值得做的事情，那么答案也许是，只有"完美"的孩子才是值得疼爱的。

孩子在这两种方式的教育下，最终就如同父母的衍生品："直升机式父母"要求孩子达到他们设定的目标,"溺爱式父母"则在孩子身上投射自己对自由和稳定的向往。在《特权的代价》一书中,临床心理治疗师玛德琳·莱文指出,不少父母"利用孩子的成就来填补自己脆弱的内心"。在《苍白之王》一书中,主人公说:"我的家庭就如同一家企业,我的价值取决于我上个季度的业绩。"(作为洞悉精英心态的作家,大卫·福斯特·华莱士在其他地方写道,孩子感到"被珍视"和感到"有价值",这两者之间是不一样的。)用人格发展研究专家迈克尔·G.汤普森的话来说就是:"家庭派送出一位孩子,孩子一直认为自己是独立、自由的,但其实不过是走上了一条完成父母使命的道路。"

申请大学特别是申请名校似乎汇集了生活当中的各种压力:如果你生活在一个大家庭里,那么你会跟自己的兄弟姐妹进行横向对比;在自己生活的社区里,你经受着来自同龄人的竞争压力;也许你的父母都是名校生,那么你至少也要跟父母平分秋色,甚至还要"青出于蓝而胜于蓝",这才契合"家族品牌"。在不少家长眼中,自己孩子被名校录取也代表了自己为人父母的成功。当然,上不了名校也就无法满足这一点。

不用说,大学也绝非终点。玛德琳·莱文写道:"来找我咨询的学生中不乏聪慧、有天赋的学生,他们对学校生活缺乏兴趣,因为这些学生的父母一直给他们灌输狭隘的职业选择,比如强迫他们在医生或者律师之间做选择。"一名斯坦福大学的学生就迫于父母的压力,不敢弃工从文,因为如果这样做,父母会停止支付学费。一名耶鲁大学毕业生不顾母亲的反对,选择了教育行业,他说:"我的母亲会千方百计地为我提供资源,帮助我这么一个来自普通中产家庭的孩子进入精英圈子。她希望我能够获得一切，但恰恰不让我得到我想要的。"

这些现象似乎与父母当初鼓励孩子要追求自己的热爱和梦想大相径庭，这又当如何解释？当年父母在教导孩子的时候，很可能确实是诚恳的，但现实是残酷的，谁都明白这个道理，包括学校在内。一所私立高中的负责人告诉我，当父母的，没有人不支持学校以培养有创意的、独立思考的学生为己任，但是当面临升学大战时，他们眼里只有名校。另一个负责人说，在升学这段时间里，学校经常会接到家长的电话，开篇往往都是类似的："我通常不会打扰您，但现在……"

更重要的是，家长的心情孩子一清二楚。在《应对学业》这本书中，作者丹尼斯·波普分析了一个案例：一个 GPA 为 3.97（满分为 4.0）的 11 年级学生，在升学来临之际陷入了极度焦虑。虽然父母试图淡化被常春藤盟校录取的重要性，但她明白，如果真的录取失败，父母对她的看法将会改变。对于这种具有代表性的学生心理，玛德琳·莱文做了以下阐述：

> 在心理咨询的过程中，你会听到父母对孩子说，"虽然你的成绩还有所欠缺，但是我们相信你可以做得更好"或者"只要你尽力了就好"，同时，你会看到孩子并不买账。这些听起来是安抚或者鼓励的言语，背后藏着一个令人不安的事实，即在富裕的社区里，许多父母的期望不是"尽你最大的努力"，而是"你必须是最好的"。

优等生的父母往往意识不到，甚至有意不去了解孩子所受的痛苦和挣扎。莱文医生的研究数据显示：来自富裕和高知家庭的青少年抑郁、焦虑、身体不适、滥用药物的比例是最高的，22%的来自富裕家庭的青春期女生被诊断患有抑郁症，私立高中11和12年级学生心理障碍的普遍程度高出公立学校同龄人2~5倍。当出现问题时，家庭条件优越的家长比其他家庭的家长更不愿意去面对问题，其中部分原因是，他们会把学业成就与成熟和情绪健康挂钩，将前者视为后者的标志。

最值得深思的是亲子关系，在包括贫穷家庭在内的所有群体里，富裕家庭的亲子关系是最疏远的。用莱文医生的话说就是：赞美代替不了温暖，父母迫切希望灌输给孩子的浮夸自信代替不了自我效能感。作为儿童发展领域的专家以及《迈向目的之路》一书的作者，威廉·戴蒙指出，"直升机式父母"的"空中盘旋式"的监督和批评并不能等同于对孩子的关注和引导。莱文医生的一位患者这样描述自己的高压父母："他们就好像无处不在，但同时又无处可寻。"言外之意就是：他们虽然干涉孩子的生活，但并未与孩子建立联结。

虎妈蔡美儿是一位极具代表性的"直升机式"妈妈。她于2011年出版了《虎妈战歌》，可谓一石激起千层浪：许多人抗议她的育儿方式，同时也有不少人赞赏她的风格，认为这是对懒散的美式教育的痛斥。当然，这根本不是这么一回事。蔡美儿的"亚洲式"育儿是中上阶层家庭的一个极端典范：她对两个女儿的教育，除了无情地施加压力，就是对"个人成绩"的无限追求。这是大错特错的行为。阅读她的书就如同阅读一本叙述角度不可靠的小说，其主人公完全没有意识到发生在自己身上的故事的背后意义。

蔡美儿主张子女对长辈孝敬和服从，但是受她尊重的父亲就是违背了自己父辈的心愿，从中国迁居到美国；而蔡美儿本人也是违背了自己父亲的意愿，从加利福尼亚州搬到了东海岸。（这父女两人似乎都是竭力搬离原居住地。）蔡美儿自己也承认，在职业选择和发展道路上，她犯了很多可以预见的错误，比如试图取悦父母，追寻一份最容易上手的工作，忽略自己真实的感受，等等。与此同时，她的婆婆被当作反面教材，她批判了她婆婆一些模棱两可的观念，比如选择、独立、创意、对权威的质疑等。但是，正是这样一位母亲，培养了蔡美儿愿意终生相伴的儿子。这个儿子履历光鲜，他从普林斯顿大学，到朱丽叶音乐学院，再到哈佛法学院，最终成了耶鲁大学教授以及畅销书作者。蔡美儿自己也不得不承认她丈夫的成功。

但在培养自己女儿的时候，她全然抛弃了对她丈夫成长之路的认可。她极尽痴狂的完美主义以及不成熟的特权心态催生了她的恐怖统治。在书中，她对自己和家人的真实夸奖，最响亮的几个词句是"最棒的"，"有名的"，"只有通过……才能超越"，等等。这分明就是最粗暴的地位至上主义。蔡美儿的整个世界似乎悬挂在一根钢丝上，她必须总是小心翼翼地平衡于荣誉和屈辱之间，要么孩子是"最棒的"，要么孩子什么都不是，没有其他选择。书中最有名的一个场景是在一家"普通餐厅"里，蔡美儿拒绝接受女儿为她做的生日卡片，原因是女儿并没有付出足够的努力。这一幕把她作为虎妈的形象体现到了极致。的确，蔡美儿这样的妈妈应该得到更精美的生日卡片，就好比"不新鲜的佛卡夏面包"是配不上她的。

也难怪蔡美儿会尽其所能确保自己的两个女儿不会成为"失败者"，不会成为无人问津的、不新鲜的佛卡夏面包，就算代价是她们不快乐。她告诉我们，两个女儿都没有朋友（也许是别人这样告诉她的，因为她似乎不会注意到这一点）。如同蔡美儿自己所说："事实上，我并不懂如何享受生活。"如果仔细听，你能听出她的弦外之音：那为什么她的女儿就可以享受呢？快乐并不是重点，控制才是本质。她解释说"在中国的文化里，子女是自己生命的延伸"，在这里，母亲的自恋体现得淋漓尽致。但蔡美儿根本就不像一位母亲，她仍然是她自己父母的延伸——是父母眼里那个永远长不大、永远被监管着、不停地需要呵护和爱抚的小孩。她无法以批判式的眼光去审视自己被教育的方式和被灌输的价值观。她的女儿当下被哈佛录取，并不能证明她育儿方式的成功。她们当然会上哈佛，因为这就是哈佛所认可的培养方式，而这恰恰反映了整个教育系统的弊端。

在与顶尖高中的老师交谈的过程中，我发现，他们大都清楚教育系统出了什么问题，也希望能为学生做得更多。在这类学校中，总会有一些老师，身上具有一种打破常规的勇气，就如同一群"优秀的黑色绵羊"。他们自己也是在这个教育系统里成长起来的，在人生不同阶段收获了各类荣誉和奖项，但是后来他们发现，生命具有更大的价值和意义。因此，有些老师会偷偷地引入一些不同的价值观，比如对学习本身的热爱和对社区的付出，但是他们可运作的空间很有限。一位在韦斯特切斯特市某所预科学校工作的老师就曾目睹，自己的一名男学生在课上讨论《麦田里的守望者》时放声哭泣，因为他不想顺从父母的意志，成为一名股票经纪人。当天晚上，这位老师接到了男孩母亲打来的电话："请你不要给他洗脑。"

有些地方开始为学生减压，比如说新泽西州的富人区里奇伍德镇就实施了一天不布置作业或者要求学生参加课外活动的政策，其他城镇也开始模仿。但是你要清楚，它们的频率是一年一次，而不是一周一次。甚至有些城镇连一年一次都不能接受。一位私立学校的老师告诉我，许多家长认为孩子要以学业为重，功课一天都不能落下，因此他们拒绝孩子参加要实地考察的课外活动，甚至不少学生本身也赞同这种观点。

就算你的父母是理性的，他们也会显得力不从心，因为环境不允许。其他家长并不理性，因此学校也就不理性。不论老师怀有多么良好的初衷，校长或者其他高层管理者总是跟他们背道而驰。正如一位老师所说，教师也被困在了教育系统里。一位资深的教师感叹，她的学校已逐渐演变成一家"客户至上"的服务型机构：不管是否适合学生的发展，也不管是否对他们的心智发展有帮助，只要是家长要求的，学校就应该"双手奉上"；学校甚至不需要高标准要求学生。

在这样的一所学校里，最令人痛心的地方可能在于，尽管有聪明老师教授聪明父母的聪明孩子，但是事实上，几乎没人关心真正的教育。就如同之前那位男孩的母亲所说的："请你不要给他洗脑。"这种要求学校往往都会应允。每个人都希望自己的孩子接受教育，但没有人希望他们得到真正的教育。在帕洛阿尔托，当地报纸就曾经发表一系列文章，描述多所高中的人文环境"不适宜学习"。《应对学业》中的孩子们很少听到"教育本身具有价值"这种话。一位学生曾经给我写信道："我上了霍普金斯中学，一所专门向耶鲁输送生源的学校。我很讨厌它。在这里，学习就像一场耐力竞赛，最强的'运动员'得到最多的嘉奖。"

如今，我们的社会对儿童和青少年的教育和关注似乎就围绕着单一的目标。我们在过去所大力提倡的价值观，比如好奇心的培养，道德观的树立，社区归属感的建立，以及民主、公民意识的建设，等等，如今都已经不见踪影了，更谈不上要强调玩耍的乐趣和自由，让孩子拥有自己的童年了。社会学家米切尔·L.史蒂文斯曾说："富裕家庭的生活方式就是围绕如何培养可以量化的美德。"在这里，"可以量化的美德"无非就是大学申请表上能够体现出来的那些东西。总而言之，我们不仅在为应试而教育，而且为应试而活。

这样的环境能给我们带来什么？难道不是心理上的痛苦吗？我的一位学生将这种社会现象跟奥林匹克女子体操比赛做了对比。想象一下，四年一度的奥林匹克竞技现场：那种让人窒息的完美主义，不允许犯任何错误，参赛者无法享受乐趣，无法逃避他人的审判，而最终的成功被狭隘地定义成"零失误"。莱文医生发现，青少年经常会深受"压力、不被理解、焦虑、愤怒、失落、空虚"的折磨，简单来讲，就是"极其不开心"。陷入这些情绪之后，青少年往往会出现饮食失调、自我伤害、药物滥用和成瘾、抑郁、反社会行为等，甚至产生自杀的念头。

在《应对学业》这本书里，那位名为伊芙的 GPA 为 3.97 的女生，她在 11 年级时修了 4 门 AP 课程，准备到 12 年级的时候再修 7 门。有时候确实不能再挤出时间了，她就会利用上课时间学习其他科目。她自己承认："我有时候连续两三天平均每天只睡两个小时……我非常非常担心自己会失败……我感觉自己就像一台没有生命的机器……我像一台机器人读了一页又一页的书，写了一页又一页的文章，重复着一项又一项的工作。"她平时仅以麦片为食物，往往因为太劳累而失去饥饿感和食欲。但是相较于她身边怀有自杀念头的同学，她的这种表现还不是最极端的。虽然明知这是一种不健康的状态，但是她觉得自己没有选择。她说："有些人会认为健康和快乐要比成绩和大学录取更重要，但是我并不这么认为。"

追求卓越的学生就如同"瘾君子"。"瘾君子"常说，他们需要某种东西，并不是因为它让他们感觉良好，而是因为它让他们感觉"正常"。"药物"对"瘾君子"的作用已经不再是带来快感，而只是消除痛苦，而这种痛苦恰恰来自对药物的依赖。与此类比，追求卓越的学生往往需要"外界的肯定和赞美"，这样他们才能够感受到父母的爱，自己才能心安。他们每一次取得 A，就如同"瘾君子"用一次药，能给自己带来短暂的慰藉，暂时地驱散对失败和落后的恐惧。

父母一心想培养孩子的"自信"，这种"自信"是一个只有源源不断地得到外界认可才能持续饱满的气球，并且一旦触碰现实，它就会爆破。莱文医生观察到，青少年根本没有能力面对挫折，比如那位因为 SAT 成绩达不到预期就考虑自杀的女生，或者那位被学校的篮球队淘汰而不敢回家面对父亲的男生。由此可知，大学升学的过程是多么令人胆战心惊。有多少学生一路走来，过关斩将，未曾失手，可能未被大学录取是他们人生中第一次面临的失败。我的一位学生观察到，她的同龄人为了追求完美而脱离现实，就如同电影《黑天鹅》里的主人公为了达到完美的表演效果而不惜失去理智，仿佛生活在幻想之中。莱文解释说，雄心勃勃的家庭普遍存在对完美主义的不断追求，这种不断追求并不代表对孩子的行为或表现存在不满，而实质上是对孩子本人的有罪宣告。这是赞美的对立面，它让孩子意识到，他不配得到父母的爱，从而滋生了自我憎恨。

爱丽丝·米勒在其心理分析经典之作《天才儿童的悲剧》中清晰地揭示了问题的实质：一个有成就的孩子的自我意识是建立在为了满足父母对成就的渴望的基础之上的（莱文提醒我们，这些父母很有可能是在类似的环境之中长大的，自己也比较脆弱）。一个孩子理解父母，并依照父母对自己的期望来引导自己，并最终成为他们希望成为的那种人。但是，父母的需求和期望是无止境的，而且满足感也总是短暂的。那么，孩子永远做得不够好，因此他努力追求完美。一旦这种想法被内化，那么不管是需要被父母认可还是其他，所有成就的取得就都是为了得到肯定。米勒写道："如果一个孩子不断地追求被人赞美，那么他将永远无法得到满足，因为赞美跟爱不是一回事。"

因此，一个天资聪颖的孩子不断地徘徊于自卑和自负两个极端之间。当父母告诉孩子，他是完美的、最棒的、可以不负众望胜任任何事情的时候，孩子的自信将极度膨胀。这种飘飘然的胜利感不亚于经历了千辛万苦之后获得了SAT满分或者过关斩将之后终于争取到了梦寐以求的高盛公司职位的那种优越感。此时此刻，这个人似乎站在了一座山峰的最高点，以一种俯视世界的心态，在心灵深处呐喊："去你们的，我赢了！"当你制订计划准备统治世界的时候，你就会陷入自大。当你遭遇挫折、妄想破灭的时候，你就会自卑。自卑意味着自我厌恶和厌弃，以及体会到如精神死亡般的情感麻木。你将进入一个自我惩罚的恶性循环，认为："我不够聪明，我不够努力，总之我不够好，某某人比我要优秀很多，反正我是一文不值。"这些自我贬低的想法源自一种感觉：你不配拥有快乐。我的一位学生曾说："如果我不用左洛复的话，我肯定会厌恶自己。"两个极端，左边是自负，看不起他人；右边是自卑，看不起自己。

在我二十几岁的那个年代，当时社会有个更粗俗的说法：要么你是大才子，要么你就是臭狗屎。你要么成功，要么失败；要么风光无限，要么百无一用。一名学生在信中说："在耶鲁的时候，我有一半的时间感觉飘飘然，因为我觉得我比其他人都聪明；但是在另外一半的时间里，我觉得自己一文不值，因为我觉得所有人都比我聪明。"这种"赢者全盘皆赢，输者全盘皆输"的心态在优秀的青少年群体中普遍存在。他们认为：将来要么住别墅，要么住贫民窟；要么就读于常春藤盟校，要么彻底背负耻辱；要么在纽约市的卡内基音乐厅表演，要么是虎妈蔡美儿所说的"失败者"。显而易见，这种思考方式不容许中间地带的存在。美国作家菲利普·罗斯在《波特诺伊的怨诉》一书中，通过主角之口描述了犹太家庭教育的矛盾：

> 犹太父母到底是怎么了，怎么了？居然能使我们这些犹太小男孩一方面认为自己是天潢贵胄，珍奇得像独角兽，是出类拔萃到无可比拟的神童和人杰，是人类救星，是完人，而另一方面却是连话都讲不清楚、能力欠缺、考虑不周、无助、自私、邪恶的毛头小子，忘恩负义的小无赖！[①]

在这里，我们看到了众所周知的犹太人的罪恶感，它在其他文化中也得到了充分体现：倘若你不能给你的父母带来荣誉，你将深感罪恶。

这些感受我深有体会，因为我曾经就是这样一个犹太男孩。多年以来，我在自大和自卑两种情感之间徘徊，如同坐过山车，努力将自己想要的同父亲所期望的剥离开来。（我的父亲是移民，还是一位常春藤盟校教授，真是双重打击。）对他来讲，我取得耶鲁大学教职，跟我之前取得的所有成就一样，只不过是临时的安慰。入职耶鲁不到几个月，父亲就开始询问我什么时候会发表论文。但那个时候他以及10年之后他的去世都已经不是造成我坐过山车式感受的原因了。真正的原因，正如我的一名学生所说，是如同弗兰肯斯坦巨大的野心，是永远不能被填满的"我是最优秀的"那种饥渴。

无数次我认为自己已经突破这种困境，但又无数次我发现自己重蹈覆辙。当我在做研究课题，读到了《天才儿童的悲剧》一书时，

[①] 引自［美］菲利普·罗斯：《波特诺伊的怨诉》，邹海仑译，上海译文出版社，2022年，第133页。——编者注

我终于如释重负。那个时候我已经48岁了。事实上，我是先读了《虎妈战歌》，接着读了《天才儿童的悲剧》。前者让我重新经历了童年的种种创伤，后者帮助我治愈了伤口。这两本书从完全相反的角度在我眼前重新放映了我在成长路上所经历的各种坎坷和陷阱。自那时开始，我感觉内心的冰山开始融化，我开始变得轻松。我终于感受到（而不仅仅看到）我生命中缺失的那部分：寻找幸福的机会，创造自由的机会。

在我不再因他人的成绩而感到威胁的时候，我的生命得到了解放，我轻松了许多，并学会欣赏他人的成就给这个世界所带来的美妙。我过去的那种嫉妒心态，普遍存在于有所成就的人群中，这也是最具杀伤力的魔咒之一。一旦为之所控，你将不顾一切地寻求被接受、被爱，就像美国作家奥登所讲的，"你想要的是爱，而且必须是独爱"。在《失乐园》一书中，弥尔顿笔下的撒旦并不像诗歌里形容的怪物，而是一位聪明的天使。正是他膨胀的野心，导致了他的堕落。他来到了伊甸园，毁掉了亚当和夏娃的幸福，他环顾四下，内心萌发这样的感慨：

> 我看到越多自己的喜悦，
> 我越感受到内心的折磨，
> 如被憎恨所包围；
> 美好的将变成祸害，
> 到了天堂，我将更加悲惨。

这就是嫉妒的本质——他人情况越好，你的感受越糟。因为那个佳境并不属于你。撒旦在诗歌中更加简洁地表达了此意:"我乃地狱"。如今,我告诉自己已经受够了,我已经在地狱待了太久。我将不再受制于罪恶感,我不会再去找理由来惩罚自己,我不再因为享受生活而感到不安。我花了30多年的时间,才醒悟过来。

为了迎合父母的需求而建立起来的"自我"是一种"虚假的自我"。由于孩子的感受和渴望没有得到确认或承认,她便学会了忽视它们,久而久之,这个孩子将失去关怀自己感受和渴望的能力。米勒医生发现,这样的父母不会容忍自己有一个"沮丧的、有需求的、生气的、狂暴的"孩子。在这种阴暗预设下,现代的父母急于保护自己孩子尽量不受"痛苦、挫折、不愉快"的折磨,其结果就是造就了头顶光环的年轻人的一些众所周知的共性:圆滑,能干,以及成人化。与此同时,他们的内心和自我价值观并没有得到发展,只有外界权威给他们一些象征性的认可,他们才能构建出自己存在的价值。莱文医生在为自己的一些病人做咨询的时候,仿佛是在倾听6岁小孩讲话,他们的自我描述浮于表面。她听不到那些最真实的自我特征描述,如"我跑得快,我的眼睛是棕色的,我不喜欢西兰花",反而听到不少社会的期望点,如"我在上3门AP课程"或者"我的屁股简直太大了"。因此,现今的年轻人不能定位自己真实的喜好或者不清楚自己的目标,我们又有什么可惊讶的呢?

但学生很难觉察到自己的生活其实是受制于他人的,就如同父母不承认自己就是"那种"父母一样。在一次哈佛大学举办的活动上，作为嘉宾，我建议在座的大学生一定要保持开放的心态，一名女生回应说，"我们在初中的时候就已经决定成为哈佛人了"。暂且不谈一个人是否愿意一辈子的生活就按照 7 年级时的想法来决定，我不得不问这名学生，她所说的"我们"已经决定到底是什么意思。

整个教育系统在一代人身上催生了可怕的世俗态度：盲目的野心，对风险习惯性的回避，以及霍布斯式的野蛮竞争。不论 WASP 主导的旧的大学录取规则建立的初衷是什么，它都是有自己的价值所在的：体育竞技讲究的是勇气、无私精神以及团队精神的培养；艺术体现了一种文化理想；服务为的是在将来的领导者内心埋下服务公众的种子；领导力本身就意味着学会肩扛重任。演变到现在，这些精神的体现已趋于形式化，如同印第安人的祈雨舞，虽然代代相传，但不过是一套祭神典礼的空壳。学生之所以会参加体育、艺术或者展现领导能力的活动，并不是因为对这些精神的追求，而是因为这是通向名校的必经之路。这些活动原本是有意义的，但是现在被简化成一种手段：体育竞技讲究的是体能训练，音乐不过表现为技术上的娴熟，服务他人则等同于做慈善，展现领导能力无非就是追求权力。倘若哪天哈佛的录取标准要求每个人都会倒立，那么那些高中生也会一如既往、不假思索地去认真对待，并达到娴熟的程度。

个人的经历本身沦为了大学申请材料的一部分，成了手段。为了配合游戏规则，我们开始学着包装个人经历，现如今，我们还主动谋求将来容易被包装的个人经历。《纽约时报》曾报道过，如雨后春笋般出现的升学咨询公司专注于策划可以浓缩成一份大学申请材料的暑期活动，如为期一个月的"文艺复兴"主题的意大利游学，三周的创意写作课程，担任两周的话剧表演助教，花"一整天"时间沉浸于"另类"艺术家群体之中，等等。学生会迫不及待地把这样的经历添加到自己的简历上，因为他们对"这一天简直太有感受了"！（我们并没有听到艺术家对这些学生的评价，不过我相信他们是乐意帮忙的。）米切尔·L.史蒂文斯在《创造一个阶层》一书中写道："私人升学顾问就是教会学生如何包装自己，满足招生官的胃口。最终我们教会学生的，是去追求一个可以包装的自我，或者最起码是去追求一个可以包装的自我幻觉。"

有一位毕业于迪尔菲尔德高中的学生曾经写信给我，他这样回顾自己的教育经历："学校类似于游戏程序，我们都要去闯关才能晋级。"在《应对学业》这本书中，不少学生认为上学的目的并非学习。种种迹象似乎在警告我们，学生质疑教育的本质，甚至不相信教育。当面对学生作弊成风的现象时，我们需要接受的是，这些年轻人绝对是优秀的学生，因为他们所掌握的就是我们的教育系统教给他们的。在来到大学之后，他们变得迷茫了，既不清楚自己的目标，也不知道如何为自己做决定，他们当然很容易会被现成的、成熟的选择（如咨询公司或者投行）吸引。

我们要求学生参加课外活动，因此奖励那些积极参与者；我们要求"领导能力"，因此奖赏那些岗位竞争者；我们赏识那些能够成功应对我们提出的挑战并满足我们设定的要求的学生，因此奖励一群投机者，与此同时，我们惩罚那些不参与升学游戏的学生。我们掠夺了孩子的童年以及青春，组装出了一支庞大的青年军。

在我所了解的家庭中，包括中上阶层家庭，不同意虎妈育儿方式的不在少数，但是在实际生活中照做的也不在少数。父母在失去理智的系统中竭尽全力，与大学生在顺从大环境的游戏规则和鼓起勇气探索自己的道路之间的挣扎是类似的。但不管眼前的河流有多么湍急，我们都可以选择不再随波逐流，反对举手投降。如果想要孩子活出自我，我们就必须以新的方式来培养他们。

第四章　机　构

　　值得庆幸的是，美国高校不仅对我描述的问题高度重视，而且已经采取集体行动解决它们。学校的课程设计也充分考虑了增强学生的学习体验与学习内容前后的相关性，并有意挑战学生使其更具有道德意识。从事一线本科教学的大学教授，致力于学生的智识成长，并严格维护学术的最高标准。职业指导办公室始终保持较高的信息敏感度，广泛了解学生毕业之后的选择，并有意指引学生选择非常规类的职业。抵制《美国新闻与世界报道》杂志的行动已经奏效，致使该杂志缺失大学排名所需的关键数据。大学不再为锦上添花的豪华设施以及行政人员的过高薪酬买单，而是把资源重新投到发展教学和博雅教育上。

　　当然，这些描述实属我个人的想象。事实上，除非高等教育的整体文化从根本上有所改变，否则它们现在和将来都不会发生。首先，大学几乎认识不到学生的问题所在，因此也就不会帮助学生认清他们高中期间所形成的不良习惯和扭曲的价值观。正因如此，我们也就不难理解，为什么众人的大学求学经历始终是他们高中时的翻版。进入大学时，学生人手一本课程目录，接下来，学生自己摸着石头过河。虽然学生有导师，但是导师的主要责任是帮助学生了解复杂的学分要求，并在有必要的时候，鼓励学生去寻求心理咨询帮助。剩下的事情，包括很多青少年向成年人过渡时所产生的种种问题以及在高等学府求学期间的各种疑问，都会被视作理所当然已经被解决的部分，无人问津。

哈里·R.刘易斯写道："大学已经忘记它们对大学生成长所承担的更大的教育责任"，即帮助他们寻找自我，帮助他们找到自己的使命。事实上，"大学已经弄不清教育的目的是什么了"。刘易斯院长更加直言不讳地承认，"哈佛大学不再懂得什么是优质的教育"。整体的课程设计无非就是由一系列互不关联的单个科目拼凑而成，辅修课程也不过是各个院（系）以避免冲突或者"停火协议"为原则最后达成的"共识"。阿兰·布鲁姆就此批评大学的课程设计根本"没有一个坚定的长远目标，更没有能力去定义一位受教育者应该具备的品质"。

这是个历史遗留问题，它的根源在于美国高等教育源自两个体系：传统英式的高等教育体系和以学术研究为导向的德式高等教育体系。因此，美国的高等教育从初始就是分裂的。传统英式的高等教育体系在美国南北战争之前得到了发扬，课程设计依托于经典，教育的目的是培养人的道德品质。但是在19世纪后期工业革命出现时，早期高等教育的办学目的逐渐被淘汰。成立于1876年的约翰斯·霍普金斯大学就是第一所以德式体系建立起来的美国高校。新型经济和由此形成的世界体系从创建时期就影响了约翰斯·霍普金斯大学的教育方向，它尤其注重自然科学和社会科学。在同一时期，其他高校也随之效仿，比如成立于1890年的芝加哥大学以及于1891年正式招生的斯坦福大学。与此同时，不少老牌学校为了迎接当时的变革开始重新定位。从此，整个研究生教育和研究体系就诞生了，包括大学不同的院（系）、全国性的专业协会和组织、同行评议的学术刊物、"不发表就出局"的游戏规则、教授职称等级、终身教职制度、毕业论文以及博士学位等。

与此同时，出于相似的目的，哈佛大学领头，开始植入由选修课逐渐演变而成的专业体系，替代了原有的本科教育课程系统。从那时开始，大学的功能慢慢转变成培养专业人才，为各领域专家的培养做了铺垫。但是，博雅教育坚持了自己的理想和初衷，考虑的是整个人的培养："人文学科"原本就是关注个人作为人类存在的价值和肩负的使命的，跟职业如医生、律师、科学家或经理并无关系。从第一次世界大战到第二次世界大战，高等教育见证了反对教育专业分类化的浪潮，开始发展"通识教育"，最著名的例子当数哥伦比亚大学和芝加哥大学的"名著课程"。如今高校之所以还存在专业分类，实质上是因为两种理念即深度教育和广度教育之间的一种妥协。这种妥协不仅存在于专业与非专业之间，而且存在于各专业类别与本专业之间。在世界上几乎所有地方，比如英国、法国等，一位化学专业学者研究的都仅仅是化学。

在20世纪六七十年代，"名著课程"遭遇了挫折，其中，强制学生阅读以欧洲文化为中心的西方经典被批评有"大家长统治"之嫌疑。1981年，当我从高中毕业的时候，布朗大学因敢于摒弃所固有的课程规范和架构而成为最热门的学校。我的母校哥伦比亚大学，之所以能够至今保持它的核心课程，无非是想要独树自身品牌，在竞争中做到差异化。大多数学校课程的广度只能通过辅修课程得到体现。而形形色色的辅修课程如同天书，按字母 A 到 C，或者到 D 或 F 分类，分别代表数量推理、语言文学、世界文化等。这些选择之间并不存在任何紧密的衔接性，学生经常只能摸着石头过河，并在此过程中随便捡起几块石头来满足大学的毕业要求。大学生修双学位的趋势越来越明显，部分原因是高校选修课系统相对于传统专业系统的无逻辑和无秩序性，鼓励了学生利用学分的灵活性来获取最大化收益。专业课程已经成为课程中唯一对学生有意义的部分，所以他们宁愿多学习专业课。

教育最根本的问题远比社会需求的复杂或官僚制度的混乱深刻。现代美国高等教育把文理学院的博雅教育植入研究型大学，是最初两种办学理念之间抗衡的产物，但是该形式经不起考验。由于大学教授同时承担授课和课题研究两种责任，而且后者往往会有更多的培训资源，给出更多奖励，因此研究型大学的价值观在高等教育领域自然占据优势。多年来，在很多学校里，成为教师以及获取终身教职并不需要博士学位或者发表大量论文，但行业的标准正在逐步紧缩。尤其是在美国和苏联的太空争霸上演之后，美国联邦政府为课题研究提供了源源不断的资金，因此，大学的资源分配便向课题研究倾斜。20 世纪 70 年代博士过剩导致高校学术类就业市场的崩溃，高校对学术岗位的要求也就水涨船高。当知识开始细分，课题研究也随之更加专业化。教授在面对教学任务时，因其被赋予了无限的自由，所以他们的教学内容往往来自他们极其狭窄的研究领域，由此，碎片化和专业化的课题主导了本科教育。

你可能觉得整个系统令人捉摸不透，这是因为系统的设计初衷就是如此。教授并不在乎教学，他们在乎的是课题研究，他们的教学内容就是自己的研究内容，他们没有必要去考虑在他们研究领域之外的事情。刘易斯院长认为，大学所提供的课程跟学生的需求并无关联。在研究本科课程整体的连贯性和本科教育大局时，大学会动员教学代表讨论课程设计方案，但往往由于教授们对各自研究领域的保护，以及对课程设计的不关心和不重视，或者单纯由于无能为力，最后效果也不尽如人意。哈佛大学近期的一次课程设计研讨会开得很失败，而路易斯·梅南德作为主席之一在事后承认，"我们确实不习惯从宏观的角度去思考教育，这并非我们所擅长的"。

在众多高校之中，大多数学生开始涌向跟职业密切相关的专业，如传媒、商科、教育和医护专业，领头的几所高校拒绝如职业技校一般地提供教育，并引以为豪。但实质上，它们就是职业技校，因为它们的教学精神就是如此。所有一切都是以培养专业技能为中心的，最终都以专业技能为评判标准。虽然名校喜欢昭告天下，它们的教学目的是培养学生如何思考，但是它们真正所做的是，锻炼了学生的分析和演说能力，为他们在商界和专业领域的成功做铺垫。和高中生一样，这些大学生还没有能力回答成年人必然面临的人生意义和使命等宏大问题。在这方面，宗教学校，甚至一些默默无闻的地方学校都比名校做得到位。虽然这些名不见经传的大学所招收学生的 SAT 分数落后常春藤盟校以及同等级大学几百分，但是从最崇高的"教育"内涵来讲，它们的教学要胜于那些一流名校。这是多么羞辱的一次宣判！

但是，一流名校并非一无是处。就算是以微弱的力量，它们也还在努力背负起提供通识教育、培养整全之人的责任，它们并非完全就是改头换面的昂贵版本的职业技校。所以，在入校之际，学生会听到一两次激动人心、鼓励他们思考人生的演讲；而到毕业之际，学生会重温一两次类似的鼓励他们思考人生的演讲。在这四年间，学生埋头钻研由一群专注细分领域的教授提供的课程，立志成为一名专才。

这些大学的课程至少在学术上是严谨的，都具有各自的难度，不是吗？不见得。理科往往如此，但是其他类学科就不尽然。罗斯·多塞特指出，在哈佛大学，学术是块软骨头，那里"几乎听不到任何反对降低学术要求的声音"。当然，例外也是存在的，并且学术标准因学校而异，但是大多数学校的教授和学生之间已经建立了一种"默契"——学生尽量少学习，教授则受学术研究的激励（尤其是在顶尖大学），尽量减少授课上的投入。教学对教授个人职业发展的影响有限，教学质量的评估几乎完全依赖于学生对教授的评价，而这种评价很明显与教授给分的宽松程度直接相关。相反，对于兼职教授和更多的非终身制教学人员而言，教学质量的评估确实是至关重要的。在如今的校园里，学生普遍以低质量功课换取老师的高评分。

成绩膨胀以及对成绩膨胀的控诉并不是什么新鲜事。据刘易斯院长所言，这个问题从绩点制度诞生那天起就存在了。虽然大学 GPA 在过去的 100 多年一直处于上升趋势，但是我们还是应该了解一下其演变历史。在 1960 年，私立高校的平均 GPA 大概为 2.5。1990 年，已经上升到 3.1。到了 2007 年，已经是 3.3，在顶尖的私立院校更高，是 3.43。按照这个上升速度，最新的数据很有可能已经超过 3.5 了。平均 GPA 越高，分数贬值越厉害，用分数区分学生之间的素质差异也就变得更加困难，学生也就更没有动力全力以赴，做到最好。在 1940 年，大学院校里排名前 15% 的学生属于 A 类学生；到了 2008 年，这个比例已经攀升到 45%。但我们需要明白，总有一些不做功课的学生，或是一开始就不符合入学考试标准的学生，如体育特招生，凭借家族关系的特招生，以及为了个人兴趣或者满足学分要求而修一些不着边际课程的学生。大一学生的成绩一般相对低一些。在顶尖的大学里，大三或大四的学生只要好好上课，成绩几乎不可能在 B+ 以下，甚至是 A– 以下。

除了成绩之外，甚至给予学生真实的回馈都并非易事。从小接受赞美式教育的学生，自信心来源于完美主义，因此他们不具备接受批评的能力。况且，学习对他们来讲是个副业。在大型的公立大学里，我们暂且称之为"南方美式橄榄球大学"吧，学生的主业可能就是喝啤酒和看电视。在顶尖大学里，学生主业则是令人身心疲惫的形形色色的课外活动。课外活动的确是有价值的：愉悦身心，满足社交需求（这两点可能弥补学习的不足），促使学生学会表达，并培养出某些课堂内所忽视的能力；帮助学生建立人脉并有机会体验不同的职业；给整个校园带来了社交的气氛和活力。但是，学生往往忙得不亦乐乎，他们会害怕自己失去任何一个机会，因此他们总是寻找新的活动来填满自己的日程表。

问题在于，参与的事情越多，能做好的事情就越少，并且可能最后什么事情都做不好。我的一位学生曾写过一篇名为《糟糕系数》的论文，它后来成为耶鲁新生入校阅读材料之一。糟糕系数衡量的是一个人在参与过多事情的情况下最后事情的完成质量。这个数据是用一天24小时除以个人花在每一项学习和课外活动上的时间得出的。

回顾大一那年的个人时间安排，我计算出在每晚只睡两个小时以及两天吃一顿午餐的前提下，我也仅仅给自己预留了6分钟时间阅读荷马的《奥德赛》，5分钟时间登上哈克尼斯塔去练习钟琴……这种状态没持续多久，在图书馆里熬夜成了我的家常便饭，但令人不解的是，我还是不能完成作业；我总是奔波于会议和排练之间，但是从来不能准时到场；我自己忙得一塌糊涂，只是很勉强地生存下来了，就如同挣扎在漩涡里的女妖。

维持整个系统的运作，唯一的办法就是每个人（包括教授在内）降低他们的要求。诚然，精英学生的确努力，他们作为一个群体一直都是聪明的，但是如今他们完成事情的质量却未必能够保持高标准。引用一个反面教材说明这个不争的现实：演员詹姆斯·弗兰科热衷于完成各类课程，他毕业于加利福尼亚州的帕洛阿尔托高级中学，在加利福尼亚大学洛杉矶分校读大学期间，他曾争取到注册62个学分，但是通常19个学分已经是上限。在同一时期，他报名了哥伦比亚大学的写作课，纽约大学的摄影课，沃伦·威尔逊学院的诗歌课，以及布鲁克林学院的小说课，同时参与忙碌的拍戏事业。从哥伦比亚大学毕业后，他又紧锣密鼓地开始了在罗德岛设计学院攻读艺术硕士学位以及在耶鲁大学攻读英语语言文学博士学位（是的，那是我曾经工作的英文系）。他简直就是今天高成就年轻人的代表。我们不得不问：一个人怎么可能如此聪明、有天赋、有冲劲儿？答案是他们不可能，也做不到。弗兰科做不到，其他人也做不到。名校录取几乎高不可攀，但是一旦被录取，只要你去上课，在很大程度上你就可以顺利毕业。

这一切的背后有着深刻的背景，远不只教授放纵学生或者学生钻空子。过去的30多年，高校对学生的定位发生了变化。二战后的几十年是高校快速发展的黄金时期。从1949年到1979年，高校的学生数量至少翻了4倍，大学教员几乎增加了2倍，每周几乎就有一所崭新的高校拔地而起。但是当二战后的人口红利在20世纪80年代逐渐衰退，并且政府也开始减少投入时，学校不得不面对学生短缺的局面。与此同时，政策制定者开始通过贷款和助学金的形式向学生（而非学校）提供大量资金，将高等教育的运作模式转型为消费者驱动的市场模式。

通过多年努力，转型取得成效。高等教育变得越来越像其他产业：谁能带来收益，谁就被重视；谁不能，谁就将被针对。出于"效率"的考虑，高校重在追求知识传授的高效性，而不是教学水平的提升，因为后者是很难量化的。与此同时，高校认为，教学实乃资源消耗，因此为了降低成本，高校减少了全职教授的授课工作量，聘请了大量的兼职及临时教学人员来替代他们。可想而知，教育质量直线下降。除此之外，学术单位即院（系），被视为"经济产能中心"。不能贡献产出的，如大部分的博雅教育，就被缩减甚至完全取消。相反，科学魅力无限，但也不是任何类型的科学，比如基础科学就不受重视。重中之重乃商用性科学技术，这些往往是由公司赞助，最终能够转换成利润的科学性研究（有些学校过于追求短期利益，甚至连跟它们合作的公司都表示不满意）。另外，校园不间断的全球性扩张至关重要，再次充分体现高校商业化运作的主题：建立品牌，占领市场份额，充分汲取全球新财富，等等。具体的例子包括：纽约大学的阿布扎比校区，耶鲁大学的新加坡校区，哥伦比亚大学在中国、土耳其、巴西的全球中心等。

管理着众多优秀学术机构的还是备受瞩目的《美国新闻与世界报道》排名那把尺子，虽然陈旧老套，但是影响力依旧不减。倘若你熟悉旧版SAT的题型，我们可以大胆地做这样一个类比：《美国新闻与世界报道》排名之于学校，就如同SAT分数之于学生。两者作为衡量学术优秀的标准都是可疑的，作为衡量自我价值的标准则是无意义的，但两者都可能带来足够严重的后果，使受其影响者陷入恐慌状态。换言之，学校如今严重受制于排名，和他们长期以来让学生遭受分数统治如出一辙，两者都被几个数字绑架了。

在学生和家长投入大量的人力和财力拔高分数的同时，大学也在绞尽脑汁提高自己的排名，而且大学间的竞争恐怕更加惨烈。"淘汰率"是影响高校排名的因素之一，因此大学并不考虑学生是否有被录取的可能性，而是主动出击，大面积撒网，从而吸引更多的申请者。名气是影响高校排名的另外一个因素，它依赖于学校之间的相互评价。出于保护以及提升自身名气的考虑，学校在完成问卷时会故意贬低对手。第三个重要的考虑因素是新生的 SAT 平均分。为了提高 SAT 平均分，更多的高校把助学金用于鼓励成绩更优秀的学生。然而，因为 SAT 分数往往跟家庭背景有较大的相关性，所以实际上，高校把更多的钱分配给了并不需要经济资助的学生，同时忽视了真正需要经济援助的家庭。学生可能为了争取被名校录取而不择手段，大学也是如此。当"淘汰率""名气""SAT 平均分"都不能奏效的时候，学校甚至会通过谎报数据作弊。近期被曝光的学校就有埃默里大学、巴克内尔大学、克莱蒙特·麦肯纳学院等。

高校运作商业化产生的最严重影响是学校对学生的重新定位。学生是"消费者"，因此学校需要迎合而非挑战他们。作为消费者，学生占有主动权。举个例子：在 20 世纪 60 年代和 70 年代初，成绩膨胀严重，但是从那之后一直到 1990 年，大学的平均成绩保持在同一个水平。从 20 世纪 90 年代开始到现在，又是一个严重的膨胀期。抱有消费者心态的学生认为，教授给高分是理所当然的；而且考虑到"毕业率"会影响到《美国新闻与世界报道》的大学排名，大学根本不敢让学生挂科。正是因为两者之间的关系是消费者和供应商的关系，所以学校在乎的是产品或者服务，而不是对学生的期望。用刘易斯的话来说，那就是："因为没有更远大的理想来引导本科教育，大学教育的决策往往是出于满足学生的直接需求而制定的。"这也就不难理解，为什么学校都在不断地集资，修建各种高端的宿舍、体育馆、学生中心等，即使负债累累也在所不惜。这种扩建工程在 20 世纪 90 年代和 21 世纪初发展得最为明显，也难怪学费一直在飞速增长。学校即使失去人文教育，也不能没有高端的设施。

为了满足学生的短期需求，商业化运作的学校牺牲了学生的长远利益，这种做法完全违背了教育的本意。相反，我们如果从保护学生的长远利益出发，就会认为教育不应该迎合学生的喜好。学校要做的是，不断地向学生提问，而且问得最多的问题应是，他们到底追求什么。苏格拉底认为，教学就是对欲望的再教育。这听起来有点像长辈对晚辈的说教，但事实确实如此。教授的角色应该是导师，不应是商家或职员；对学生来说，教育不是拿来消费的，而是拿来经历的，而且在此过程中，学生必须全身心地投入。令人惋惜的是，现在的大学不再为社会文明的发展护航，它们所扮演的是满足市场需求的供应商角色。学校不再了解自己的教育应该是怎样的，而是将学生的反馈作为它们生产的指南针。

跟我有交集的学生之中，当然有人认为，大学教育让他们受益匪浅，但是他们总会补充，"如果你想要去找，机会是存在的"。言外之意，你必须去寻找，而且真的很努力地去做。罗斯·多塞特如此评价他的母校："哈佛依然是世界上最棒的高等学府之一"，但是"它不会主动教育你，也不会很有深度地引导或者影响你，甚至挑战你"。弗吉尼亚大学教授马克·埃德蒙森建议："要获得真正的教育，不论学校的知名度多高，你都必须与学校博弈。"事实上，越知名的学校，你越得努力去争取。

我们看到的现实是：你本来应该获得教育，并且为此支付了学费，却只有在你努力争取的情况下才有机会获得它。你很难想象一家医院或便利店也是按照这种模式运营。在这样的环境之下，真心希望获得教育的个体，而非得过且过的学生，必须排除万难才能满足求知欲。部分认真求知的学生确实能从大学教育中受益，但是更多的人发现，当初自己的求学探索精神在四年的大学生活之后已荡然无存，自己甚至有一种被欺骗的感觉。在耶鲁大学任职期间，我接触到的学生往往是勤奋、好奇、独立的。他们经常是为了"寻找意义"（并非获得技能）而来到耶鲁；到了耶鲁，他们期望发现世界上更多的可能性（并非寻找金饭碗）。学生再三告诉我，学校所提供的教育既不能帮助他们靠近理想，也不能引导他们追求理想，他们感觉自己已经被抛弃了。应该说，高校首要保护的对象是这类学生，但是这类学生往往成了最不适应目前高校体制的群体。

精英名校尤其不希望培养过多的探索者，如思想家、诗人、牧师、社会律师、非营利性组织工作者甚至教授。栽培这种类型的人才，意味着培养过多的利他主义、创造力、知性思维以及理想主义。知名学校如果拥有财力，确实能为学生提供丰富的学术、艺术以及精神方面的机会。我曾经的一位学生就是耶鲁教育的受益者，正是耶鲁大学的丰富资源，帮助她找到了自己追求的道路。在大学毕业之后，她创建了为城市低收入孩子提供创意写作课程的项目。但问题是，大学本身作为机构，并不引导学生更充分地利用教育资源去创造更高的社会价值。学校默认了社会的价值取向：物质的成功等同于高尚的人品、尊严和幸福。

高校除了教育理想的缺失，职业指导办公室服务范围的极度狭窄也令人失望。四大明星领域——法律、医学、金融和咨询——垄断了职业指导办公室的资源。在校园招聘会上，金融和咨询行业是绝对的主力。个别学校的市场运作更是别出心裁，比如斯坦福大学为支付了一万美元的公司提供该校人才信息库的特殊开放渠道，这种做法恐怕不仅限于该大学一家。

把学生信息作为商品卖给最高的投标者，这种做法再讽刺不过了，但这就是这个系统的基本运作方式。一位家族三代都是耶鲁人的朋友曾经评论说，耶鲁大学的办学目的就是生产耶鲁校友。作家大卫·福斯特·华莱士（阿默斯特学院1985届校友）的作品中有一个人物对大学做了以下评论：

> 大学在自身的言行方面存在诸多矛盾和虚伪之处。比如，大学宣扬自己的多元化并提倡社会平等的价值观，但在现实中又热衷于为精英行业培养精英式人才，正是这些人，将成为经济实力雄厚的校友，源源不断地为母校提供资金。

大学对学生职业发展所采取的态度当然是，重视收入，淡化职业的个人价值体现。就算某些职业有可能阻碍社会进步，大学也不一定会加以制止。这就是目前教育系统筛选并培养学生的方向。詹姆斯·B.科南特自20世纪30年代开启了优绩主义运动，采取双管齐下的策略：在吸引少量具有特殊天赋的学生同时保留大部分的名额给未来的商界人士，即校友捐助者。如今，学校可以一石二鸟：经过精心策划、筛选和培养，做到了让有才智的精英和捐助者二者集于一身。因此我们不难理解，随着全球经济的发展变化，国际学生在顶尖大学的占比也有所提高。以耶鲁大学为例，校园的学生构成所体现的是世界地缘格局的变化。西欧国家的学生在减少，金砖国家以及其他新兴经济体的学生才是新一代的财富来源。虽然我们依旧可以看到艺术家和理想主义者，但是他们的存在完全是锦上添花，他们当年在高校得以立足并非因为高校真正追求多元化和教育公平，仅仅是因为点缀式学生取得成就可以为学校提供自我赞美的新题材。

  细观顶尖大学不难发现：它们在现今的教育生态系统中如鱼得水：申请者数量持续飙升；捐赠基金实力雄厚；行政人员的收入近期屡创新高；膨胀的学费总是招致象征性的抱怨，但学校依然门庭若市。至于非顶尖学校是否也在享受系统带来的福利，那就另当别论了。令我最难过的一件事是，我无数次听到高中生以及大学新生对本科教育的无限憧憬，但同时我心里十分清楚，憧憬越美好，落差越大。尽管如此，大学的浪漫情怀依然存在：正如布鲁姆所言，大学赋予我们的是一个梦想，一次自我的探险旅程。这种青春的遐想依旧荡漾在学生的心中，哪怕他们迫于无奈变得玩世不恭和疲于竞争。过去多年我访问过很多地方，在许多学生身上感受到了一种强烈的渴望：他们想了解生命宏大的方向和意义；他们希望大学能够更关心他们作为人的成长需求，其次才是特定领域的能力培养；他们希望大学能够引导他们解答有关人生的重要问题；他们希望大学能够给予他们空间和时间来思考这些问题，他们能够获得相应的词汇来交流分享。接下来的章节将探讨如何解决这类渴望。

02
第二部分 自我

我们每个人都有与生俱来的思维,但只有在经历了反思、内省,并建立起思想和内心的交流、理想和现实的桥梁之后,我们才能成为独特的、具有灵魂的个体。这就是发展自我的意义所在。

第五章 大学的使命

"投资回报率"直截了当地概括了人们对大学教育的认知和态度。大家总是习惯于计算投入与产出之间的量化关系，却往往忽略了大学给予人们的回报应该是什么。是否仅仅是金钱呢？受高等教育的唯一目的就是就业吗？我们必须探究的最根本问题是，上大学究竟为了什么。

我们对高等教育现状的激烈争论不外乎涉及以下方面：不断飙升的学费，严重膨胀的学生贷款，以及令人担忧的应届毕业生就业市场。关于高等教育的未来，我们关注的是预算削减、远程学习、大规模网络公开课以及大学现在的存在形式是否是必要的等。若倾听更高层面的讨论，人们会听到国家竞争力、21世纪劳动力、工程和科技以及未来的繁荣前景等关键词。在种种讨论、对话和激辩中，我们忽略了前提，并妄断造就幸福生活及健康社会只需更多的金钱。

金钱固然重要，因为它关系到职业发展、生活保障、国民实力等，但问题是，需要我们关心的仅仅是金钱吗？个人的生活不仅限于工作，而工作不仅限于收入；国家不仅限于它的财富，而教育不仅限于培养职场能力。我们千万要警惕企业家或者政治家的蛊惑。作为一个人，你要相信，自己不仅限于能为企业产出多少利润或为国家贡献多少 GDP（国内生产总值）。追究大学的使命是什么，无异于追问生命的目的、社会存在的意义以及人存在的意义是什么。

然而，令人惋惜的是，学生根本听不到这样的声音。在公共话语中，人们的鼓动声不绝于耳，令学生误入迷途。政策制定者，从总统开始，从上至下，都只在讨论数学和科学。媒体工作者和行业权威人士（其中部分有人文科学背景，几乎无人拥有医护或工程背景）不停地向年青一代说教，要他们谨慎选择专业及学习方向，不断提醒他们万万不要掉入为了满足好奇心而学习的陷阱。排名最靠前的"十大专业"往往是最具职场潜力的，而不是最有意思的专业。排名最靠前的"十大领域"往往是由平均收入来决定，而不是由员工对工作的满意度决定的。在这些排名之外的学习领域，或者其他专业方向，学生经常会遭遇一个典型提问："你学了这个（专业）想/能干什么？""文科"已经成了一个贬义词，"英语语言文学专业"更是个谜团，它扑朔迷离，让人看不清前路。

令人不解的是，为什么实用主义的力量如此强大，无时不在，如同一名警察时刻准备要盘查任何不够务实的学生。难道我们担心所有的学生都要争先恐后地去上康德的哲学课或者弥尔顿的文学课吗？英语语言文学专业令人避而远之，目前只吸引了 3% 的大学生；相比之下，商科学生数量超过了所有艺术和文科学生总和的一半，占比21%。1971年，73%的入学新生认为，"培养对生命意义的认识"重要或者至关重要；同时，37%的入学新生希望"相当富裕"。发展到2011年，这两组数据几乎颠倒了，47%的学生高度认识到发现生命意义的重要性，80%的新生认为有钱非常重要。过去30多年来，我们几乎一直在呐喊金钱创造快乐，并为争取个人名望推波助澜。难怪现在大学生对大学的认识就是职业发展的跳板。

诚然，每个人都需要有一份工作，但是每个人更需要懂得生活。既然我们从实用主义角度去计算上大学的回报是什么，那么我们为何不去计算为人父母的回报，跟自己的密友共度时光的回报，享受音乐的回报，以及阅读书籍的回报呢？任何事情值得做是因为事情本身有意义。任何人若是告诉你教育的唯一目的就是培养职业能力，那么他已经把你贬低为一个高效的职员，一名容易冲动的消费者，一位听话的顺民。之所以我们要去探究大学的目的是什么，就是因为我们要保证自己至少还能够成为一个完整的人。

大学承担的责任首先是教学生如何思考。虽然这听起来像陈词滥调，但是它的实际意义要比我们想象得广和深。思考并不是简单地培养特定学科所需的思维技能（比如解决方程式或者分析文章），甚至不是获取跨学科的工作能力。思考实质上是培养思辨的习惯，并把这一习惯运用于实际生活中。简单来讲，学会思考就是以批判的眼光审视身边的所有事物，从而能够得出自己的结论。

每当学习之前，我们先要放空。当来到大学的时候，你已经不是一张白纸。从你出生开始,你的所见、所闻、所想,包括现实故事、虚幻神话、固有认知、价值观和神圣的言语等已经形成了你的思维方式,以及你对世界的感知。用阿兰·布鲁姆的话来说就是,"你的灵魂就是你生活的一面镜子"。执教大学多年,我注意到,大一学生似乎总是能够不假思索地在最短的时间内对我提出的任何事物给出自己的意见,不管他们之前是否接触过该事物。他们的大脑犹如容纳着一系列固有思想的化学溶液,一旦接触到一个话题,个人的意见便迅速反应并在化学溶液里以固态形式沉淀下来,给话题外围形成一层膜(我后来发现这种现象不仅限于18岁青年)。

整个社会如同巨大的混合体,充斥着:广告信息,政治宣言,对社会现状肯定的新闻报道,流行文化中的陈词滥调,政党、社团及阶层的教化式理念,每日在社交媒体 Facebook 上互传的无聊段子,父母善意的谎言,以及朋友参与的社交活动,等等。我们无时无刻不浸泡在各种口号式和教导式的宣传中,我们与事实真相渐行渐远,也越来越缺乏自知之明。柏拉图称这种宣传为"doxa"(意见,即一己之见、单方感知或偏见)。不论是保守派还是激进派,不论是在马萨诸塞州还是在密西西比州,不论对于无神论者还是对于宗教激进主义者,"意见"对他们而言都是强大的力量。真正的教育(即博雅教育)的首要责任是教导人类识别以讹传讹所形成的"意见",并质疑它,最后从新的角度进行思考。

在《教师》这本书里,马克·埃德蒙森描述了一位在他17岁时将他从原本似乎注定的无知和劳碌命运中拯救出来的老师。这位老师的教学方式跟苏格拉底(柏拉图的老师)的方式如出一辙:他倾听学生的意见，启发式地把问题映射回去，或者迫使学生清晰地表达自己的观点。首先，学生必须先承认自己的观点并为其辩护，在聚光灯之下以严谨的角度审视自己的观点，由此他开始分解你的想法，以批判式逻辑来检查你的思想，这样学生才开始培养出自己的理智。整个过程就是让学生在不熟悉、不舒适的环境中得到锻炼，通过不断提出疑问，而不是吸收老师的观点，学会如何独立思考。

为什么大学如此重要？不少人轻视大学，认为它是个象牙塔，是一个"非真实的无菌世界"，但是它的"非真实性"恰恰是它的独特优势。大学给每位学子提供了一次真正思考的机会：远离社会，暂时摆脱家庭的影响和职业规划的束缚，站在远处以纯净且批判的眼光来审视整个世界。哥伦比亚大学美国研究中心教授安德鲁·德尔班科认为，大学四年是"一段珍贵的时光，学生不用为生计发愁，有机会真正思考并反思周边的一切"。当然，从高中开始，我们就可以走向成熟并开始学会思考，就如同马克·埃德蒙森所做的那样，但是周边的环境依然严重限制着我们，如父母的监管以及在不同程度上被考试牵制的教学。但大学时光就不一样：它是成年生活初期最自由的一个时间段，是为迎接成年生活特别设计的喘息时间。大学所赋予的自由简直是一种特权，不是吗？绝对是。你怎么可以轻易地抛弃它呢？至少也要享受特权的那一部分。至少，你应该从中获得一些益处。

理论上讲，一个人是可以完全依赖自己学会如何思考的，但是这样的成功率并不高，因此大学为我们提供了教授。他们可以帮助我们闻所"未闻"、观所"未观"，打开我们的耳朵，拓展我们的视角。自学成才之人往往有些古怪，有些愚钝和自我封闭。教授最重要的作用是促使学生以最严谨的态度对待思考，锻炼学生思维的精确度、耐心、责任心以及客观性。如同我的导师卡尔·克罗伯所说的那样，教授将促使学生不仅检查自己"最根深蒂固的一些理念"，而且反思自己"最振奋人心的新发现"，哪怕其中大部分将会是错误的。我们生活中需要的是，有专业人士提醒我们到底哪里出错了。

大学所提供的另一种重要资源就是朝夕相处的同学。在课堂上，对于各种话题，同学们可以用严谨的态度相互质疑和辩论；在宿舍里，同学们可以最放松的心情促膝谈心至深夜。课堂与宿舍是一体两面。课堂将知识灌输到你的脑海中，而宿舍则让这些知识融入你的灵魂。课堂要求严谨，宿舍则提供自由。课堂建立规范，宿舍则寻求颠覆。美国作家刘易斯·拉帕姆在回忆自己在耶鲁大学的经历时这样写道："我大部分的收获来自坐落在礼堂路的唯一一家24小时营业的餐厅里，我们天南地北地讨论各种话题。在那里，我们讨论的话题五花八门，包括上帝、人类、存在等。这些话题来自大学课程'英语语言文学10'或者'哲学116'的原出处选集。课堂如同一个沙盘，个人需要努力沙海拾珠。"

大学学习并非我们学会思考的唯一机会，它既不是第一次机会，也不是最后一次机会，但它绝对是最好的一次机会。我敢确定的是，你如果在大学毕业时还没学会真正的思考，那么在毕业之后学会的概率就更低了。大学的意义是帮助我们生活得更警觉，更有责任感，更有自由度，并更加完整。如果大学四年完全就是为了就业做准备，那么我们显然荒废了这段黄金时间。近期访问布林莫尔学院的时候，我有幸跟几位大四学生交流。其中一位问我："毕业之后，我该如何把我在布林莫尔学院学到的女权主义理想运用到生活中？"我欣赏"理想"，但是我更喜欢她问题中的另一部分，即如何去做。真正的教育是让学生带着问题迎接社会，而不是带着一份个人简历。

* * *

学会思考仅仅是个开端，尤其要思考的对象是你自己。从传统角度来讲，博雅教育是为了培养每个人在民主社会里应该具有的公民技能，从而能够为公共利益服务。在博雅教育的课堂里，学生参与辩论，有原则地反驳，相互尊重地互动和交流。但是，如果我们认为博雅教育仅限于这些功能，那么我们对它的理解和欣赏是远远不够的。为公共利益服务只是第一层，博雅教育更深一层的意义是为个人服务，而且主要是服务于个人利益的。哥伦比亚大学传奇教授爱德华·泰勒在给大一新生上第一堂课的时候，强调："每个人接受大学教育的目的都是自私的。你的使命就是建立自我。"建立自我是每个人必须为自己做的一件事，这一过程将充满挑战和困难。至于建立自我是否令他人受益，并不是重点。

建立自我，乍一听有些陌生。大卫·福斯特·华莱士指出，"我们已经灌输给每个人（现在的年轻人）一种思想，即自我是每个人都已经拥有的（无须建立）"。当我们是孩子的时候，我们并不是没有自我，而是缺乏自我的内涵。浪漫派诗人济慈形容我们的世界为"灵魂铸造之谷"，但这个"谷"并不是传统认知上的那种"人生苦海"——为了将我们拯救到一个新的世界而必须对灵魂加以磨炼的深渊。"灵魂"也不是传统意义上的那种永恒的、不变的、与罪恶和道德相关的概念。济慈所定义的"灵魂"指的是在尘世之我的整体，一个由道德、理智、感知、情感所构成的完整的个体。之所以称此世界为"灵魂铸造之谷"，就是因为我们的经历本身就是铸造灵魂的熔炉。

虽然济慈认为这个世界依旧充满不幸，但是他提醒："难道你不觉得世界上的痛楚和困难对培养人的理智并铸就灵魂是必要的吗？"（"直升机式"父母和一心求稳的家庭需要听清楚了。）在存在不幸的同时，这个世界又充满着欢乐、爱以及其他情感。济慈认为，"我们内心必须能够感受这些情感，并有千百种的方法磨炼自己"。当我们的内心有所感触，在情感的基础上进行反思时，我们就获得了智慧。我们每个人都有与生俱来的思维，但只有在经历了反思、内省，并建立起思想和内心的交流、理想和现实的桥梁之后，我们才能成为独特的、具有灵魂的个体。这就是发展自我的意义所在。

那么大学在其中扮演了何种角色呢？完成"自我发现"仅仅依靠个人力量难度过大，大学可以做的就是提供有效的工具，帮助甚至迫使个人开始"灵魂铸造"的生命工程。你所读的书，听到的理念，看到的艺术和创意作品，以及感受到的来自他人在"自我发现"过程中所产生的各种声音会给你带来压力，这些都是刺激、干扰甚至侵犯。它们的作用是促使你质疑你之前所有的自我认知。阿兰·布鲁姆认为，"博雅教育将质疑所有事物，因此它要求学生敢于冒险。只有这样，真正的博雅教育才能彻底改变一个学生的生命"。这个过程既是煎熬的，又是令人振奋的，它并不是"学术性质"的，但是在天时地利人和的条件下，我们会觉得自己脱胎换骨，获得了重生。作家刘易斯·拉帕姆曾引用一位老教授的话，即"教育是一种自我造成的创伤"。

我曾经建议我们不能被动接受思想，现在我鼓励我们为自己而想，其实这两者是一回事。要改变对世界的看法，就要改变你对生活的看法，反之亦然，这两者根本就是一体的。在我们还未足够成熟、还没能力质疑我们被教导的观念之前，对我们最有影响力的，也是最个人化的，是那些告诉"我们是谁"的观念，它与我们的身份和价值观有关。大学是我们应该开始确定这些观念的地方。哥伦比亚大学历史学教授马克·里拉建议我们考虑"到底什么是值得追求的"。你不仅要思考自己到底想成为什么样的人，而且要先弄明白自己已经是什么样的人，不管其他人怎么评价你。我们要做的就是要勇于发现新的理想和新的追求。两个极具智慧的问题等着我们回答：（1）什么是好的生活？（2）我该如何拥有这样的生活？

事实上，我并不特别喜欢有些人把大学的目的归纳为"建立一套有意义的人生哲学"，这根本就不具有任何生命力。首先，"建立一套哲学"听起来好像起草一个契约。其次，这样的一套哲学论是静止的。你建立起它，然后就像随身携带一个盒子，终生相随，以备不时之需。大学的经历远远要比建立生活理论深刻得多，它触及一个人的灵魂最深处，而且变幻莫测。它不会因为从大学毕业或者在将来的任何时刻停止。作家拉帕姆笔下形容的那个自我造成的创伤永远不会愈合，因为我们自身将永远不会回归到当初纯净的无意识状态。每个人在大学期间真正需要培养的是反思的习惯，即拥有从变化中成长的能力。

虽然我并无宗教信仰，但是就生命追求这个话题而言，也许只有引用宗教词汇才能阐释清楚，也许只有宗教词汇才具有足够的分量阐明我所关注问题的严肃性和重要性，比如我曾多次提到的"灵魂"。从这个角度理解，我们不妨把大学的经历看作天路历程，是去朝圣。虽然你并不知道你将来的信仰是什么，但此次历程将带着你发现真理、发现自我。在这个过程中，你所接触的思想就是你获得救赎的途径和工具，你必须全身心投入，避免掉进他人灌输给你的思想以及为你设计梦想的"二手生活"。我们普遍能够接受，修道院是一处我们可以在其中寻找生命意义的空间，那么大学也应该如此。我们降临到这个世界，接触的不仅仅是自然界，也有人类的文化世界，即我们的第二个自然界。如果我们最终能够发现自我，那么我们就如同获得了重生。试想一下，倘若一个人获得了天下，但是失去了灵魂，那么他到底有什么收获呢？

真正的教育，好比真正的宗教，哺育我们成为与众不同的个体，在必要的时候，我们可以全然不顾他人对我们的评论。在这种教育目标下培养的人当然要超越仅仅为国家贡献 GDP 的工人，或者有公众意识的合格公民。自我意识是一个极其私密的空间，在这个空间里，你能找到自己的力量、安全感、自主权、创造力和快乐，但是玛德琳·莱文医生发现，在她众多的青少年患者身上，自我空间是缺失的。著名作家 D. H. 劳伦斯认为，人可以一直忙忙碌碌，不需要灵魂，只需要放大的自我和意志力，但是不乏内心空虚者。小说家 E. M. 福斯特笔下的一个人物评论道，许多人根本不能表达与"我"相关的概念，比如"我想要"，因为"我想要"的前提是弄明白"我是谁"，因此这些人只会说"要钱"、"要豪宅"或"要上哈佛"（最终跟"我"没有关系）。

在《高等教育》杂志的一篇文章中，作者安德鲁·哈克和克劳迪娅·德赖弗斯阐述大学的使命是成就一个更有意思的你。这个使命的前提是，你认为成为"有意思的人"对你最重要，而且你认识到，你将是陪伴自己一生的唯一人选。但是成为一个有意思的人，并非由资历堆积而成的自我实现。比如说，同时修四个专业，当大学报社编辑，参加合唱团，创建非营利组织，学会烹饪异国美食，等等，这些都不能成就有意思的你，因为"有意思"并不是指"令人印象深刻的"，也无法通过成就来衡量。一个人之所以有意思是因为他大量阅读，习惯思考，放慢脚步，投入深度对话，并为自己创建了一个丰满的内心世界。

换言之，大学的使命就是把青少年转变为成人。虽然上学并非必需品，但既然你已经在学校了，那么不如认真完成这一改变。这才是真正的教育，不接受任何替代品。既来之，则安之，大学的四年，倘若仅仅是为了职业做准备，而忽视了其他方面的培养，那简直是荒谬至极。如果有人真的以此强加于你，那么他对你已经进行了一次掠夺。如果你在大学毕业之际跟你入学初期并无区别，你的信念、价值观、愿望以及人生目标依旧如故，那么你全盘皆输，得重新开始。

加拿大小说家玛格丽特·阿特伍德通过笔下人物感叹道："我倒不如去获得一点教育。人们总是这样说，听起来让人感觉教育是物品，如同一件可以获取的女士外衣。"显而易见，这里最大的问题和最大的不确定因素是"你"，而不是教育。教育并不能被随便获取，反之教育是在影响或塑造你。"教育是当你忘记了所学的一切之后剩下来的那一部分"，此观点是由哈佛大学前校长詹姆斯·B.科南特提出的，他的初衷是严肃的。我们在大学的大部分所学必然会被淡忘，剩余的部分其实就是你自己。

第六章 创造自己的生活

方　向

"自我的知识"很重要也很必要，但是我们不能不考虑工作，工作是我们当下急需面对的现实。不是吗？我们当然要发展个人职业并实现个人价值，但是职业发展并非驱动"自我价值"的全部因素。拉拉·加林斯基在她的书《有目标地工作》中建议读者向自己提问："我擅长做什么？""我关心什么？""我坚信什么？"诸如此类的问题在人生发展的转折点将起到至关重要的作用。年轻人若过于实际，急于求成，往往会忽视这些问题，就如同威廉·戴蒙在《迈向目的之路》中提到的，这种做法终将适得其反，因为当一个人不清楚自己到底为什么而奋斗时，他是迷茫的，也将得不到幸福。探讨"生命的意义是什么"可能过于抽象，脱离实际生活，所以我们尝试改变提问的方式，比如"我生命的意义是什么"，我们很快会发现，事实上"自我了解"是一件很实用的工具，它帮助我们找到自我的价值所在以及自己合适的职业。有谁希望人到中年，蓦然回首，才发现自己要赤裸裸地去面对诸多如此尖锐的问题。

"职业"这个词在拉丁语里意为"召唤"，意思是你是被召唤去从事某种职业的，你是被选择的，并非你选择职业，因此职业是你的天命。当然，"召唤"的实现需要自身的努力，自己先要变得敏锐，并且愿意接受"召唤"。找到自我的前提是解放自我。试想一下，一个人如果一直被外界的声音干扰，他是无法听见自己内心最真实的声音的，还何谈召唤？！对于年轻有为的新一代，我们其实熟悉干扰他们的声音是什么。

我听闻一名哈佛大学学生将哈佛大学本身作为毕业论文主题，赞美哈佛培养了学生的自我效能，让哈佛学生坚信任何事情皆有可能。该论文分析了两类学生：一类认为考试简单，所以取得了 A 等成绩；另一类认为自己聪明，所以取得了 A 等成绩。而哈佛擅长的是培养第二种类型的学生。对我而言，后者更像是拥有一种自信，而且我认为被哈佛录取的学生，或被同等级名校录取的学生对自己本来就充满信心。暂且不比较这两者，真正意义上的拥有自信本来就不会太在意考试成绩。真正的拥有自信是不管他人试图给你灌输什么理念，自己都始终坚信"我"的价值远远超过成绩，真正的拥有自信是自己决定什么是成功。

这名学生进一步论证了哈佛毕业生学以致用，把"自我效能"运用到现实生活中，并用它来创新。当我问她这是什么意思时，对方所引用的例子是"成为世界 500 强的首席执行官"。我只能说这并非创新，而是成功，是一种非常狭隘的"成功"。"创新"如今风靡一时，被解读成解决任何问题的灵丹妙药，但是，我们需要对我们有关"创新"的认知进行一次创新。你可以发明一种新的设备，一种新药，或者一个应用程序。但还有一种创新，那是一种"生活创新"。你可以创造自己的道路，而不是追随一条道路。有艺术想象力和科学想象力，但也有"精神想象力"。这里的"精神"不存在对与错，"精神想象力"意指一个人有能力摆脱固有的生活方式，以最大尺度去想象所有的可能性，创造属于自己的生活方式。打个比方，当你来到一家星巴克的时候，你面对几个固定的选择：拿铁、星冰乐以及少数其他几个选项。但是，你还有一个选择，那就是转身离开，因为也有可能星巴克根本不能提供你真正想要的那一款咖啡。同样的道理，当你迈入名校时，你面临医学、金融、咨询和其他少数几个专业，但是你完全可以不在其中选择。你可以转身离开，留给自己一点儿时间思考。

　　拥有"精神想象力"绝非易事，与"精神想象力"相关的是个人品质，而非理智，我们既不能通过学习，也不能通过竞赛获取"精神想象力"，因此，很多精英学生对它感到陌生。发挥"精神想象力"，尤其是在面对家人和朋友带来的阻力时，我们需要巨大的勇气。有"精神想象力"的人往往不会迎合社会，这类人的选择或许会使周边的人感到不舒服或不安全，甚至会迫使周边的人质疑他们自己的选择或者自己未曾做出的抉择。勇气有肉体勇气和精神勇气两类。我们通常所敬佩的是肉体勇气，从社会学角度来讲，它是比较容易获得的。想象一下，你的战友同你并肩作战，你的社区为你呐喊助威。在从众心态的影响下，如果众人一起被生活所困，个体也许更心安理得地接受现实；一旦有机会摆脱困境，大家反而开始惊慌。

在斯坦福大学的一堂课上，我曾跟学生讨论这些话题。很巧的是，他们正在学习《米德尔马契》这本小说，而这本小说提供了最理想的思考这些话题的意境，弗吉尼亚·伍尔夫赞美这是一本为成人而著的稀缺佳作（尽管存在一些瑕疵）。小说的背景是19世纪30年代的英国乡村，这是一个严重缺乏精神成长空间的年代，年轻女士尤其受限。小说的女主人公多萝西娅·布鲁克是一位具有激情的理想主义者，她追求有意义的生活。在当时的环境下，最大限度地做出改变只能是从个人生活着手。当大家都期待多萝西娅跟帅气、温和的詹姆士爵士结婚时，她出乎所有家人和邻居的意料，做出了令人惊呼的决定，她选择了爱德华·卡苏朋牧师。多萝西娅眼中的卡苏朋牧师是一位朴素、受人尊重、博学的、年长的智者。协助卡苏朋牧师参与脑力劳动，在她看来是一种荣誉。而詹姆士爵士后来跟多萝西娅的妹妹西莉亚结婚了。

结婚后不久，多萝西娅发现了卡苏朋牧师的另外一面——病弱，狭隘，情感淡漠。于是，她的生活陷入了孤独和黑暗，她觉得自己的婚姻是个天大的错误。如果你没有谨慎行事，那么你就要承担相应的风险。多萝西娅是否就应该跟詹姆士爵士结婚，过着如她妹妹一般贤妻的生活？但无论人们怎么想，该书作者乔治·爱略特自始至终都欣赏女主人公多萝西娅的伟大灵魂。在这部佳作的众多人物中，她是唯一一位既拥有"精神想象力"去构想自己的生活方式，又拥有"精神勇气"去付诸行动的人。因此，在她得到第二次机会的时候，她选择了一位有理想但不具有任何社会地位的改革者。这次的决定比第一次具有更大的风险，招致了更大的家庭阻力。她的代价就是要放弃她舒适的生活，移居到城市，如她妹妹所言，将

"风餐露宿"。这种生活,西莉亚简直无法想象,不得不担心姐姐"将如何生活"。西莉亚说:"你总是跟一群怪异的人士在一起。我们将永远不能相见……而且你将一贫如洗。"虽然多萝西娅最终获得了自己想要追求的生活,但是作者爱略特让她付出了巨大的代价。《米德尔马契》这本书的确是为成人所写的。

相较于该书的女主人公,更具有精神想象力和精神勇气的人物是作者乔治·爱略特本人。在撰写《米德尔马契》这本小说的时候,作者淡化了自己的个人经历。乔治·爱略特生长的地方如同她书中描绘的小乡村。虽然她本人并没有书中女主人公优越的物质条件,但是她对精神生活的渴望并不逊色于女主人公。她大量阅读,广交朋友,独立思考。当她宣布放弃信仰的时候,她的父亲威胁将她驱逐出家门,但她并未妥协。之后她移居伦敦,浸泡在文学中,勇敢地以平等的身份在男士圈交际,这对当时的单身女性来讲几乎闻所未闻。

乔治·爱略特并未止步于此,她继而做了一件更加出格的事情:跟已婚男士有染。爱略特的情人本人就经营着开放式婚姻,他的妻子跟其他男人生育了孩子。在维多利亚时期的英国,通奸并不稀奇,但是最让当时的人愤慨的是,爱略特对此毫不掩饰。她坚信爱情远比婚姻的法律契约更重要,因此她坚持称呼她的情人为丈夫,甚至冠上夫姓,目的就是要正大光明地经营她的感情。她为她的坚持付出了巨大的代价,不仅被社会排斥,而且连她极其崇拜的哥哥亦拒绝跟她来往。但是她已经选择了自己的生活方式,因此她并不为此向任何人道歉。她的不屈不挠,她的意志力和写作天赋,在《米德尔马契》这本书里体现得淋漓尽致,这本书很快就被大家认可，成为英国文学史上最伟大的著作之一，因而这个世界也被迫接受了乔治·爱略特的生活方式。但是我们必须知道，她毕竟为此付出了超过25年的时光，而且谁都不能保证最后的结果。

乔治·爱略特充分利用了她所熟悉的主题构筑成她的巨作：自我与社会，选择与后果，懦弱与勇气，以及传统与反叛。女主人公多萝西娅并非小说里唯一一位做到了"以自己的行动改变了世界"的人。仅次于女主人公的重要人物是一位名为利德盖特的年轻有为的天才型医生。他立志在科学界闯出一番天地，却过早跟一位爱慕虚荣、贪图享乐的美貌女子结婚，最后并没有善终。利德盖特是一位大众眼里的成功人士，但是在他自己心里，他是一个失败者。他拥有"精神想象力"，但不具备勇气，克服对舒适生活和外界认可的依赖。

如此描述利德盖特也许有些过分。跟小说里的其他人物一样，利德盖特必须为抗衡外部环境的约束力量而付出努力。这本小说的开篇并未介绍书中任何人物，而是以16世纪西班牙一位伟大的宗教改革者圣女大德兰的故事为切入点，引出了人心抗衡外界约束的核心主题。该部小说里的诸多人物具有圣女大德兰般的灵魂，但是极少数有能力战胜恶劣的生活环境。如果女主人公多萝西娅的处境稍有不同，她完全可以生活得更好。书中人物之间错综复杂的关系编织成一张网，把每个人都缠绕在其中。几十年后，作家詹姆斯·乔伊斯在《一个青年艺术家的画像》一书中运用了相似的比喻。该书的主人公斯蒂芬·迪达勒斯感叹，"当一个人的灵魂诞生在爱尔兰，他的灵魂会被千万张网牵锁住，无法自由飞翔"，但是对他来讲,"你可以利用国籍、语言和宗教网住我,但是我恰恰能以此展翅飞翔"。

在今天,我们同样被各种网困住。比如:来自外界的一种典型的质疑"你(读了这个专业)准备干什么",就是一张网;"寻找自己有何意义,不如寻找工作"也是一张网。当我跟学生讨论这些话题的时候,学生一次又一次向我表达了困扰他们的一种心态——"自我放纵"。比如:"专修哲学,而没有选择其他更有实用性的专业,是不是一种自我放纵?""我的大学文凭带来巨大的机会,倘若一味追求精神生活,难道不是自我放纵吗?""我想在大学毕业之后先去旅行一段时间,这是不是自我放纵?"这些问题仅仅是冰山一角,现在的年轻人不过是在思考一些略有不同的选择,而他们的内心却备感压力,不得不质疑自己的选择。

我们习惯认为美国乃富强大国,但是我们又惊讶地发现,该国最聪明的一群年轻人受制于该国在理智和道德精神方面的贫乏,误把"满足好奇心"等同于"自我放纵"。大家普遍接受上大学是一件好事,但是为什么当一个人努力争取属于自己的教育的时候,又遭遇他人警告,说他是在放纵和任性呢?那正确的做法又是什么呢?难道进入咨询、金融行业不是自我放纵吗?难道当律师,享受高收入不是自我放纵吗?学习历史是不被赞许的,因为它不能给你带来多少好处,而在对冲基金公司任职则是体面的。追求自己的热爱乃是自私之举,但是若取得丰厚的收入,那就不自私了。

文学评论家德怀特·麦克唐纳多年前曾说:"我们认为,一个人一辈子专注于诗歌写作是一件不可思议的事情。但是我们会认为,一个人花一辈子推广百事可乐，跟竞争对手可口可乐抢占市场是一件很自然的事情。"如果你仔细观察，你会发现不可思议的事情比比皆是。我曾经与一位极具天赋的年轻音乐家交好，而我却费尽口舌说服他，音乐能给人们带来价值。我们会羡慕有人从名校退学并创业，成为下一个马克·扎克伯格，但不能理解有人完成大学学业仅仅是为了成为一名社会工作者。我们嘴边经常挂着"改变世界"或者"回报社会"，但是这两者如果不能给我们带来更高的声望或者其他利益，我们所提倡的"利他主义"将会大打折扣。我们的高中生为了被名校录取，竭尽所能展现自己的创造力和为他人服务的精神，但是没有人会"愚蠢"到将此作为职业追求。"自我放纵"所勾勒出的一幅典型画面是"树荫之下创作诗歌"，这似乎表明了此类创作性或智力行为总是梦幻的、唯我的、无关紧要的、无用的，甚至多少有些女性化及青少年化。有人质疑它，说它算不上真正的工作。

压力来自四面八方。有一位韩国学生暑假归国，在机场被护照检查人员说教了一番，仅仅是因为她想学习哲学。一位从哈佛大学毕业的年轻女士，在给我写的一封信中谈道：

> 我现在已经从哈佛大学毕业，在一家独立运营的书店工作，生活有保障，但是我的经历跟你所描述的情况几乎一致：当我告诉周边的人我目前的工作，而且在短期之内并没有进一步深造或者上法学院的打算，也没有兴趣将来成为一名律师或者政治家时，我所得到的反馈是不理解，甚至愤怒。就在昨晚，我和父亲之间再次上演口舌战，他声讨我浪费了哈佛大学的文凭。

他认为学习农耕，服务社区，给予自己时间思考，以及治愈长期严格分类和滞后的社交生活所造成的情感创伤是自私和懒惰的表现，远不及直接"出卖自己"创造价值。

我们很容易理解这位不走寻常路的勇者的思想和传统的大众思想之间的矛盾，并会同情她的"遭遇"，但是我们或许意识不到我们就是造成这种"遭遇"的力量。我理解这些，是因为我曾经也有过这样的经历，特别是在我20岁出头就读大学期间，感受到了朋友的"威胁"，因为他们人生的追求方向代表着我难以理解的价值观。爱略特就《米德尔马契》发表评论："我们这一群微不足道的人，用我们每日的言行吞没了许多像女主人公多萝西娅那样自由奔放的灵魂。"现实生活中，我们所扮演的角色就是各种网的编织者，并用这些网去束缚他人和自己。

核心问题是，我们如何寻找属于自己的使命呢？或者更通俗地说，如何寻找自己心中所热爱的呢？年轻人一直习惯于完成近期目标，这样的问题令他们措手不及，难以作答。虽然没有完美的答案，但是我不妨提几个建议：自发选择做一些纯粹的事情，就如同你小时候那样；选择做一些即使没有外在奖励你也会做的事情；选择做一些你可以废寝忘食地专注去做的事情；做你最喜欢做的事，不是你认为自己喜欢或者应该喜欢的，而是你真正热爱的。

学术界就幸福的本质已经做了充足的研究，其结论无外乎是：在满足基础物质条件情况下，一个人的幸福感来自健康的社交圈以及从事有意义的工作。这种阐述并不新鲜，早在古希腊，哲学家亚里士多德就宣称，人是社会性动物，每个人的幸福感都来自他发挥出个人能力之时。严格来讲，这种个人能力就是你所擅长的。当你所从事的工作直接匹配你最强大的能力时，你的幸福感就油然而生，转化成快乐和自主。

克莱蒙特·麦肯纳学院的氛围偏向实用主义，其一半的学生专修经济学和政府学专业。我曾经有机会与上哲学导论这门课的学生交流，同他们讨论这门课的特点和他们的收获。首先，我问他们为什么要上哲学课，很多人的回答是为了满足毕业学分要求。当我问该课是否有意思时，几乎所有人表示肯定。我进一步问"有意思"具体指什么，其中一位学生的回答比较有深意："'有意思'并非我们所熟悉的定义，这门课让我有机会思考我想思考的问题。"另外一位学生补充道："我在学习的时候，经常过于入迷而忘记了时间。"我认为大学多数课程或者所有课程就应该"有意思"，有些学生可能觉得哲学"有意思"，也有些学生可能觉得数学"有意思"。既然学习如此，那么我们的工作何尝不是呢？

做自己喜欢的事本来就极具现实意义。很多学生可能主动或被动地选择数据类工作，但并不是所有学生都适合做这行。如果你不擅长工程学，选择工程学就不具实际意义。当你选择你感兴趣的事情，你将会更加努力，将会收获更多，将有机会更加成功。作家乔治·奥威尔回忆："从小时候开始，大概是五六岁的时候，我就知道自己长大了要成为一名作家。在17岁和24岁之间，我一度尝试放弃成为作家的念头，但是在这个过程中我深受煎熬，因为我严重违背了自己的本性。"在《临终前最后悔的五件事》一书中，该书作者、一位临终关怀护士，揭示了她的服务对象在临终前最大的遗憾："我真希望自己有勇气过属于自己的生活，而不是生活在他人的期望之下。"一个人可以为了未来的奖励，无限期忍受工作的煎熬，延迟自己的满足感；也可以找到自己心仪的工作，这本身就是一种奖励。

作家拉拉·加林斯基发出警告，当与年轻人交谈时不要过度强调"热爱"，因为许多年轻人并不知道自己"热爱"的到底是什么，因此这样反而会令他们产生恐惧感。我之前倡导使用"使命"这个词，对于年轻人来说，这可能难度过高，因为年轻人可能听不到"召唤"的声音，或者听到了多个声音，无从下手。加林斯基建议，以寻找"目标"为出发点，询问自己什么事情会触动自己或者什么能让自己产生共鸣。对于这一措辞，我当然并无异议。实际上我们无须计较任何一种形式的措辞。斯坦福大学教育学教授威廉·戴蒙也支持"目标"这一说法，因为"目标"具有将人的内在与外在，自我与外部世界，你想要做的事情与你认为需要做的事情统一起来的优点。举个例子：当律师并不是"目标"，但是通过法律来保护工人的权益以及控诉罪犯则是一种目标。目标在于你要做什么，而不是你要"成为"什么。

有目标感的工作不受收入水平限制，威廉·戴蒙教授研究发现，"如公交车司机、护士、公司行政职员、餐厅服务员也可以像精英行业人士如律师或者医生一样，在自己的工作中找到意义"。有一点是肯定的，戴蒙教授强调，持久的"目标"不能仅依赖于工作带来的收入和社会地位，也不像现实主义者所声称的那样，工作只不过是为了糊口，问题就在于"只不过"。当有人义正词严地劝告你工作独为生计，应当放弃"热爱"或者"意义"时，我建议你问问自己他们是否也这样做了。我猜想他们并非如此。如果他真的这样做了，那么我建议你再了解一下他们是否快乐。

* * *

戴维·布鲁克斯批评说，毕业生"寻找自我"或"追求梦想"不过是"表达式个人主义"的一种表现形式，无异于二战后婴儿潮一代的精神教条。虽然这种"说教式"语言可能已经被通俗化、感性化，成了市场推广的陈词滥调，但是它还是远远比精神教条有深度和广度，它就是现代人的生活，以及最具有代表性的现代社会即美国的最基本信念。美国精神的代表爱默生所提倡的"自力更生"以及梭罗的"按照自己的鼓点前进"的告诫都与"寻找自我"和"追求梦想"有着异曲同工之妙。该主题同时也在大部分的英文经典文学中得到了充分体现，比如个人成长，自我发展，在社会中赢得自己的一席之地，等等。

这也是对现代条件的必然反映。在传统社会里，个人的生命价值往往由外界信念架构，如个人在社区里的地位、父母的工作性质，你根本就不需要也没有机会去思考某种精神，但是现代社会给予个人思考和选择的自由，这既是一件礼物也是一个负担。自由可能带来恐慌和迷失，因此我们更容易选择放弃自由，让他人告诉我们应该怎么做，但无论如何，我们至少不能无视这种自由的存在。问题的核心不是我们不相信"寻找自我"和"追求梦想"的价值，而是我们并未培养出孩子寻找和追求的能力，或者我们根本就不想让孩子寻找和追求。

戴维·布鲁克斯坚持认为，"大部分人并不会主动形成自我并领导自己的生活，相反，很多人是遇到问题，解决问题，逐渐形成了自我"。我同意他观点的前半部分：一个学生不可能静坐在宿舍里就可以建立自我。大学仅仅是一个开端，它给每个人提供了培养自我反思能力的机会和平台。但是我认为，"遇到问题"，"解决问题"，从而建立自我，这一说法有明显的局限性。或许社会企业家型的年轻人编写软件，把城市需求和服务供应商对接起来，帮助当地政府解决问题；或者创建项目，为贫困落后的学校带来新鲜的食品，提高当地居民的健康水平，这些事情符合布鲁克斯的说法。

但是如何解释其他类型的企业家呢？比如你制作一款电脑游戏，创建一家设计公司，或者开一家面包店，这些到底是解决问题还是利用机会呢？还有其他更多的职业，如教师、护理员、社会工作者、学术研究者、神职人员以及律师和医生等，这些从业人员不仅仅受工作内在的意义所激励（比如"我很喜欢孩子"，"我沉迷于考古学"，以及"我为上帝服务"，等等），也因为工作所产生的外在影响。还有一些创意性工作，比如作曲，既不是为了解决问题，也不是利用机会，它源自内心的冲动，需要表达和交流情感。布鲁克斯本人是一位新闻工作者、政治评论员和社会评论家。我也许不能精准地描述他发自内心的职业冲动，但是我大概可以猜测，他的内在动力来自理智、好奇心、人生信念和情操等方面，而解决问题并非他的主要动力。我敢打赌，他自己也是寻找到了自我并追求了自己的梦想。

在种种讨论之中，如公正、美丽、善良、真理等指引我们人类精神的北极星——"理想"很少出现，甚至被刻意回避，取而代之的是较含糊的"价值"。但是，理想拥有更强大的力量，比世界上任何东西都珍贵，它给予我们力量抵挡地位、财富和成功的诱惑。理想好比宗教信仰，在我的观察中，有宗教信仰的学生具有更强大的精神自主性，对外界声音的依赖性更低。美国文学评论家艾尔弗雷德·卡津曾经比喻，"理想是心灵成长的目标，是心理健康的必需品"。虽然"理想"很可能在大学毕业之际就滞留在了大学，但美国前总统罗斯福在他离开校园 40 年之后（正值二战最水深火热之时），仍旧写信感谢自己的老校长，感谢他督促自己坚守年轻时候的理想。

在过去的几年，我接触到很多刚从大学毕业的二十几岁的年轻人，倾听他们分享离校之后重新认识自己真正需要在大学做的事情，他们坚持探索自己到底是谁以及自己到底想要什么。在这里，我分享其中几个故事。

第一个故事的主人公名为尤尼斯，是美籍亚裔，不到 30 岁。在一次受邀参加的耶鲁校友活动上，我认识了她。尤尼斯在西雅图市郊长大，大学主修经济学，毕业之后就职于摩根士丹利。在大学期间，她享受到了充足的学术指导，但是接受的职业发展引导却远远不够。在我们后续的面谈中，尤尼斯感慨，"大学的职业指导办公室给予的帮助微不足道，职业选择有限，除非你愿意走一条全新的路"。她环顾周边的朋友，大多数人似乎都在从事极其相似的职业，不是法律类、医学类就是商业类，其中最不快乐的是读法律的人。她几乎看不到有人在做令人兴奋的事情，那些能够令她一见钟情的事情。

在摩根士丹利工作三年之后，尤尼斯终于选择离开，这也是她第一次选择放弃一件事情。她坦承其中一个很大的原因是，"我担心我若继续待下去，对高薪产生依赖感，我将永远不能脱身"。其后，尤尼斯来到上海，在这块崭新的土地上遇到了形形色色的美国人，他们并没有名校背景，但是他们对生活的热爱远远超过她的耶鲁同窗们。有些人开餐馆，有些人从事写作，也有不少人创业，比如：一位年轻女子开办了影视制作公司，一位从事活动策划，还有一位经营着一家美式纸杯蛋糕甜点屋。究其原因，她发现这些人身上的一个共性是，他们更愿意面对风险。来到上海，尤尼斯给了自己一次机会，她脱离了"常春藤盟校精英阶层的泡沫"，见识了虽没有常春藤盟校级别的名校背景，但是依然成功的活生生的例子。

在上海工作两年之后，尤尼斯决定回到西雅图，利用一年的时间思考并休整。她参加了瑜伽培训班（纯粹是为了好玩），热衷于义工服务，并准备在秋季开始MBA（工商管理硕士）项目。她非常了解MBA的教育可能跟大学的经历一样狭隘，但是她已经准备好了主动寻找一种非传统的生活方式。回顾大学经历，她希望自己当时能够尝试更有意思的专业，而不是不假思索地选择经济学。如今她认识到，"大学的目的不是为了工作，而是经历教育"。但是她也承认，以现在大学的存在形式，学生根本没有机会去"内省"，去"思考自己**真正的**追求，而不是掉入**自认为**应该追求的陷阱"。

经过几年的社会历练，尤尼斯对生活的其他方面也有了更深刻的认识。她承认："当你从耶鲁大学毕业的时候，你感受到为个人简历继续添砖加瓦的压力。但事实上，这又是给谁看的呢？"如今外界的评价对她的影响大大降低，她对物质的追求和拥有这件事也看得更清楚了，人也变得更加理智。回想起在摩根士丹利每天12个小时的工作强度，她做了简单的总结："当你心不在焉，任何的竞赛都是一种无意义的投入。当你回到家，你应该是开心的。"她告诉我，人们渴望的东西和过上她所说的"可持续生活"所需要的东西之间是有区别的。

第二个故事的主人公名为玛格丽特。她在阅读了我写的一篇文章之后，以第一人称分享了自己的故事：

> 我就是一位完全符合你描述的名校生。在我还不知道自己所求的时候，哥伦比亚大学造就了一个有竞争力的我，但同时也在我内心种下了一颗种子，让我觉得大学毕业之后耗尽个人积蓄周游世界或者当志愿者是不可饶恕的自我放纵。虽然这是我大学期间一直的计划和梦想，但是当我看到身边的朋友都在努力寻找工作的时候，我屈服了，我向自己的罪恶感投降。最终，我妥协了，成了一名享有全球声望的研究机构的访问学者，驻扎在巴西研究气候变化和农业。至少我是在海外，而且是在极具异国风情的巴西，我成功地自我安慰。
>
> 在任职期，我目睹了资深研究员争夺研究所管理岗，听到一些人讥讽只拥有双硕士学位，而不具备博士学位的同事；另外，我觉得自己被困在办公室里，在研究着我从未涉足的一片

土地。面对困惑，我时常会回想起你的文章，我终于意识到其实自己一直在假装，一直在欺骗自己是一位气候科学家。事实上，我大学主修国际关系专业，意在保证四年完成大学学业的前提下，能够争取到更多的海外学习机会。我一直在假装喜欢自己的工作，而每年都有几百人为之拼命。几个月前，有一位来自非洲的博士生申请担任我的实习生。最重要的发现是，我假装在乎社会给精英拟定的"成功"版本。因为在现实中，这也是常春藤盟校，如耶鲁大学、哥伦比亚大学教育自己的学生所做的，就是如何伪装，以及如何伪装得很好，我的表现更是相当不错。我不仅升职加薪了，而且也在专业的科学杂志上发表了文章，在国际级别的研讨会上做了主题演讲。我擅长我所做的，但是最终，这仅仅是我的工作，并不是我的所爱。经过一段时间的深度自我反省，分析自己向往的"智慧"，自己真正想要的技能（而不是假装拥有的那种），我突然如梦初醒，我对攀登"成功之梯"毫无兴趣，我想要的不过就是经营一家非营利性的、服务总量不超过30人的餐厅。我年仅22岁，经济实力有限，但是我希望在南美洲实现我的梦想。整个计划听起来简直不可思议，但是幸运的是，我身边有一位同样醒悟了的常春藤盟校毕业生（康奈尔大学2011届），我们决定放手一搏。在整个尝试的过程中，我们逐渐意识到，我们每年花费55 000美元所接受的大学教育在创业中显得捉襟见肘，比如，我们不知道如何给墙刷底漆，怎样用便宜的木料做一张木制桌子，如何制定餐馆的预算，等等。如果我们最后未能成功，至少我们拥有"精神勇气"，给了自己一次机会。

第一个故事的主角尤尼斯是一位实用主义者，她一心追求更有意思的生活方式，因此她努力朝着为社会做更大贡献的方向发展；第二个故事的主角玛格丽特是一位梦想家，愿意承担巨大的风险，跟尤尼斯的发展方向不同，她也更有可能招致许多人的质疑，比如质疑她为何放弃那份受众人追捧的工作。不管是成为富翁还是拯救世界，她们都为自己的真正所想付出了行动，而不是屈服于外界预期她们应该做的事情。

最后一个故事的主人公是我自己。我的故事是一次寻找自己使命的漫长旅程，而这原本不需要那么久。我的父亲是一位工程学教授；在我上大学之际，我的几个兄弟姐妹已经从事医疗行业多年。显而易见，科学是我们家庭的首选，所以除了科学，其他方向都不在我们家庭的考虑范围之内。这个未成文的家规加上我作为犹太移民后代所背负的职业成功期望，使我无论多么喜爱阅读和写作，都从未考虑过科学之外的选择。

在高中期间，受益于两位科学老师，我对生物产生了浓厚的兴趣；除此之外，一直以来我对心理学充满好奇。作为哥伦比亚大学的新生，在新生入校的第一周培训期间，我发现学校提供生物学和心理学双学位项目，我义无反顾地做出了选择。那个时候，我并不明白兼听则明，应该多做尝试，比如人类学、历史学、古典文学等。我甚至都没有认真了解"大学专业"到底是什么，肤浅地将认知停留在选择几门课程上而已。速战速决如此令人兴奋，同时也令我解脱。面对大学的各种陌生和不确定，我不知所措，因此我的第一反应不是开启大门，而是迅速把它关闭。定了专业，加上完成了哥伦比亚大学所有学生必修的核心课程的选择和其他任务要求，一位大学新生在还未接触任何一堂课的情况下就已经把未来四年3/4的课程框定了。

遗憾的是，在我这个新生最需要引路人的时候，偏偏没有人出现，提醒我应放慢脚步，给自己思考的空间，给自己机会。就连我十分喜爱的大一新生写作课老师，也仅仅是给了我点缀式的指导，并没有全力鼓励我去追求我对语言的热爱。我已经不记得到底是从什么时候开始我的选择出现了问题，也忘了到底是为什么。或许是因为一个人的兴趣也有时间节点；或许是因为大多数的科学课都是以大班形式授课，缺乏互动性的讨论；抑或是因为我对将来从事科学工作的憧憬过于模糊，而且课程内容过于枯燥，让我没有动力继续下去。总之，这种种问题跟我在上科学课的时候缩在教室最后一排完全沉浸在小说里形成了鲜明的对比，但我全然不知我的行为已经在向我释放信号。

当我真正意识到自己本该主修英语语言文学专业时，已经太晚了。大学毕业，等待着我的是一个巨大的问题：我该做什么？很多人的答案是上法学院，这看似稳妥，因此我也奋不顾身地加入了他们的行列。我上了相应的考试培训课程，参加了法学院的入学考试，向多所学校提交了申请，但是当一切准备就绪的时候。我来了个急刹车。我扪心自问，自己是否真的想成为一名律师。结果我去了新闻学院。千万别认为我终于找到答案了。在这之前，我跟新闻学唯一的关联不过是在大学期间参加过一些课外活动。我上新闻学院只不过是逃避回答"我该做什么"的一种有效方式，我只需要给自己安排一些事情做，那么按照常规，上研究生院是最合适不过的了。可想而知，就读新闻学院并不顺利，因为我也没有兴趣成为新闻工作者。在获得硕士学位之后，唯一的面试机会来自一家濒临倒闭的小型非营利组织。那个时候的我，已经从大学毕业几年，因为浪费掉大学受教育的机会而充满怨愤，还干着一份对自己完全没有意义的工作，我的职业发展简直就是一个烂摊子。更糟糕的是，我的自信心严重受损，我不知道接下来路在何方。

与此同时，我碰巧去探访一位正就读于建筑学院的朋友。我发现她也并不快乐，她的课程过于理论化而且同学个个自命不凡，因此她想放弃。改变我一生的时刻就发生在那天，我们边走边聊，当她宣布"我必须离开研究生院"的时候，我的第一反应是"我必须去读研究生"。我必须给自己一次学习英语语言文学的机会，而且我不会再让自己错过机会，否则我将永远不会快乐。事情的发生就是这么不可思议，甚至我当时的反应有点儿不可理喻，但是我到现在还能够精准地指出发生那一刻的具体地点。整个事情如当头棒喝，我醒了——我明白了自己要做什么，我终于看清楚了自己一直在释放的信号。

但在当时，事情进展得并不顺利。我申请了11所学校，被9所拒绝；而且，录取我的学校似乎有意刁难，第一学年末就会淘汰一半的学生。尽管如此，我终于有机会尽显所能，而且有史以来第一次喜欢上了学校。我每周投入70~80个小时的时间来学习，而且经常宅在我那间破旧拥挤的学生宿舍里，阅读至凌晨4点。我从未如此开心过。我终于听从了自己的内心，讲得更深刻一点，我终于体会到了满足个人心愿所激发出来的精神力量。我终于说服了自己，我可以做我自己想做的事情，就是纯粹的"想"——寻梦！

风　险

　　创造属于自己的生活的前提是，我们首先要铲除整个教育系统潜移默化地在我们心中播下的那颗种子——害怕失败。斯坦福大学教授威廉·戴蒙一直强调面对失败的态度：绝不能知难而退，要学会坦然面对。这是成长不可或缺的一部分。经历失败最好的理由就是，让每个人清楚地意识到失败并非世界末日。回忆自己的经历，我毫不忌讳地跟现在的学生分享："当第一次考砸了一个重要考试并离开考场时，我心情糟透了，我甚至记不得自己是谁。但是再次经历时，我发现容易多了。"我每次跟学生分享到这里，都迎来一片发泄式的笑声，年轻听众的心终于得到抚慰，他们明白了原来学生时代的几次考试失利并不影响他们活到成年。有人希望哈佛大学校长德鲁·吉尔平·福斯特向哈佛所有大一新生推荐一本必读图书，校长选择了凯瑟琳·舒尔茨的著作《我们为什么会犯错？》。该书倡导，"质疑是一种技能，犯错是智慧的基础"。一直成功（即从未失败），并不是能力的体现，而是脆弱的表现；因为害怕失败，个体往往放弃一些本来能够让他成就自己的机会。塞缪尔·贝克特的警世名言告诉我们"虽败犹荣"的道理，这里的"荣"指的是个人的收获和成长。倘若我们设定的标准是真正为自己负责的，那么在尝试达到标准的过程中，我们经历的应该是不断失败。我们或许因为取得全 A 的成绩、完美地达到大众统一的标准而沾沾自喜，但这种成功跟真正的卓越显然不能相提并论。

我们需要从更广义的角度去理解失败，并有备而战。比如，《米德尔马契》的女主人公犯了巨大错误而不能被社会接受，她连生存都受到了挑战。小说《一个青年艺术家的画像》的主人公斯蒂芬·迪达勒斯大胆地宣布："我不怕犯错误，甚至犯极大的错误，终身无法弥补，或者也许永远无法弥补的错误。"他的语言鼓舞人心，但是我们需要理解它的全部。该书作者詹姆斯·乔伊斯赢得了押在自己身上的赌注，但是他书中的主人公迪达勒斯未必如此幸运，而我们可能也不会那么幸运。现实生活中，每一位不走寻常路且最后成就非凡事业的人，如乔治·爱略特或史蒂夫·乔布斯，对面都站着很多未能如愿的人。但是不论我们的目标是伟大的还是平凡的，我们尝试走自己的道路的理由都是：这将是自己的生活，自己的选择，自己的错误。我的一位同事曾经这么说，在年轻人终于脱离华尔街无休止的竞赛式生活后，他们照样还是会犯错误，但是至少不是为争取在华尔街的胜利而犯同样的错误。我们当然也会犯错误，而且有些错误难以容忍，但是生命终究是一场长途旅行，我们总是逐渐发现自己当初本应选择的生活方式。

拉拉·加林斯基作为 Echoing Green 公司（一家为创业公司提供种子资金的机构，成功扶持了"为美国而教""城市年"等数百家组织和机构）高级副总裁，她要做的工作之一就是帮助年轻的社会企业家成长。她强调"任性的天真"，即面对一些看似"不可能"的事情，能够无视造成"不可能"的种种原因。想象力的本义就是为现实的世界注入新鲜血液，之所以你会畏惧"不可能"的事情，不过是源于未知，因为未曾有人做过，或者至少你未曾尝试过。

换句话说，你必须直面你的恐惧。不久之前，一位高中老师向我解释，恐惧是控制人心的一种有效媒介，掌权者给民众灌输恐惧就是想要掌控他们。对于优秀的青少年，一直萦绕在他们耳边的是非黑即白的"不上名校就捡破烂"的说法，这让他们必须孤注一掷。我们小时候如果流露出任何软弱，就会有人讥讽："我希望你将来能够成为一名快乐的水管工。"不少与我通信的年轻人在面临职业选择时趋于极端化：要么藏身于一个地下室专注于写作，即从事精神式（务虚）职业；要么在一座摩天大楼的玻璃幕墙里进行金融衍生品交易，即从事务实职业。当然这是令人啼笑皆非的认知，只要你勇敢地面对恐惧，而不是采取防御性的退缩，这种论断就会不攻自破。

加林斯基引用了她母亲的话，她的母亲绝对不是那种试图用恐吓来让孩子远离风险的家长，她回想起母亲曾经的教导："一个人必须学会临危不惧；有些恐惧感是合理的，但是面对源于不安全感的恐惧，你需要迎面而上。"不知道有多少父母已经忘记，年轻是一种独特的能力，它可以使我们百折不挠。我无数次听到父母告诫自己的孩子，如何规避在个人生活和职业发展方面的种种风险，但是这些风险不仅没有击败他们，还恰恰造就了今天的他们。

精英式的职业发展路径具有高度的可预见性，是一道极其乏味无趣的风景线。精英们在不确定性中体味不到愉悦，总是在求稳；从未任由生活自由发展，总是要保持冷静和秩序；从未追随理想，

第六章　创造自己的生活　　109

总是要确保自己的言行举止万无一失。请问如此生活的意义何在？美国思想家拉尔夫·爱默生喜欢引用英国杰出军事将领奥利弗·克伦威尔的一句话："一个人，只有在不知道自己的路将伸向何方的时候，才能达到顶峰。"从另一个角度思考，如果你试图拒绝不确定性，那么你就拒绝了生命的意义。

我时常不由自主地想起20世纪70年代梅丽尔·斯特里普在瓦萨学院求学期间对女权主义的醒悟（这种醒悟是我们希望所有学生在离开家去上大学之后具有的一种对个人生命的领悟）。我会联想到著名的漫画家艾莉森·贝克德尔，在重量级女权主义者艾德丽安·里奇还未被大学生所熟悉的时候，贝克德尔受周边朋友影响，已经涉足女权主义。我还会联想到帕蒂·史密斯，她在年轻时初次接触法国诗人阿瑟·兰波之后便一发不可收。事实上，兰波的生命和作品激励了很多年轻的追梦者，他不谦逊的智慧给予帕蒂·史密斯不少灵感。这些活生生的故事让我不得不问，类似的个人成长故事是否还会经常发生？多久能发生一次？如今的年轻人还有机会吗？他们是否会给自己一次机会，以开放的心态经历一次洗礼，勇敢接受思想碰撞，成就一个崭新的自己？这种意外收获就是造就乔布斯伟大人生的重要因素之一。不知道现在的年轻群体是否还能勇于探索，重新构建自我的蓝图呢？

或者，他们更可能一直处于作家里克·珀尔斯坦所称的"安排学生自我探索的官僚机构"的监督之下？有一位女生，令我印象深刻，她立志要成为一名法官。她考虑在上法学院之前休学一年，当然，时间只能是一年，而且那一年必须是"高效率的"。她是一名智慧且严谨的青年，但依旧有她的局限性。追忆大学的前两年，她说:"我读的每一本书都完全改变了我的世界观。"但我冒昧地指出,这并不包括她的人生规划。她感到吃惊(显然她从未想过这两者之间应该存在关联),然后她解释说,自从九年级开始,她就"已经知道"自己想做什么了。

生活中总是存在一些很幸运的人,他们从小就清楚自己的使命。这种现象往往在创作行业更为常见。比如作家乔治·奥威尔,他小时候就已经拥有丰富的写作经验。据他回忆:"曾经,作为一名孤单的小孩,我借助于创造故事摆脱寂寞……我知道自己对语言的运用有天赋,并且我有能力面对不愉快的事情。"虽然当作家让人感觉魅力十足,但是投身于写作不同于从事其他能够给你带来社会地位的"顶级"行业。奥威尔自己的确就在他的成年时期,又严肃地重新考虑过作家这份职业。其间,他放弃写作去尝试做其他事情,转了一圈,还是决定重操旧业。这个时候的他已经更加成熟,具有更深刻的自我认识以及更清晰的判断力。这种"职业规划"跟之前的法官女生有天壤之别。

我的一位同事称现在的年轻人为"后情感"一代,即他们倾向于回避一些过于杂乱无序以及过于激烈的情感。虽然我并不确定此说法的科学性,但是我一直相信,年轻人不应该惧怕自己生活中所经历的冲动和疑虑——即使它们很有可能迫使自己偏离甚至改变原来的人生轨道。在西方文学中,典范式"流浪者"就是奥德修斯,而关于他英雄事迹的诗歌集《奥德赛》已经被广泛接受并被视为一种改变生命、洗涤灵魂的历程。在长达10年的流浪生涯期间,奥德修斯遭遇了超越他想象的神明和怪兽的折磨,他的力量和智慧也受到了极限的考验。最终,奥德修斯为古希腊的智慧之神雅典娜所救，但是多年前奥德修斯由于大风而在大海上偏离航线也正是拜雅典娜所赐。雅典娜对此心知肚明，只有让奥德修斯历经磨难，打乱他的方向，才能迫使他具备临场应变的能力，从而调整方向，最终发现世界的内涵以及他的使命。

虽然我强调创建自己的生活方式，但是我同样强调为之所要付出的代价。"寻找你的热爱"的同时，你必须清楚"你要为此做出牺牲"（而这种牺牲也许不仅仅是放弃你可能获得的社会地位）。"追求你的梦想"的同时，你必须准备好"放弃资历或名望"。行业资历本身是必要的，但是这里的"资历"指的是文凭主义，即精英阶层对那种造就精英身份的名望的贪婪，而正是这种贪婪蒙蔽了我们追求梦想的双眼。名校一边阻碍自己的学生构建自我，找寻使命，一边又邀请成功人士在大学毕业典礼上发表激动人心的励志演说，这简直不可思议，甚至令人作呕。

金钱可以帮助你获取东西、满足欲望，而地位则是一件有意思的东西，除了让你知道自己拥有它之外，并不会给你带来太多实质性的东西。金钱不一定使人快乐，但是生活中也不乏有钱而知足的人。地位这个词则较为复杂，你永远不可能感到满足。从本质上来讲，地位就代表攀比与竞争，它不仅不会给你带来快乐，而且还时刻让你不快乐。你想攀登顶峰吗？很可惜并没有顶峰。不论你攀得多高，总是有人在你之上。诺曼·梅勒可能想达到海明威的高度，海明威可能想竞争乔伊斯的地位，而乔伊斯深刻地认识到，他跟莎士比亚将永远存在差距。文学界如此，其他领域也无一例外。我现在就可以郑重地告诉你未来的位置：跟大部分人一样，位居中流。然而，你的具体位置在哪里，真的很重要吗？当学生敲开耶鲁这样的学府的大门时，他们误认为终于到达彼岸了，没想到耶鲁之上还有许多更高的地方，天外有天，根本看不到尽头，就如同一个人站在了双面镜的中间，左右两边都无限地向外延伸。为什么我们如此贪恋地位？因为它根深蒂固地与人性深处的各种念头——荣誉、耻辱、腐朽、自负、自我形象以及自尊——捆绑在一起。甚至我们拥有金钱，也只不过是将其作为获取地位的一种方式。

在斯坦福大学的一次演讲上，我提出，追随热情的定义包括懂得放弃。对于现场的听众来讲，这里的"放弃"可能指的就是斯坦福大学本身：如果你不是斯坦福大学的学生，那么你放弃的就是斯坦福大学的录取；如果你已经是该校学生，那么你放弃的就是进入斯坦福大学的核心圈子。显然，我的建议在现场并不受欢迎。之前不少极其优秀的学生向我请教，一个人是否可以既是为了学习而学习，又是为了争名次而学习。我的答案很简单：这是不可能的。为了学习而学习的意思显而易见：学习就是唯一的动力，学习本身就是重点。为了学习而学习跟追求名次的出发点大相径庭，我们必须正视两者之间的差异。也许有人会认为，坚持为了学习而学习也可能会意外地争取到名次，一箭双雕。也许吧，但是你真的认为这是意外吗？还是你会自欺欺人，偷偷地改变自己的初衷？

我绝对没有低估克服对世俗地位与成功的追求的难度。追求世俗地位与成功是一种瘾，我们永远无法完全克服这种瘾，最多学会与之共处。匿名戒酒者协会通过邀请酗酒者每天参加会议，相互给予力量，时刻提醒大家为什么而战，来帮助他们战胜酒瘾。也许我们永远不能完全消除对地位的渴望，但是我们可以做到的是，在行动上不受制于诱惑。你越抵制它，它就会变得越弱。

不要以成功为目标，而要以工作本身为目标，这个原则是我始终坚守的。当我开始过度关注外在的奖励时，我提醒自己，必须重新关注工作本身，努力把工作做得尽善尽美。当我心无旁骛地投入工作时，快乐便油然而生；一旦我违背这一原则，痛苦、迷茫就随之而来。作家杰夫·戴尔精辟地总结了一句话："为了事情自身而做事情，不计较结果，都是值得的。"事情最终是否能够得到外界的认可不受你控制，但是你可以掌握事情本身。目标要高远，这是肯定的，但更要为了对工作的热爱而去做。无论如何，最终留下的只有工作和热爱。最后的评分标准只有一个：你是否过上了自己满意的生活？

虽然我费尽口舌跟读者讨论选择和生活，但是我痛苦地意识到，我所说的大部分内容早已成为陈词滥调，甚至更糟糕的，沦为广告素材，如"做你自己""追求自己的梦想""你只活一次"等各式口号。这些情绪现在来看几乎毫无意义。如今身边的所有事物似乎都很潮：每个人都声称要做一名别出心裁的创新者。从宽松长裤到运动鞋，从软饮料到歌曲，商家无不承诺消费者会因此别具一格，当然，商家是向所有的消费者做了同样的承诺。这种现象就像是托马斯·弗兰克等文化历史学家多年以来一直告诫的，我们的社会正在将异议者的声音和形象严重商业化，刺激"叛逆式"消费习惯。美国伟大的"个人主义"已经全面爆发，到处可以听到"改变原来的剧本"，"描绘你自己的道路"，当然还有最典型的"不同凡响"。这些可贵的精神如今被服装公司利用得炉火纯青。比如，Levi's（李维斯）的牛仔裤广告就是让诗人沃尔特·惠特曼的《开拓者哟！啊，开拓者哟！》为其背书，GAP（盖璞）公司甚至宣称诗人杰克·凯鲁亚克喜欢穿卡其裤。如今的年轻人正是吸收了这些空洞的、伪装的、安抚性的商业化"叛逆"精神。

我们必须抵制这些缺乏内涵的声音。在你的电脑上贴上"我是独一无二的"或者类似语言的标签并不意味着你就真的"独一无二"；不论是在身体某个部位打孔，长了一脸胡须还是移居到得克萨斯州的奥斯汀，这些行为都不会使你变成独立的个体。因为成为独立个体，拥有"精神勇气"，是不可能通过配备装饰的方式实现的。任何形式的消费都是无用功，虽然流行的家具或者音乐本身很好，但是它们只是外在的搭配。Facebook 也不例外，在 Facebook 网页上引用名人名言并不会帮助你成为一位独立思考者。总而言之，你如果未曾放弃什么，那么根本就谈不上拥有"精神勇气"。挫折、牺牲、内心挣扎、出师不利、走弯路、与家人和朋友之间产生矛盾等，这些才算是真正意义上的走向独立的特征。只有痛过，你才知道它是真实的。

别再自欺欺人。我认识一名在大学里崇尚非主流的学生，而她在大学毕业 10 年之后还是活在对大学的回忆中，故作叛逆，实际上她已经陷入了最麻木的从众状态。在大学里坚持理想固然重要，但是通常在大学之后，也许是多年之后，我们的理想才会受到现实的考验，那时我们必须为理想付出远远超越言语表达或者表面姿态的代价，承担起实在的风险。同时，为了装酷而追求独特也不可取，你那样做不过是为了争取同龄人的认可，从而代替现实对你的评价。你更没有必要为了满足自我，让自己获取一种优越感。创造自己的生活，不论它是以什么样的方式存在，它不一定是非常酷的、迷人的或者反主流文化的，它只为你自己而存在。

不论是讨论大学的目的，建立自我的重要性，推崇独立精神的价值还是讨论勇于面对风险的态度，我们都无法忽略一个大前提——现实。其中，首要因素为金钱，我们都需要养活自己，我们还要面对之前未曾考虑或未接触到的现实压力，特别是对来自富裕家庭的孩子而言。如果希望自己将来买房，就要考虑房贷问题；即使不买房，那也要考虑房租问题。如果有计划成家育子，那么就要考虑家庭生活费用。当然，还要考虑如何保障自己的退休生活。《圣经》并没有说金钱是万恶之源；它说对金钱的热爱才是万恶之源。

面对经济衰退，工作更加难找，名校毕业生也不例外。大学毕业生搬回家跟父母同住的人数持续刷新纪录，经济前景的不确定性要比之前更甚。学生贷款几乎是压死骆驼的最后一根稻草，当我们预见未来要偿还巨额的学生贷款时，我们怎么可能只考虑大学带来的个人成长，而不考虑未来的职业出路呢？一位大学教授坦言，当每年大学的费用高达 5 万美元，而不是 5 000 美元的时候，家庭对大学的期望也随之变化。之所以越来越多的人倾向于用投资和回报的关系来看待高等教育，是因为投资的成本日益加剧。

即便如此，我们也不必惊慌。金融危机的迷雾逐渐散去，虽然速度缓慢，但是未来要比过去六年的状况乐观。我们情绪的波动往往造成过激的反应。当市场充满利好消息时，人们沉浸在欢乐的气氛中；当市场出现不利消息时，人们陷入悲观世界，仿佛永远都见不到光明的来临。悲观世界，如同乐观世界，都存在泡沫。不过，精英大学生的务实主义以及一味追求名利的态度可不是金融危机导致的。

现实生活中，我们必须承认，有些人更容易找到自己的人生目标或职业使命。如果你没有学生贷款要还，而且父母能在心理上和经济上给予支持，那么你就有更大的选择空间。至于选择什么大学，一些实际因素会影响你的抉择，如低廉的费用或者尽量少的学生贷款。这些往往比大学的名气更实用。当然，也存在更知名的学校的净学费低于其他学校的情况。

金钱从表面上看是决定因素，但事实并非如此。我曾经遇见过一位康奈尔大学毕业生，他希望成为一名作家。虽然没有任何负债，但他向我诉苦说自己甚至不打算尝试。其中主要原因是，他无法同一些拥有业界人脉的耶鲁毕业生竞争，因此就打消了念头。暂且不去深入讨论他的巨大误解，这里的核心问题是一个人的内心自由度。你在20多岁所能够承受的不确定性程度以及能够管理的财富多少取决于你是谁。我相信，大学不仅为发现你是谁而且为重塑你是谁提供了好的机会，当然，发现和重塑的程度因人而异。思想可以扩展，价值观可以改变，但是我们的个性一旦形成便很难改变。我们有些人天生就是乐天派，同时，也有些人一辈子相对悲观。

这里所讨论的种种问题对于就读于精英学校的学生来说更容易解决。如果你是约翰斯·霍普金斯大学或者鲍登学院的学生，甚至只是埃默里大学或者贝茨学院的学生，那么你已经很幸运了。雇主会更主动地给你机会，研究生院也会更愿意录取你。就算不谈你的家庭背景和成长经历，你已经被接纳，成为精英社交圈的一员。你所建立的人脉将会为你的事业发展铺路。尽管顶尖大学的录取机制以及衡量方式存在种种问题，但名校生本身很可能就是有才华的、聪明的、有激情的和有上进心的。即使你没有就读最知名的大学或者一所你梦想中的学校，甚至你原本可以上一所知名大学，但后来选择了其他学校，你最终也会生活得不错。原因很简单：无论以何种标准来衡量，美国都依旧是一个非常富裕的国度。生活在这个地方，我们获得了一个比致富更加稀缺也更加难能可贵的机会——一次可以选择不追求财富的机会。讲得更具体些，在美国，我们有机会找到人生的目标，拥抱自己的使命，同时依旧生活得很体面。

世界应该是公平的，但现实却不尽如人意。人的基因也是不公平的，而且将永远不会公平。能够创造自己的生活是一种特权，有机会追随自己的热情是特权中的特权。然而，我们即使公开反对这些不争的事实，也并不能使它们完全消失。我也认识到，我所提倡的并不适用于所有在顶尖大学就读的学生，更不用说适用于在非知名大学就读的学生了。尽管如此，但问题的关键是，我所提倡的是否适用于你。如果是的话，你就应该为自己负责，而不是借用其他没有你幸运的人的生活案例为自己找借口，逃脱应该承担的责任。每当我在大学活动中谈论这些事的时候，总会有听众质疑，说出"那么来自低收入家庭的学生怎么办？"或类似的言论。而提问者往往是那些几乎一辈子都不需为金钱犯愁的学生。我想请问，他们如果在经济上宽裕，又不用为大学求学负债，那么还有什么理由不为生活和梦想而战呢？这种精神上的逃避类似于前文讨论的"自我放纵"的心理暗示：一个人依赖自身的背景优势去追求梦想反而会让人怀疑其真实性，但是利用家庭背景优势为自己谋求更多的利益倒是让人感觉真实。当然，如果你家财神高照，追求梦想可能不如继续膜拜财神可靠。

真正的低收入家庭子女所面临的压力比他人要强烈得多，而且犯错的空间也比他人小得多。不仅如此，他们还需要考虑很多其他因素。比如：作为家里首位大学生的负担——暂且不谈是否上名校；家庭指望着他们，从此过上中产阶层或更好的生活；他们还得为自己父母的退休生活提供保障；等等。如果一个学生被这些因素包围，做个人选择时所考虑的角度和所采取的方式就会比较特殊。此时此刻，就如同我们的先辈所言，"不要小看了自己的选择"。弗吉尼亚大学教授马克·埃德蒙森分享了他那勉强从高中毕业的父亲的故事：

> 某天晚饭过后，我跟父亲坐在厨房里……我将要成为家族里第一位大学生……因此我们要好好规划我这一辈子。我告诉父亲："我觉得自己将会学习法律预科专业。"
>
> 他问我："你希望成为一名律师吗？"我说："我不是很清

楚，但是律师可以挣很多钱，不是吗？"

我父亲立刻火冒三丈……他告诉我，大学对于我来讲只有一次，所以我最好学习自己想学的。他说，来自富裕家庭的子弟上大学，他们主修自己感兴趣的专业，他认为我和弟弟与富裕家庭的子弟一样出色。除了没钱之外，我们同样富有。

根据我平时对来自不同经济阶层的朋友和学生的观察，我简单地补充一点：对于一个人来说，平时生活朴素本身就是一种自由，因为他能更适应简单的生活。

美国的移民家庭，甚至是已经成为中上阶层的家庭，会承担特殊的压力。有移民背景的学生和家庭往往非常现实，他们很少有耐心去谈论理想。社会地位对这个群体来讲有着更深一层的意义：移民家庭希望自己下一代的成功为家族在美国奠定立足之基，这无异于美国低收入家庭希望通过子女的成功上升至中产阶层。尤其是东亚学生，所谓的"新一代犹太人"，就是崇尚教育的产物。儒家文化的影响根深蒂固，强调子女对长辈的孝顺。很多移民家庭中的长辈都倾向于"靠孩子过活"。

但是相比自己的孩子，移民家庭的家长对美国的认知局限要大得多，因此不仅对富裕、充满活力的美国社会所提供的可能性知之甚少，甚至对于他们已经接受的成功标准也持有较为狭隘的观点。我父母眼里只有常春藤盟校，就连顶级文理学院，如威廉姆斯学院或者阿默斯特学院，都不在他们的视线里，如今的亚裔家庭也有类似的说法。移民家庭的故事不禁令人联想到《圣经·出埃及记》，老一代信仰上帝的人经历了无常的荒野，终于逃脱奴隶生涯寻求新生活，上帝让他们在沙漠中度过余生，禁止进入应许之地。但是他们的下一代，生为自由人，能够充分地享受和利用与生俱来的权利。

尽管如此，还是存在一些真正了解如何培养儿女的移民家长。某位政治人物曾这样回忆自己的父母："自小时候开始，我的父母就让我明白，工作代表维生，职业代表做自己所热爱的，并获得经济报酬。我职业上的成功是建立在父母工作的基础之上的。"我们不能忽略父母的支持，精神层面的支持往往要比经济支持更有价值。一名学生曾经分享她父亲的良言："不要担心，你还年轻，你还有一辈子。你会有未来，而且每个人都有未来。你只是不知道未来是什么样的。"

得到父母的支持固然重要，但相对而言，学会不受父母左右更加重要，这也是成熟的表现。一个从不叛逆的孩子将永远停留在孩童阶段。代际冲突并不是 20 世纪 60 年代的产物，而是人类社会内在的一种特征，也是每个人成长的必经之路。如今我们所面临的不正常情况是：某些大学生会在每堂课后打电话，向自己的"直升机式父母"汇报，唯恐自己的做事方法和发展方向与父母的意愿存在偏差。父母和孩子之间的首层关系应该是"朋友"，这种观念并不正常。

著名儿童心理学专家 D. W. 温尼科特曾表示，家庭环境下的"不忠"正是每个人生活的本质之一。因为要成为真正的自己，就必须对一切非自己的事物保持不忠。对"我是（谁）"的坚定表达，是任何一种语言中最强烈因此也最具风险的话语。观察当下，众多家庭似乎不约而同地签了一份协议书：永不分离，永远忠诚。孩子不必长大，也没有人逼孩子长大；孩子不长大，家长也不必担心失去孩子。别忘了，孩子大学毕业之后回家"啃老"的现象，在2008年全球金融危机之前便已存在。如果现在的孩子不反叛了，那是因为他们觉得没有必要反叛，毕竟与父母已经是"朋友"了；或者他们觉得反叛的结果并不保险。当然，反叛并非一蹴而就的，而是个缓慢的过程，每个人都需要空间测试极限。但是如果一个人不跨出第一步，认为每一步都极具风险，那么成长将永远不会开始。与其跟父母保持和谐的朋友关系，还不如公开反叛专制的一家之主，做一回自己！

不少学生读大学修双学位，比如西班牙语和经济学搭配，或者历史学和计算机科学搭配，而理由往往是为了同时满足父母和自己的需求——"一个专业是为了父母，另外一个专业是为了自己"。作为学生，你为什么不可以单纯地专注于自己的专业呢？难道你的生活不是自己的吗？你欠了父母什么呢？是爱和呵护，后者是他们将来需要的；而不是顺从，也不是你的生命。实际上你并不亏欠父母什么，而且家庭也不是一场生意。你并非欠父母什么，你跟父母之间有着一种特殊的关系。当你还是小孩的时候，这种关系的其中一个层面是听从；当你成年了，这种关系里必须有独立。从小孩到成年的过渡就是青春期的故事，倘若你是在等待父母来帮你完成这个过渡，那么很有可能，这将永远不会发生。

就上大学期间如何提高自己这一问题，我在此提几个建议。同父母的交流频率不超过一周一次，最好是一个月一次。无须告诉父母任何有关论文或考试的成绩，甚至在校期间的任何情况，同时，也不要期望求助于父母。如果父母涉足你的选课或者大学生活的细节，那么你要委婉地拒绝。如果父母不接受你的拒绝，那么你得大声地告诉他们，大学是完全属于你的，不是他们的。

我经常会听到学生说："如果我主修音乐，如果我去参加那次自驾游，如果我休学，我父母会'杀'了我。"就这些矛盾而言，我有个办法：先"杀"了他们。当然这是个比喻。斯坦福大学教授特里·卡斯尔在他的一篇名为《为什么要断亲》的文章中建议，要过上有意义的成年人的生活，一个人有必要成为一次孤儿。

  一次对家族传承的主动放弃，一次对反抗权威、揭露谎言或者令父母失望的意愿的培养，是培养理智和情感独立的大前提，今天比过往任何时间更甚。

梳理所有问题之后，我发现最常见也是最难回答的无外乎以下几个："我应该做什么？""我应该去什么学校？""我应该修什么专业？""毕业之后我应该朝哪个方向发展？"。我当然能够体谅提问者的心情，但这些问题不是我或者他人可以回答的。我可以给予的实际建议也是大家早已听到过的：花时间休整或者放慢脚步，跳出永无止境的名利追逐的陷阱，脱离无时无刻不在被管理的状态，去探索学校之外的世界，去发展你一直以来没有机会获得的技能。

高中与大学之间的"间隔年"如今越来越被人接受和倡导。哈佛大学、塔夫茨大学以及纽约大学等在它们的录取通知书中直接建议学生开展"间隔年",普林斯顿大学甚至开启了自己的项目。考虑到越来越多的学生在适应大学生活方面存在困难,因此学校希望学生在上大学之前能够花更多的时间变得更成熟。每年都有新增的项目,我们可以利用网站以及"间隔年"项目展会帮助寻找最合适自己的。在选择的时候,你千万要注意市场上诸多短期的项目,避免再次掉进为了提高简历竞争力而忙碌参与多个项目的陷阱。在项目的选择上一定要考虑费用,但是父母在衡量项目性价比的时候,考虑的角度应该是如何为大学做最充分的准备,不浪费大学四年本身的费用。当年我的父亲阻止我参加身边不少朋友都参加的一个"间隔年"项目,理由是会扰乱我个人的发展进程。结果,我的大学经历一塌糊涂,并且我走了很长一段弯路。

当决定开启"间隔年"的时候,你不一定要参加第三方项目。"间隔年"的出发点就是脱离框架式生活,脱离所谓的"有效率的"生活。不少项目宣扬"丰富你的生活",但还是囿于被大众认可的传统思路(如到海外学习外语等),最终还是为个人成就添加砝码。你是否考虑过做一些无法在 Facebook 上炫耀的,不能为个人简历加分的事情?是否考虑过自由地漫游,或者"隐居"并享受阅读?是否考虑过跟一群朋友或需要合租的陌生人同住一个屋檐下,然后找份兼职来养活自己?你也许认为此举没有收获,但你至少会遇见你本来根本不可能遇见的人。甚者,利用"间隔年"的时间完全突破其他人的思考范畴,包括我之前的所有建议,尝试自己大胆设想,锻炼你的精神想象力。既然你的大学已经有着落,你还担心失去什么呢?

如果大学之前没有尝试"间隔年",那么在校期间也可以休学一个学期或者一个学年。如果你某天醒来对之前所做的一切产生怀疑,如哈佛大学本科生院前院长哈里·R.刘易斯所描述的那样,感觉撞上了一面墙,那么你不妨休学整顿,再重新出发。你不知道,有多少学生在做出类似的行动之后,回到校园时如脱胎换骨,整个人变得更加丰满,更加独立,更加珍惜当下,更加娴熟地应对学业和社交上的种种困难。如果休学太麻烦,我还有一个建议:充分利用你的暑假。不要为你的暑假安排为将来职业做铺垫的实习或研究项目。背上行囊,去呼吸新鲜的空气,你绝对会有了不起的新发现。你可能会担心自己因此浪费了一个暑假,在个人职业发展的道路上会落后于自己的同伴。也许吧。但是如果方向错了,跑得快又有何意义呢?

在大学毕业之后,你也可以"休整",当然,这个时候你面对的就是你的生活了,你也不会在"休整"之后再"回归"到原来的工作或学习中了。大学毕业意味着极大的可能性和自由度,只有极少数的机会,如硕士或博士项目,具有时间限制。这段时间的人生抉择让我联想到阿米什族的"游历"(rumspringa)传统(或者至少是它在流行文化中留下的印象),即族人在青少年时期便可以离开自己的原居住地,去尝试不同的生活方式,如此经历之后,再次选择是否回到自己的家园。中上阶层家庭虽然在衣着上没有阿米什族那么严格,但在某种程度上也是一个族群。如果你来自这个阶层,就意味着你随时可以回去,那么为何不趁年轻多了解自己阶层之外的世界呢?

请记住，大学只是一个开端，"找到自我"意味着在校园的框架之外认识自己。课外活动、暑期工作和实习都是不够的，因为这些并非真实的生活——风险有限，条件受到人为限制，且选择面较窄。做出要为自己生活负责的决定不是一个答案，而是一系列问题的开始。寻找答案的唯一途径就是付诸行动。我在刘易斯克拉克学院任教的一位朋友告诉大一新生："让激情找到你，而不是你去寻找激情。这个的前提是，你为此付出了很多艰辛的努力，而你所做的大部分事情**将不会**是你所热爱的。"

你要做的是放缓脚步。引用好莱坞演员达斯廷·霍夫曼的话说，20~30岁是"带着问号生活的10年"。虽然我很后悔自己在大学期间以及大学毕业之后的几年浪费了大量时间，但我现在终于认识到，某种形式的"浪费"和"游手好闲"是必要的，也是健康的。浪费事实上并非真的浪费，就好像追求实际并非真的切实可行，尤其是当这种实际让你活得很不开心的时候。记者查尔斯·惠伦曾说："有意思的、成功的人士，他们的生活往往不是循规蹈矩的。"我们在大学毕业之后很有可能面临困惑甚至挣扎，但是新的方向也往往会在这个时刻出现。

我意识到，如今学生的挣扎来源之一是面对无穷的选择，无从下手。这个问题被我曾经的一位学生比喻成"干细胞现象"，即我们一直认为自己可以成就任何事情。我自己也曾经历过内心的矛盾：我想永远年轻，永远拥有无穷的选择；同时我伤感于自己必将做出选择，失去无穷的可能性。纠结之后的茅塞顿开至今令我刻骨铭心，我终于明白，我不是要选择一项事业然后放弃所有其他事业，而是在专注一件事与无所事事之间做出选择。当我不能全身心投入一件事情的时候，我什么都不是。

同理，你不需要担心自己一辈子只能选择一次，不需要在第一次就做终极选择。即使做了这样的选择，你也应该做好改变的准备。你选择了一条道路，一步一步朝着你认为的大方向前进。慢慢地，你会遇见不同的人，发现新鲜未知的世界，从而思考这个世界（一个同样无时无刻不在改变的世界）能够给你带来什么，以及你能够给这个世界带来什么。一位高中老师曾跟我说："当学生或家长计划过于长远的时候，问题便随之而来。"没有人现在就知道所有的答案，认为自己可以一步到位，这种心态本身就有问题。曾经在我22岁时拯救了我、让我毅然放弃当律师念头的一则建议是：绝对不要为你的一辈子做好计划，因为人的变化在两三年内都是巨大的，而且时刻会产生新的想法；你真正可以做到的是，想好现在要做什么。

创造自己的生活并不就是成为一名艺术家、活动家或创业者，而是找到一条适合自己的道路，这条路可以是任何类型的。对于一些孩子来说，在纽约市工业区布鲁克林生活，就相当于在投资银行生存，同样都是在逆境中竞争。理工科的学生与文科学生是一样的，都由于职业的考虑手脚被束缚：不是选择成为物理学家，而是在华尔街处理数据；不是选择成为地质学家，而是成了一名皮肤科医生。一份职业可能对他人并不具有吸引力，但是只要你自己觉得有意义就足矣。从事父母所希望的职业并不是问题，前提是，这也是你自己的选择。

创造自己的生活并不意味着，相信你可以成就任何事情。在我们的教育过程中，我们一直被灌输一个错误的理念，认为自己只要足够努力，就可以把不可能变成可能。现实中有很多事是不可能的。就我而言，不论我处于什么年龄段，多么想成为棒球手、摇滚乐明星或是钢琴演奏家，都是不可能办到的。人的天赋各有不同，再加上体能、个人魅力、外表、智力等与生俱来的特点，这些都决定了现实的差异。亚里士多德曾经说过，幸福来自我们能够发挥自己的能力，也就是说，我们各自拥有某些特长，但也只是"某些"。了解自我的重要一部分是了解自己具备什么条件，违背自己的天性只能事倍功半。

创造自己的生活也并不意味着世界围绕自己转动。实际上，极少数人能随心所欲，特别是在年轻的时候。没有绝对完美的工作，如同我在刘易斯克拉克学院任教的朋友所言，"工作总感觉只是一份工作"。每份工作都有一些繁杂琐碎或令人不满的环节，每个人都必须权衡取舍。有些人可能是独行侠，比如作家；或者是在一个功能失调的系统中工作，比如老师或者医生；或者是没日没夜地苦干，经营多年之后才见曙光，如企业家。在工作的过程中，我们会经历焦虑、挫败、羞耻等，甚至有些时候想放弃，重新做选择。没有人会保证你的将来是伟大的，或能找到一份完美的工作，或能遇上自己的伯乐。乔治·爱略特所说的"纷繁复杂的处境"，在现实生活中以不同形式发生在每个人身上。我们每个人都必须找到自己的路，没有人会仅仅因为自己的魅力而能够逃避现实。这也是我们更要争取做自己喜欢做的事情的原因，因为我们可以为自己的理想或热爱去忍受那些繁杂无聊的事情。我们当然可以妥协，但妥协不是投降，我们要找到**值得**妥协的事情。

最后补充一句，创造自己的生活并非不思进取。你还是要努力工作，至少是在起步阶段。不同的是，当你所做的事情让你具有强大的使命感时，你会感受到无比的成就感。

做到这些容易吗？从来就不容易。生活是一场悲剧，你并不能拥有一切。在相当长的一段时间内，你会徘徊，会犯错误，会失去信心。在这段时间内，你必须经得起同伴、父母的朋友以及陌生人的不解和嘲笑。有人会好奇你到底怎么了，说你在高中时期不是很出色吗！你甚至会经历焦虑甚至抑郁，像我就不仅一次经历这些。这些不愉快的体验是生活的一部分，不管在大学期间还是在大学毕业之后，你最好能够找到支持自己的力量，就算只是几位同情你的朋友也是有作用的。你要相信自己能够克服困难，从逆境中走出来，创造自己的生活。

第七章　领导力

大学教育的目的不可以仅仅停留在个体层面，至少从表面上来看，每个人都是如此认为的。我们要教导学生有社会责任感，为此，有诸多耳熟能详的口号，如"回报社会""有所作为""创建一个更美好的世界"，等等。但在顶尖的高等学府里，社会责任感是跟"领导力"紧密捆绑在一起的。"哈佛是领导者的摇篮"，这是弥漫该校校园的一种陈词滥调。据我的一位学生回忆，当年有一位斯坦福大学的招生官到她所在的高中访问时表示，他寻找的是具有"领导潜力"的学生。当然，顶尖学府都在寻找这类学生。如今，要成为一名出色的学生，每位大学申请者都要以同龄人中的领导者自居，还要把自己想象成未来社会的领导者。普林斯顿大学校长在最近一次毕业典礼上宣称："我们的毕业生将成为社会的领导者，并会让这个世界变得更好。"听起来，成为领导者和改善世界两者之间似乎存在着某种不言自明的对等关系。事实上，顶级大学所倡导的领导力跟社会进步之间的联系相当薄弱，跟过去大学所提倡的领导力更相去甚远，更不用说跟领导力的本义所存在的距离了。

这些大学所提倡的领导力无非就是登上社会阶层的塔尖，诸如成为律师事务所合伙人、顶尖医院科室主管、参议员、企业 CEO（首席执行官）或者大学校长。换言之，只要你掌权，至于你选择什么领域那都无所谓。当你获得了令人瞩目的头衔，大学就可以大肆宣传，以你为傲。每年接受哥伦比亚大学荣誉学位的人群里，富有的捐赠者总在其中，比如某些公司的 CEO。大学在介绍他们的时候，除了"商界领袖"，并没有更多内容可言。领导力在这种语境下是完全缺乏内涵的。

学生们自然耳濡目染，为了展现领导潜质，费尽心思在学校里成为一支球队、一个俱乐部或者学生会的"领头羊"。有些学生甚至会创建一个全新的团体，并自立为"首"。事实上，你做什么并不重要，重要的是为自己争取到头衔，这样才能为自己申请顶尖大学加分。你希望成为一名领导者，不是吗？之前我听过一个关于哈佛大学面试官面试学生的小故事。面试官问："哈佛是培养领导者的摇篮。你希望自己将来成为哪个领域的领导者？"学生答道："我不知道。任何一种都可以。"这几乎是对这种风气最好的诠释。

如果说我们从《米德尔马契》这本书中获得了"精神勇气"，那么作家约瑟夫·康拉德的《黑暗之心》则帮助我们看清了，我们对领导能力（即争取最高头衔）的严重曲解所带来的问题，或者说招致的罪恶。这部杰作为电影《现代启示录》提供了原型。电影中的维拉德（马丁·辛扮演）在书中就是船长马洛，电影中的上校库尔兹（马龙·白兰度扮演）在书中就是库尔兹先生。《黑暗之心》

出版于 19 世纪末 20 世纪初，跟电影中设定的越南战争没有任何关联，而是跟早于越南战争 3 代人的比利时刚果殖民地有关。马洛是一位民用商船的船长，而非军官，被一家由比利时王室特许掌管刚果殖民地的公司派遣，沿着刚果河逆流行驶，寻找一位精神失控、行为暴戾的经理。电影里库尔茨上校的原型就是那位经理。

《黑暗之心》围绕着帝国主义、殖民主义、种族关系以及人性的黑暗展开，主题并不难以理解。但它揭示的另外一层含义是官僚主义。该书中的"公司"（作者是用大写字母 C 来强调的）具有规则、程序和等级制度，有掌权者和争权夺势者，跟任何其他官僚体系并无差异。环顾我们所处的社会，很容易找到现实版的"公司"，如银行，博物馆，中小学或者大学，甚至是谷歌公司、美国国务院或布鲁金斯学会。这就是如今我们出色的学生将要赖以生存的环境。

船长马洛沿着河逆流而上。他首先到达了外站。库尔茨驻扎在内站。在这两者之间是中站。故事中的官僚主义在中站表现得淋漓尽致。船长马洛如此描述中站的负责人：

> 他的肤色、五官、举止和声音都很普通。他中等身材，体格普通，拥有一双平凡的蓝色眼睛，却令人感觉非常冷漠……除此之外，他的脸上挂着一副无法描述的表情，似笑非笑，好像隐藏着什么，难以言喻……他年少起就在这里工作，不过是个寻常的生意人。众人都听他的，但他既不能激起别人的尊重、爱戴，也不能让人惧怕。确切地说，这是出于一种不安。这种不安的感觉并非彻底的不信任，但它具有相当的魔力，会使人被控制。在组织带头或秩序管理等方面，他既没有学问，

也没有智慧，更没有创造力，他只是循规蹈矩、按部就班地固守着原有的秩序。但他很了不起。他了不起的地方在于，你根本无法说出是什么控制着这样的一个人。他从未泄露过这个秘密。也许他内心什么都没有。如此对他的怀疑让人踌躇。

我们来看一下描述这个人物的几个形容词，包括"普通""平凡""寻常"。他并不能给人留下多少印象。在我把这本书读到第15遍的时候，我突然意识到，这个人物简直就是我前领导的完美缩影，一位在官僚体系下顺风顺水、平步青云并坐稳位置的人。她脸上也总挂着微笑，像鲨鱼一样狡猾的微笑。她擅长给他人制造不安，似乎我们做错了什么，但她却对此三缄其口。在生活中，当你在官僚体系中与人周旋时，你也会遇见类似马洛所碰到的中站负责人或者我前领导那样的人——无组织带头能力，甚至无法建立秩序，没什么学问和智慧，几乎没有属于自己的特征。他们所能做的仅仅是维持现状，此外他们还不费力气地获得了职位，如同马洛所说的，原因我们不得而知。

这实际上是官僚体制的一个大问题：能者为何经常身陷中层，平庸之辈却手握大权？究其原因，是在这种体制下，一个人上升的速度取决于其在体制内操弄权术的娴熟程度，而非其专业程度：奉承上司，排挤下属，积极出入社交场合，深谙办公室政治，狐假虎威，直到最后背刺一刀。广交人脉的最好办法就是随波逐流、人云亦云，不必为原则承担风险，或者根本不需要原则。生活在某种体制下，你既不需要信奉该体制，也无须质疑它。你只需要成为他人希望看到的守业者，最终你将像康拉德笔下的那位负责人一样，成为内心空洞的人。

  顶尖的高等学府在培养未来领导者方面很有一套。它们所处的系统同样被设计来培养学生"领导者"应有的品质。在大学校园里，"领导者"是一个常见词语，马克·埃德蒙森认为："现在人们对领导者的定义，无非就是一位非常热情、乐观、跟成功人士站在同一条战线的人。领导者往往是一群小大人，没有能力挑战那些真正手握大权的权威人士……如今人们谈及的'领导者'，实为热情高涨的'追随者'。"一位在耶鲁工作的研究生导师如此描述自己遇见的学生：一些"手握特权的平庸之辈"。当我在一次演说中引用了该说法时，有学生问："学校怎样才能培养其他学生成为将来的领导者，同时又不用这些手握特权的平庸之辈来付账单呢？"（注意他说出"领导者"一词是多么自然啊！）当然关键在于，那些手握特权的平庸之辈就是未来的领导者，而不仅仅是富裕的遗产继承人。后来，当我的演说稿在网络上流传时，有学生回信告诉我，"手握特权的平庸之辈"的说法非常贴切地描述了他们这群人。

  对于美国精英来讲，领导能力一度有着深层的意义。新英格兰老牌的大学预科中学，以及处于镀金时代的常春藤盟校（那个时代，它们培养出了像罗斯福总统那样的领导者），一心致力于培养学生的"品德"。在当时，领导能力意味着责任、荣誉、勇气、刚毅、亲和力以及无私精神。这些品质就是当时贵族价值观的体现，虽然带有我们现在习惯鄙视的贵族心态，但它们还是值得赞美的。对于上流家庭的天之骄子们，领导能力具有实际的内涵：他人利益先于自己，要求为理想奋斗，为整个体系的健康发展而尽责，以公共利益为行为的基本出发点（而这不仅仅是毕业典礼后的思考余波）。

整个国家托付于这些人，而他们要做的是使国家进步。那么是否有些人并没有达到预期目标？当然有，但是标准已经确立，何况也有其他人达到了。

我怀疑，如今的顶尖大学掌舵人是否思考过"领导能力"应该被赋予更高、更广的意义。即使他们思考过，如何去落实也还是一个大问题。谈及"品德"，我们所能联想到的也许是考试作弊或约会强暴事件等。这个词似乎已经演变成仅仅"不做坏事"的意思。顶尖高校是整个教育系统的领头羊，而该系统正无休止地以我在本书第一部分讨论的所有方式塑造学生的性格，让情况变得更糟。对于这一现象，人们既没有注意，也没有讨论过。

大学与其致力于培养领导者，不如致力于培养优秀的公民和思想家（毕竟这里是大学）。思想家是敢于质疑权威的人，而不是一心追求成为权威的人，事实上，最好的领导者就是思想家。思想家指的并非学者，而是能够以批判的角度来审视自己所处的组织和社会的人士，他们最好还能够将批判落到实处。思想家具有叛逆思维，不只是解答问题，还能提出新的问题；不只是找出完成任务的方法，还能首先思考每一件事情的价值所在；不只是勇于冲锋陷阵，更重要的是能为公司、行业乃至整个国家制定新的战略方向。培养领导能力不亚于重建自己，最核心的元素是勇气和想象力。最核心的任务是，创造一个有能力与社会现状对抗的个体。

在不受欢迎的情况下，做一个独立思考者和领导者需要强大的意志力。但是如今，我们的下一代在一片喝彩声中长大，并吸收着各种社交技巧。我们鼓励他们学会团队合作，教育他们要开朗、灵活、合群，向他们强调要追求集体共识或做出个人让步。我们似乎过度关注团体的和谐与一致性，有意回避容易引发我们内心以及彼此之间痛楚的事由，极力反对任何冒犯行为、排他行为、冲突以及人类应该经历的诸多现实。最终，我们的下一代被打磨成了一群没有棱角的人，毫无斗志可言。

你自己必须警醒：仅仅抵抗既有观念是不够的，还要抵制那些宣扬这些思想的人，很有可能就是你身边的人——父母、老师、同伴和朋友。总之，就是你自己所在的团体，不论这个团体是如何定义的，它可能是拥有共同身份的团体、你所在的党派或你所在的教派。如果你是一位环保人士，那么抵制的对象就是其他环保人士；如果你是一位自由主义者，那么你的抵制对象就是其他自由主义者。与团队合作不代表你就要在思想上随波逐流。在任何的生活或者工作环境下，总是有些你不该问的问题。领袖或者思想家的职责就是找出并揭示这些棘手的问题。当你质疑存在已久的共识，特别是向大家早就习以为常的生活现状提出挑战时，你将招致众人的厌恶。因为你的行为迫使其他所有人一同质疑，但是他们很有可能一直以来花了很大力气来掩盖自己的疑虑。你的这种行为的确需要很大的勇气。

哥伦比亚大学教授安德鲁·德尔班科曾说："异议者的冲动实乃对他人说'不'的勇气。"这种勇气一直是美国文化的一股强大力量，但是在如今的年轻人身上，尤其是顶尖高校里的年轻人身上已荡然无存。现在的学生似乎不再对社会提出那种根本性的要求——对一个不同世界的渴望，而这种要求在过去是被视为理所当然的。这里，我所说的"现在"大概始于我开始上大学的时间。众所周知，美国20世纪60年代风行的理想主义是战后繁荣的产物，但是20世纪70年代的经济大萧条导致理想主义的消亡。为什么自那以后，在过去的几十年，包括克林顿在任期间的繁荣时光，社会文化并未发生任何改变呢？在1985年，即里根总统时代经济复苏的最高峰，我参与了哥伦比亚大学校园里举行的反对南非种族隔离的游行。当时我们坐在路障外边，那位极具个人魅力的学生领袖向我们（也向他自己）保证："我们还是可以取得B等成绩的！"言外之意是，我们还是有时间为期末考试做准备的。即使最后的成绩并不完美，但这已足矣。换成今天，学生领袖可能会说："我们还是可以取得A–成绩的。"

到了1987年，阿兰·布鲁姆指出，大学生不仅仅缺乏"对现状的不满"，而且根本不清楚现状之外有何其他选择。他还指出："过去那些使年轻人厌恶资产阶级社会或整个社会现状的渴望，无论是浪漫的还是其他性质的，如今都已不复存在。"布鲁姆是一个右翼人士，但他的此番言语并不是出于对美国20世纪60年代的怀念。他非常清楚，年轻人对社会的反抗或者异议并非从那时才开始，而是伴随着人类现代化而发生的，比如欧洲浪漫主义时期以及美国和法国的革命时代。在18世纪和19世纪以来的大部分时间里，质疑一切、重新审视整个世界并重建世界，就是年轻人的职责和特权。因此，我们在这段时期经历了伟大的变革，权利运动则是变革的最后乐章。美国20世纪60年代盛行的理想主义并不具有特殊性，相反，我们这一代才是历史的意外。

我想到几位在波莫纳学院读书的学生向我讲述的情况，他们在大学为了获取幸福感而颇感压力（波莫纳学院被第三方机构评为最快乐的大学之一）。一个致力于铲除不快乐或者任何不满的体系实际上就是反乌托邦。每个人的生活中必然有不愉快之事，尤其是年轻人的生活，不愉快的经历是任何个人、机构乃至社会转型和进步的基石。只有当你的内心感受到现实和理想之间的差距时，变化才会产生。为什么在顶尖高校就读的学生与自己所处的系统如此亲密？那是因为他们在这个系统里如鱼得水。戴维·布鲁克斯在他于2001年发表的一篇著名文章《组织顽童》中谈道："精英学生心安理得地接受了现有的制度。"虽然过去的几年可能打破了这种平静，但据我所见，他们并没有做出任何拒绝这种接受的事情。

为了回应我在大学校园演讲中所提及的种种批评，反对声音会列出一些非营利性或具有社会责任感的营利性机构作为佐证，比如"为美国而教"、Facebook、占领华尔街运动等。更不用说一代人为争取社会进步而付出的努力。我首先要承认：比起20世纪八九十年代，我们确实进步了。暂且不管是因为"9·11"事件、气候变化、金融危机、互联网还是其他因素，千禧年新人相较于美国婴儿潮之后任何其他年代的人群都似乎更有社会参与感，更有能量，他们实实在在地促进了社会进步。

当然，事情并非如此简单。当有人提出"你怎么看待Facebook呢？"时，他就是在说："Facebook不就是现在的年轻人，特别是就读精英大学的学生改变世界的有力证据吗？"这样的问题暴露了人们对社会变革的本质存在误解，Facebook仅仅是一个工具，至于这个工具是否为社会进步做出贡献，将一直有待定夺。新科技在民主运动中扮演了一定的角色（当然，西方媒体也可能夸大了其作用），但也在为政府及公司监视并控制百姓方面起到了越来越大的作用。工具是价值中立的。技术工具的革命，如Facebook、苹果、谷歌等公司在我们通信方式上所引发的变化，也许是很多人梦寐以求的，但是它们并不一定能改变社会架构，也不见得就是在朝着正面的方向发展。

试问，在新一代中，到底有多少人考虑过投身改变社会架构之中；就算有些人考虑过，又有多少人愿意去行动呢？忘掉理想吧！理想、理念、远大抱负是20世纪苦难的根源。我们现在鼓励新人"在现有的体系下努力工作"，鼓励新人选择一个问题并想办法解决问题。这种技术统治论的思路正在统领着现代高等教育，它所缺失的是整体的教育大局观，以及对社会终极目标的审视。我们所生存的世界，如同一份试卷，由很多个独立的问题组成。我们要做的是各个击破——发明更清洁的能源技术，实现更便捷的饮水方式，建立更有效率的学校（取得优秀成绩，完成服务项目，创建几个俱乐部）。

能做到这些，的确令人敬佩，也具有极高的社会价值，但是这些是否足矣？我们接受现有的系统并在其中工作，但是如果系统本身就有问题，那我们该怎么办呢？如果社会不公问题得不到解决，我们真能解决学校问题吗？如果我们不进行全球贸易改革，我们真的可以帮助发展中国家脱离贫困吗？我们可以通过改变消费者行为来影响全球气候变化吗，或者说消费者真的是环境危机的源头吗？面对这些问题，我们对未来的世界是否有自己的憧憬？未来的版本是否只比现在的好一点点呢？我们所寻找的答案又体现了什么样的价值观呢？你可以对有关各种理念和观点的讨论置之不理，但是你不得不面对这些讨论背后的问题。关键是你是否知道自己做事的理念和原则是什么。如果不清楚，那么你很有可能随波逐流，接受最时髦的事物，并且不知道你的言行正在受其影响、被其浸染。

自己动手解决问题的社会企业家精神盛行于当代，但有时我们发现，人们普遍抱着一种远离纷扰的大环境的心态，比如远离政治，远离本质上充满冲突的大型机构（千禧一代常常无法忍受这点）。一位斯坦福大学教授告诉我，几年前自己的学生面前有两类实习机会：一类来自位于湾区东部的致力于环保的非营利性机构，另一类来自加州众议院议长的办公室。你要知道这个办公室可是直接影响加州整体经济的。但现实是，前者吸引了300多名申请者，后者只吸引到了3名。虽然我们会说，每个人都需要脚踏实地从小事做起，但是倘若掌权者是不上心的政治家，那么我们所做的小事将永远微不足道。我们可以创建一家供应有机食品的农场，但是我们不能阻止国会投票宣布比萨饼调味酱是一种蔬菜。地方性的小规模变革是有价值的，但是面对有组织的巨大财富力量，如政治说客、政治行动委员会、亿万富翁俱乐部等，创业模式就显得微不足道了。我们也许对政治不感兴趣，但是政治偏偏乐于影响每个人的生活。远离政治并不能消除政治无所不在的影响力。

创新性的社会企业家精神存在了至少几十年，并非千禧一代的独特产物。我们不妨回顾一下过去20年来的种种变化，尤其观察一下这种文化最为关注的两个领域——科技和食品。智能手机、平板电脑、农产品直销市场、可持续发展的农业模式等，都是不错的进步，不是吗？当然，前提是你有相匹配的消费能力。我们再来认真研究其他两个领域即政治和经济的变化。比如，伊拉克战争、公民团结运动、金融危机、日益加剧的社会不平等问题。我们似乎避而不谈政治或经济。两者对比之下，"创意阶层"在忙着开发各种"玩具"，但是整个世界正陷入更深的深渊。这可不是一件好事！

人们怀疑，盛行的小规模科技创业模式并非代表着某种社会哲学（特别是因为千禧一代不喜欢哲学），而更像是对某种生活方式的追求。谁不喜欢拥有自主权？谁不喜欢居住在酷炫的地方？谁不愿意取得巨大成功？但是，如果你真的想改变社会，那么这些很有可能就是你要放弃的。政治是一场丑陋的、漫长的战争。参与这场战争的绝大多数人都处于第一线。有不少顶尖大学毕业生深入首都华盛顿参与政策制定工作，但是极少数真正参加竞选并从政。一位正在一个中西部小城当市长的名校毕业生告诉我原因："从政就意味着回到家乡，回到一个可能老土的地方，从基层开始一步一步向上爬。"

"服务他人"的精神似乎也有类似的问题。为何我们会舍近求远，到危地马拉共和国这样的地方参与拯救自然或者纪实的工作，而不是去美国密尔沃基市或者阿肯色州呢？难道是因为去帮助他国的穷人比帮助自己国家的穷人更有意思吗？当然，有学生选择在美国国内做服务工作，但是为何很多学生会选择新奥尔良这座城市呢？也许不足为怪的是，所谓的服务，到最后并不是为他人服务，而是服务于自己，为的是给自己的个人简历加分。"做好事就有好发展"一直以来都是指导精神。我们是否能接受纯粹的"做好事"呢？这样的目标不够有吸引力吗？"服务他人"与"领导能力"如同孪生兄弟，事实上这两者纠缠不清。布朗大学的一位教授告诉我，年轻人有拯救世界的意愿，但是这种意愿背后的认知往往是，通过这些过程最终为自己争得某种社会地位。

"服务他人"这个概念存在问题，或者说当今社会对这个概念的解读存在严重问题。这个词源于《圣经》，《圣经》告诫以色列的子民要服务上帝，而不是法老。耶稣告诉罗马子民要侍奉上帝，而非恺撒。"上帝"是我们服务的对象，因此我们应该心怀谦卑，而非觉得屈尊。但现在我们以非常不同的方式理解这个概念。我们呼喊"回报社会、给予他人"，这是一种慈善的语言，该类语言背后强调的是一种债务关系，是一种力量的削弱，反映了社会等级制度和社会关系，后者本质上是经济交换。这种"服务他人"的态度把服务者和被服务者对立起来，即我们 vs 他们，富人 vs 穷人，白人 vs 黑人 vs 其他人种。位高权重者应该肩负巨大的社会义务，但是，当下这种服务态度丢失了根本的社会义务或社会责任感。"服务他人"，是一群中产阶层人士的"救世主"，带着全部美德、以自我陶醉的心情降临到穷苦的、无助的人群中。"服务他人"与"领导能力"实际上是自我夸耀的两种表现形式。

如果追求慈善存在诸多问题，那么我们该追求什么呢？正义。不是对他人的不幸表示担忧，而是应该感到愤怒。不是捐出自己财富的5%，而是应该致力于让100%的人摆脱困境。作家、活动家塔米·吉姆反对"肤浅的义工服务的形式主义"或者治标不治本的社会暴力处理方式。我们要做的是"团结一致"为共同目标一起努力。这也难怪学生更倾向于选择危地马拉共和国而不是美国密尔沃基市参加服务项目。面对社会不公正现象，我们更容易接受它是发生在美国之外。倘若是自己国家的问题，我们会更加忧虑，特别是这可能意味着，你要被迫承认自己在其中的共谋关系。

有人会以"为美国而教"或者占领华尔街运动等例子来反驳前述观点。请问你参与了任何一项吗？是否因为有了这些，我们的社会、千禧一代或者常春藤盟校就可以心安理得了？虽然"为美国而教"是由普林斯顿大学的毕业生于1991年创办的，但是这个组织并不能因此为我们，甚至不能为普林斯顿大学开脱应该承担的社会责任。事实上，"为美国而教"已经演变成中产阶层以"救世主"形象为个人简历加分的服务活动。占领华尔街运动在知名的高校里显得力不从心，很大原因是名校学生代表了社会天平占优势的一边，他们更相信要在现有的体制里取得成功。总而言之，在大学里参与的某些服务项目或者在重要节假日做的事情，如在马丁·路德·金日所做的慈善，并不能免除个体应该承担的道德责任。至于提及他人的活动，当然和你更没有任何关系了。

需要澄清，我并非建议学生上街示威游行，或者效仿美国20世纪60年代的社会运动。改善世界是我们的共同目标，但是每个人或每一代人都需要寻找适合自己的道路。我建议你要做的第一件事是思考，这是大学应该教会年轻人的。批评家莱昂内尔·特里林引用了他同事的一篇文章的标题——《做聪明人是道德义务》。这一标题强调的并不是要求每个人都拥有高智商。智慧不是一种资质，而是一种活动，而且是一种道德活动。我们不需要学生成为激进分子，只需要学生保持质疑。"质疑"背后的含义是"察"，因此质疑者就是会审视的人。倘若一个人真的如愿以偿地坐上了首席的位子，但没有质疑的能力或者习惯，那么即便他拥有领导头衔，他也不过是一位平凡的附庸机会主义者。这样有什么意义呢？

当我讨论乔治·爱略特对生活的反抗，以及她坚信爱情远超法律意义上的婚姻时，也许你会不以为然，因为她对爱情的信念几乎已经是社会共识。但是我们是否考虑过，这个共识是如何形成的呢？就是因为乔治·爱略特以及与之相类似的人存在，这些一开始的少数人。人类科技在不断进步，诸如爱迪生或者乔布斯之类的人带动了技术的革新，他们是技术领域的英雄；与此同时，社会也在不断进步，在《米德尔马契》一书中，我们也找到了这样的英雄，书中写道："之所以你我能够享受稳定的生活，有一半应归功于那些不为人知、踏踏实实为了自己的理想而生活的先辈。"现在我们之所以比之前更自由、更快乐（至少在某些方面），是因为我们的先辈，如同乔治·爱略特一般，依赖个人的巨大想象力和勇气，承担了种种风险，促进了社会的进步。这可能是通过公开的集体式运动，比如民权运动，需要的是超时代的想象力，构思出与现状不同甚至有冲突的未来，也需要勇气，愿意用行动说话；这也可能是通过个人行为，润物细无声地渗透到社会的血液中并改变了它的性质。

哲学家爱默生呼吁，为了赢得独立，我们每个人都必须发动个人革命，把自己从俗世的思维束缚中解救出来。独立、革命、控制权和自由构筑了美国国家历史，爱默生将国家行为视为个人生活的典范。美国的革命也是一场智识革命，它推翻了原有的思维模式，推翻了关于世界可能面貌的现有观念。美国是由一群知识分子、思想家和读书人建立的。富兰克林、亚当斯、潘恩、杰斐逊、麦迪逊等先驱几乎以生命、财富、荣誉为代价，用真相挑战权力，以此来建设一个更美好的社会。在美国国家的基因中，独立、无礼、分歧和异议是核心元素。

美国并不完美，但在改进，并一直朝着建成更完美的联邦这个方向前进。由此可见，大学教育的意义的确远超个人教育。如果你就是大学本来要培养的那种领导者，那么你至少应该具备质疑的能力，并且首先应该质疑的是你自己所接受的大学教育。与其忙于完善个人简历，倒不如先开始努力构建自己的思想。

03
第三部分 学 校

博雅教育的终极目标并非实用主义,而是帮助你超越时空和工作的限制来思考问题。博雅教育所关注的是公民精神、他人利益,最重要的是,塑造一个强大的、有创造力的、自由的自我。这就是为什么人文学科在真正的大学教育中占据核心地位。

第八章 人文经典

创造自我、创造生活、培养独立精神，这些似乎都让人望而却步。究竟应从何下手？大学又能够提供什么帮助呢？经久不衰的最佳方案就是以人文为中心、由敬业的教师主导小班教学的博雅教育。这并非什么虚伪或"创新的"事业，但对于一个可预见的社会而言，它仍然是不可或缺的。

什么是博雅（liberal arts）教育？博雅教育并非政治学里的自由主义（liberalism），其英文名称中的"arts"也不仅仅是指艺术，其人文内涵指代的范围更广。准确来说，博雅教育的定义涵盖了自然科学和社会科学。与它相对立的是应用学科或者职业技术类学科，如护理、师范、商科、法学、医学等。引用哈佛大学英文系教授路易斯·梅南德的语言："博雅教育并不为职业技能、经济回报或某种意识形态而服务。"博雅教育旨在探究，其唯一的标准是追求真理，而非实用性目的或奖励。

博雅教育所探究的是知识的产生过程，是对知识的溯源，而不仅仅是去接受现有的知识体系；学生并非吸收信息，而是对知识进行思辨。面对任何信息，我们要判断它的真实性；我们要思考信息背后的其他问题；不论是学习生物、化学、政治学还是美国研究，我们都要了解各自的前提假设，以及它们所采用的研究方法。更确切地讲，我们学习的根本不是收集、接收信息，而是论证。大学的教育是熟悉并掌握论证能力的过程：学会收集论据，分析现有的权威观点，预见驳论，在逻辑连贯的框架内综合研究结果，并清晰有力地传达我们的结论。学会分析他人观点，并独立阐述自己的观点，这个过程必将是艰难的、缓慢的，需要付出极大努力，而大学四年仅仅是个开端。

历史学家西蒙·沙玛讲述了这样一个故事：一位学生在一次讲座后向他抱怨说，自己的父亲把自己送到哈佛来，不是为了让自己变得更加困惑。沙玛回答说，是的，你父亲确实没这么想，或者至少本该这么想。大学教育本该让我们开始了解到，我们之前所相信的（比如历史），其实并不是那么简单或者不变的。学术界总是在无谓地增加复杂性和细微的差别，无休无止地探讨理论、假设和替代方案，这听起来像是自我意淫。但事实上，这就是在诚实地面对现实的方式。这个世界充满了复杂微妙的事物，如酵酶的结构、莎士比亚戏剧的语言、现代经济的运行等等。虽然我们渴望得到明确而简单的答案，但真相总是难寻。有些知识已经足够稳定，可以被视为事实，如热力学定律、法国革命的时间，这些我们也能轻松接受；但是最前沿的发现或许只能是摸着石头过河，通过一系列怀疑的尝试、犯错以及抑制自身追求确定性的冲动，方能拨云见日。

接受博雅教育，首先要做的就是学着开始欣赏前文所述的学习特点。但它不止于此。在美国，博雅教育的另外一个特点就是它的广度。也许你只钻研某一个领域，但你同时又会接触到一系列其他领域。你不仅要学会思考，而且要学会不同的思考方式。你也许会从心理学的角度了解人类行为特点，但你也会从文学的角度去体会人类行为。你也许会先从哲学的角度认识现实，但你也会从数学或物理的角度思考现实。经过诸多角度的比较，你的头脑才会变得更加敏锐，更加灵活；你也因此变得更加善于质疑，思想更加严谨。最重要的是，你学会了自我教育。

这一切解释了，为什么接受博雅教育的毕业生在职场上如鱼得水，以及为什么你学的专业几乎不重要。《华尔街日报》曾经有一篇名为《雇主认为：大学专业是次要问题》的报道。该报道指出，一项对318家公司的调查显示，93%的公司雇主认为，"批判性思考能力、沟通能力以及问题解决能力要比求职者的本科专业背景更加重要"，部分原因是他们招聘的职位需要承担"更广泛的职责"和接受"更复杂的挑战"。美国学院与大学协会主席卡罗尔·吉尔里·施奈德注意到，"雇主对学校的期望与公众和政策制定者对学校的认知存在一条很深的鸿沟"。

为此，《华尔街日报》分析，如果某些专业的平均薪资最终高于其他专业，这更多源于他们各自选择的行业之间存在区别。选择更有"钱"景的专业（如经济学专业）的学生在薪资方面当然会高于其他专业，但这只是**主观意愿**的问题，并不代表两个专业的学生之间挣钱潜力的差异。你从攻读热爱的专业中学到的一点是，除了努力变富，你还有更多充实的方式来支配你的时间。而且，以起薪论成败绝对是一个陷阱。一项长期研究发现，职业技术性专业的确在起薪上占据优势，但是在接下来的 10 年时间内，这种优势会逐渐消失。真正的教育是为了你的整个职业生涯而做准备的，绝不仅仅是为了你的第一份工作。

另外一份调查显示，30% 的公司在招聘文科专业毕业生，该比例仅次于工程类和计算机科学专业（占 34%），但是远超于金融和会计专业（占 18%）。进行这项研究的机构负责人表示："公司更看重软实力。硬能力是可以教出来的，但是软实力需要培养。"而后者似乎是稀缺的。另外，只有 44% 的雇主认为，大学毕业生已经具备在公司取得实质性进步的能力。还有一份研究发现，"大学毕业生普遍在沟通以及团队合作上存在明显不足，往往难以从多角度理解复杂的问题。只有 1/4 的学生具备胜任工作的思考和写作能力"。而这些软实力恰恰就是博雅教育所致力于培养的。美国前财政部长、哈佛大学前任校长劳伦斯·萨默斯所说："我们所学的知识在 10 年内就会被淘汰。最重要的是学会如何学习。"

一家澳大利亚咨询公司创始人托尼·戈尔斯比-史密斯曾经在《哈佛商业评论》上发表过一篇名为《想要创新思维？雇用人文专业学生》的文章，坦言："学习莎士比亚诗歌或者塞尚绘画作品的学生已经学会了如何运用大概念，往往更容易以新颖的角度解决一些传统方法无法处理的问题。"他说，人文专业的学生善于处理复杂性和模糊性的问题，具有创造性思维，能进行有说服力的沟通，并理解客户和员工的需求。托尼进一步补充道："出于上述原因，咨询业巨头公司如麦肯锡或者贝恩，它们同样青睐拥有人文背景的学生。你可以选择直接招聘这些学生，否则就只能向大公司支付昂贵的咨询费，让它替你的公司出谋划策。"

与此同时，专业学院也逐渐意识到博雅教育的价值。医学院认识到，医生不仅需要治疗疾病，还需要与人打交道，因此越来越多地倾向于录取有人文以及其他非理科类背景的学生。巴斯卡尔·查克拉沃尔蒂，塔夫茨大学弗莱彻法律与外交学院院长，曾经发表文章，建议 MBA 课程弱化对"专业型人才"的强调，加强培养具有横向思维和整合思维的人才。工程学院也开始注入人文学科元素，加强对学生思考和沟通能力的培养，力求弥补技术信息自身有限的生命周期。横向对比专业学院的入学标准化考试成绩，人文专业学生在 MCAT（医学院入学考试）中的表现要优于生物专业的学生；他们在 LSAT（法学院入学考试）中超越社会科学专业的学生；他们在 GMAT（商学院入学考试）中比有商科背景的学生出色；在 GRE（研究生入学考试）的阅读和批判性写作部分，人文专业学生的平均分远高于其他所有专业。

在全球经济迅猛发展、愈发依赖创造力和创新的大环境之下，博雅教育的价值便尤为突出。托马斯·弗里德曼在《世界是平的》一书中，描述了对未来的展望，强调未来的主流是能够建立新行业、创造新工作的人群，而非服务于现有行业和工作的人群。因此，我相信，博雅教育完美地符合这个标准。面对具有高度流动性和不稳定性的全球经济，传统的职场升迁游戏规则已经式微，甚至连工作本身的意义也被重新定义了。理查德·R. 格林沃尔德在他的《微创业时代》一书中提到，新人类应具备的素质包括"广度、文化知识与敏感度，以及待人处事的灵活度"。另外，"终身学习能力、持续成长和创新的态度"是不可缺少的。托尼·瓦格纳在他的《全球成就鸿沟》一书中提到，"甚至连高科技类公司都相对看轻学科知识"。大卫·鲁宾斯坦，亿万富翁、全球最大私募股权公司之一凯雷投资集团的联合创始人兼联席首席执行官，在瑞士达沃斯举办的世界经济论坛上发言："H=MC（H 代表的是 humanities，MC 是 more cash 的缩写），人文学科代表着更高的收入。"现在的社会，信息唾手可得，关键在于是否懂得如何有效利用信息。

当下的美国正在经历一场波及全国，涉及高校和基础教育的人文大撤退运动，上至总统，下至幼儿园，人文学科退居二线，"数学和科学"则占据主流。然而世界的另一头，中国、印度和新加坡已经意识到，要达到美国创新文化的高度，依赖填鸭式的技术类教育是远远不够的，因此开始模仿美国的人文教育。比如，新加坡国立大学与耶鲁大学合作创办了具有博雅教育特色的新式学院。久负盛名的印度理工学院在课程中加大了社会科学课程包括人文学科的比重。中国在培养科学家和工程师方面取得了成功，并且中国的学生经常在国际性测试评估中取得优异成绩，但是中国的教育界越来越注意到独立的、批判性思维在教育中的缺失。有些人把美国近些年来的经济衰退同亚洲经济的持续增长进行对比，把其比喻成另一个"斯普特尼克时刻"。但在最初的斯普特尼克事件后，美国并没有决定效仿苏联，显然，美国不再拥有这种信心了。

有不少人嘲笑学习亚里士多德能否"在工作中派上用场"，但是他们的这种认识完全是错误的。一本有关职业发展指南的书建议年轻人放弃读大学，并引用了一位大学退学女生的观点："大学毕业之后，没有人在乎你是否精通休谟或康德的思想。"也许确实没有人在乎这个，但他们在乎你能否很好地思考并表达自己。通过学习和了解这些人类历史上的巨人，精读他们的艺术、文学以及哲学作品，可以训练自己的表达和思考能力。就如另一位人文专业学生所言："我每天被迫去思考人类历史上最难的问题"，这是你能给自己提供的关于如何说话和思考的最好训练。

如前所述，博雅教育的终极目标并非实用主义，而是帮助你超越时空和工作的限制来思考问题。博雅教育所关注的是公民精神、他人利益，最重要的是，塑造一个强大的、有创造力的、自由的自我。这就是为什么人文学科在真正的大学教育中占据核心地位。当然，塑造自我并非空穴来风，一个有效的办法是向前人借鉴智慧。人文学科包含了历史、哲学、宗教学、文学以及其他形式的艺术，凝结了前人对人性最深刻的认识。这些学科适合解决作为个体的我们所遇到的问题，针对的并不是某个固定领域或者某种职业，而是人性——当我们从工作中抬起头来思考我们的生活时，我们很可能会问的问题。其范围之广能容下整个宇宙，其中不乏爱情、死亡、家庭、道德、时间、真理、神明以及一切跟每个人息息相关的话题。

纵观历史，对于人性或人生的思考之前是依托于宗教的，现今，人文艺术不仅与宗教相容，而且已经替代了宗教。在 18 世纪和 19 世纪，传统的信仰受到现代科学以及启蒙运动的挑战，人文艺术逐渐演变成受教育人群讨论生命价值和意义的平台。如今真理变得多元化和个性化，人们摒弃了过去既定的、教条的模式。相较于从《圣经》中寻找答案，人们现在可能会选择去阅读陀思妥耶夫斯基的作品，欣赏贝多芬的音乐，或者观看易卜生的戏剧。图书馆、博物馆以及剧场变成了新一代的教堂，成为人们寻求情感抒发、忏悔、喜悦以及超脱的灵魂空间。这是一种新的信仰——唯美主义，即对艺术的膜拜。惠特曼在他的著作《民主的远景》中宣布，"牧师离场，神圣的学者降临"。《一个青年艺术家的画像》则以戏剧性的夸张手法描述了宗教信仰向人文艺术的过渡。故事主人公斯蒂芬·迪达勒斯放弃天主教会的神职，因此放弃了获得圣餐变体的机会，他选择投身于文学的奇迹，引用书中的话则是，"把每日平凡的生活经历转化为永恒的发光的生命"，即凝结为不朽的艺术作品。

英语语言文学成为大学里的一门重要学科并非偶然，这恰恰是在唯美主义出现之际。古希腊语和古拉丁语作为死记硬背式的固定的知识性信息，长久以来被大学定位为核心课程，但是，它们的地位逐渐为英语语言文学和其他人文艺术课程所代替。宗教本身也作为比较宗教或宗教研究，逐渐演变成为人文艺术的一部分，课堂上的《圣经》不再是神圣的文本，而是文化的载体。这种演变实际上是一种延续。美国大部分大学最初是由教会创办的，演变到今日，大学依然努力在世俗的环境下执行布道任务。在19世纪末，除了科学背景专业的出现，博雅教育的课程体系中也加入了人文元素，其中包含"经典著作"和其他"通识教育"的课程。这些课程旨在为学生提供思考"大问题"的机会。大学校园的礼拜堂牧师说教布道的角色，也逐渐被教授替代，由教授在课堂里引导学生借助经典文学来探讨人性。

常言道：真理难寻！那么艺术凭借什么通向真理呢？艺术要求我们花大量时间努力地观察现象，并且需要我们花更多的力气来表达对观察的理解。任何有过绘画写生经历的人对此都深有体会，在作画之前，首先要全身心地观察绘画的对象，几乎要看透它，直到胸有成竹才可以动笔。比如，我们观察的对象是一杯水，常人对它的认知往往是功能性的，即它是用来解渴的，解完渴后目光就不再停留。但是艺术家会观察它各个方面的特征：如杯子中水的颜色，杯身上的指印，水面凹凸部分的光泽，以及杯子所投射的半透明影子的形状，等等。

就像绘画一样，其他类型艺术的要求也都是如此。在文学世界里，读者所观察到的主要对象并非物质世界，而是人类的心理和社会现象。一位诗人所观察到的是他对自己身体或者家人的主观真实感受，绝不是其应该有的感受。小说家向我们展示了人与人之间的真实相处方式：斤斤计较的，麻木无情的，单相思的，等等。这些并非我们的道德所提倡的行为。我们的日常生活也许沉浸在口号式政治理念的宣传或者人与人之间客套的甜言蜜语之中，这些传统的思维和情感模式构成并包围了我们的生活。艺术的使命是帮助我们突破这些重围，使我们从中得到解放。但是真相往往让人难以承受，因此我们会选择自欺欺人或者欺骗他人，去极力逃避真相。在卡夫卡眼里，书籍是砍向我们内心冰封大海的斧头。

约翰·罗斯金是19世纪伟大的艺术评论家，同时也是最伟大的社会评论家之一。他对马塞尔·普鲁斯特和甘地有着深远的影响。他这样评价道：

我越来越深信，人类在这个世界上所成就的最伟大事业，就是以朴素、简要的语言表达出自己所见的。在上百个会谈天说地的人中，也许只有一人会思考；在上千个会思考的人中，也许只有一人能洞察。洞察将诗歌、预言和宗教集为一体。

我们着迷于成绩、收入和性生活，却走马观花式地对待我们所生活的世界。而艺术的力量，如诗人雪莱所言，能让灵魂惊醒过来。

说人文学科可以通往真理，这本身就挑战了我们最根深蒂固的信念之一。我们不仅生活在一个科学的世界，而且生活在一个科学主义的世界。我们认为，只有经验性的、可量化的科学性信息才是客观的，才算是知识，而其他探究模式只有在接近科学方法时才有效，但人文学科和科学面向的是相反的方向。它们不仅以不同的方式工作，而且研究的是不同的东西。借用一定理解艺术价值的科学家斯蒂芬·杰伊·古尔德的一个术语，艺术、科学和人文是"互不重叠的权威领域"，各自拥有适合自己的不同教学形式。

科学性知识所表达的是内心之外的世界，有助于我们客观地观察事物。人文知识所表达的是我们对世界的**感受**。画家通过作品，主观地表达自己所见的，尤其在现代艺术中，其内容包含了人类因自己所见而产生的梦想和恐惧。小说家努力营造氛围，让我们体会到生活在不同时代的酸甜苦辣。曾经有一次，我告诉从医的兄长，自己作为文学评论者对时间和空间充满浓厚的兴趣。他吃惊地看着我，以为我这个文学评论者对做脑外科手术感兴趣。我所指的时间和空间并非物理学家所研究的科学概念，而是小说家笔下人类对时间和空间的**体验**。

让我们回想一下弗吉尼亚·伍尔夫作品中的时间或者查尔斯·狄更斯小说中的空间。在《达洛维夫人》或《到灯塔去》中，时间是随着人物意识的变化而推进的，并非由时钟来度量。书中人物在某个清晨所闻到的清香可能就带着她回到了过去的某个时刻：30 年前在露台上同故友叙旧的场景，让人完全沉浸在美好的世界中。记忆、沉思、渴望等各种思绪涌上心头。突然间，因一个念头被拉回到了现实，转头又继续展望未来。伍尔夫成功地让读者感受到了心灵在时间中的漫游。查尔斯·狄更斯更能让读者感受到空间的变化：他笔下的阳光大道、背街小巷、迷宫般的小道、神秘的雾气和黑影等营造出强烈的城市空间感。或许我们要屈身进入一间阁楼，或许我们在奢华的公寓楼里伸展四肢，或许黄昏中，我们在下班高峰期的人流里挣扎。居住在大都市的人们繁忙地穿梭于层层空间里，陌生人和朋友之间只有模糊的界限，你我的身份是随时可丢可寻的标签，偶然事件变得并不偶然。城市的空气中充满了惊恐、炫耀、愤怒、嫉妒等各种情感。没有任何计时器可以量化我们从伍尔夫那里得到的收获，也没有尺子可以丈量狄更斯所带给我们的价值。我们需要的是故事，而不是公式。

科学工作者通常使用最客观的语言，因此数据是他们习惯的语言。艺术工作者讲述个人经历，意在引起他人的共鸣。人文知识不存在方程式或者定律，它因人而异，因文化而异，因此它无法被证明，无法被量化，也无法被复制。我们只能解读人文知识，无法计算人文知识。在欣赏一首诗、一件雕塑或者一段音乐的时候，我们关心的不是它的长短、它的制作材料或者它的流行程度，而是它的意义。针对一个科学现象，我们会问："这是真实的吗？"但是针对人文学科中的一个主张，我们会问："这对我来说是真实的吗？"

我们在阅读文章或者欣赏艺术品的时候，最关键的问题不是我们是否看明白了，而是这篇文章或这件艺术品是否能引起我们的共鸣，从而让我们更懂自己。这也是大学教育所应起到的作用。为什么要阅读经典文学作品？弗吉尼亚大学教授马克·埃德蒙森给出解释："这些作者可能比你更了解你自己。"这也难怪会有心理咨询师将文学作品用于咨询治疗。（"人们还能在哪里意识到语言、情感、性格或关系的微妙之处？"）以下是一位心理咨询师的自述：

> 我最近结束了一个治疗时间长达6年的病例。这位病人一开始来我这里的原因是他对麻醉药品上瘾。他患有重度抑郁症，整体精神面貌萎靡、负面、消极。当我建议他去阅读D. H.劳伦斯的作品时，他欣然接受了，他也是我接触过的病人中极少见的一位。在多年的治疗过程中，我们没有离开过劳伦斯。人们往往能够在文学中找到自己。在我14岁的时候，我就是在《麦田里的守望者》中找到了自己。我的这位病人会带着劳伦斯的书来见我，并当场阅读其中的段落，然后告诉我："这写的就是我！"

"这写的就是我！"的欢呼，是艺术的本质体验。我们能够从他人身上看到自己，也在自己身上看到他人。这种体验就是弗洛伊德所讲述的"既陌生又熟悉的感觉"（Unheimliche）。艺术的魅力在于，它带着我们去了远方，但又让我们有回家了的感受。当我们在阅读《哈姆雷特》或者《简·爱》的时候，跨越空间和时间，心怀罪恶感和幸福感，这些作品如镜子般照出了我们深藏心底的本性，但又让我们感觉到它们是如此新奇。中世纪的丹麦，一个充满臣子和王子的世界，当你在阅读有关它的内容时，你会身临其境，似梦非梦。"找到自我"，如此美丽！

艺术让我们铭记种种经历独特的人的名字。古希腊悲剧中的安提戈涅，《坎特伯雷故事集》中的巴斯妇，包法利夫人，她们分别代表了三类人：注定失败的理想主义者，无畏的欲望主义者，不满的空想家。借助她们，我们窥视到了隐藏在自己体内的巨大潜力。我们所熟悉的小说人物，如亚哈船长（来自《白鲸》），哈克贝利·费恩（马克·吐温笔下的人物），盖茨比（来自《了不起的盖茨比》），霍尔顿·考尔菲德（《麦田里的守望者》主人公），女黑奴塞丝（来自《宠儿》），他们的经历充分地反映了美国人不同时期的意识状态。同时，艺术作品还可以为青涩的年轻人提供生活的缩本。《傲慢与偏见》的主人公伊丽莎白·班纳特化讥讽为幽默，直面那个按传统来讲高她一等的男人，走在所有现代聪明自信的年轻女性的前列；《一个青年艺术家的画像》的主人公斯蒂芬·迪达勒斯勇于放弃朋友和家人，接受孤独一生的艺术天才的命运。书籍帮助我们预见未来，赋予我们创造属于自己的生活的想象力和勇气：他人可以，那么我也可以。埃德蒙森将阅读比喻为"人生的第二次伟大机会"。艺术虽然不会造就一个完美的你，却可以成就一个更自由的你。

当然，提供体验的还有流行文化或者广告，比如《五十度灰》、耐克公司的广告语或者无数的流行音乐等。它们成功地调动了每个人那根"本我"的神经，让人陷入快乐的幻想之中。那样的生活方式谁不想要？艺术与其他形式的刺激的本质区别在于：它不仅仅为读者提供了经验模式，而且也提供了质疑艺术本身的方法。阅读文学作品要求的是一份审慎的态度，而非冲动。我们要思考伊丽莎白的生活方式有什么局限，斯蒂芬对自己会有什么误解，霍尔顿是否错了，亚哈船长最后是不是明智的。如果博雅教育意在挑战已成定数之事，那么人文艺术专注的则是挑战伦理和存在的确定性，即我们应该如何待人处事，以及我们是谁。作家安德烈·科德雷斯库认为，故事可以带来反思。不论是《米德尔马契》《一个青年艺术家的画像》《黑暗之心》还是《奥德赛》，书本促使我们思考自己的生命，我这本书自然也不例外。

　　我们反思的并不仅仅是价值观。我们生活中经历的一切都能够在艺术中寻得：莎士比亚的《麦克白》或者美国家喻户晓的《黑道家族》体现了人性中的野心，契诃夫或费里尼的作品呈现了社会的倦怠，以及美国作家拉尔夫·埃利森和印度作家阿兰达蒂·洛伊笔下的边缘人群，等等。就我而言，先辈给予了我无穷的智慧：但丁教会了我爱与恨并非对立，两者相辅相成；英国小说家 E. M. 福斯特让我明白了自由心态常常是虚荣和无知的遮羞布；作家玛丽·盖茨基尔向我揭示了灵魂在肉体上的体现方式。我并不确定前述这些是否影响了我在生活中的种种决策，但是它们确实深刻地铸成了我对自己及对这个世界的认知。埃德蒙森强调："要不断地把自己的生活经历，通过深度感受和思考，与书本的所学结合为一体。"生活与艺术在来回交织中相互照亮，共同塑造了一个自我。

在前面内容中我提到过，要描绘一件物品，必须看到它存在的全部特殊方面，就如同维多利亚时期的诗人马修·阿诺德所言，你得看到"它真实的内在"。"真实的内在"是指它自在自为，而不是以你为参照，作为你欲望的工具。这个道理不仅适用于观察物品，也适用于观察人。我们往往以自我为中心，把他人或他物视为自己的延伸。艺术迫使你做相反的事情。它让你以最亲密和直接的方式，体验成为别人是什么感觉，不论是阿喀琉斯，安娜·卡列尼娜，还是艾米莉·狄金森。从中我们获得的最根本收获在于：知道我们并非世界中心，他人并非为我们而存在。每个人都拥有自己的尊严和对世界的认识。引用哲学家丽贝卡·戈尔茨坦的原话："我信仰小说。我信奉它具有巨大的力量，能生动地呈现世界对我们每个人来说有多么不同。"艺术淡化了自我中心意识，教会了我们要有同情心，提高了我们的情商，或许艺术真的可以造就更好的我们。

"博雅教育真的让你过上了更好的生活吗？"一位学生曾这样问我。答案是肯定的，而且博雅教育同样会让你身边人的生活变好。如今的理想化年轻人（戴维·布鲁克斯称他们为"实证的孩子"）热衷于社会科学，例如政策、技术细节、大数据，俨然一派专家治国的气势。但是，我们能够衡量的仅限于我们所知道的存在，有时连已知的都很困难。在我们急于创造一个更美好的将来之前，我们得先理解"人性这根曲木"（康德语），即我们到底在研究什么。

我们需要了解人们是什么样的：他们是如何思考的，追求的是什么，行为习惯是什么，等等。与此同时，我们要了解将来的规划中可能存在的道德缺陷。（后果难以预料这一定律几乎是叙事艺的主导原则。）人文学科将社会科学为简化而剔除的一切东西都复归原位。社会科学的龙头学科——经济学总结：人是理性的，人性是自私的，人类的出发点都是将个人利益最大化。我相信《李尔王》（更不用说《卡拉马佐夫兄弟》）的作者会对这种论断感到惊讶。外交战略家查尔斯·希尔称，文学使用不受框架和方法论限制的语言，因有极大的自由度和灵活性而能够充分表达世界是如何真正运作的。也有人说，小说已经成为历史，《战争与和平》之类的书属于信息流通极其低效的时代。但是持这种观点的人需要明白，网络上的博客或者1 400页的维基百科根本不能与《战争与和平》相提并论，因为前者根本提供不了宏大高深的对生命的探究。文学提供的并非信息，它阐述了生命。

和自然科学或社会科学不同，人文学科也是历史学科。英语语言文学专业记载了英语语言文学历史，宗教学记载了宗教的历史。我们常说，做人不能忘本，人类作为群体，不能忘记自己的历史。过去是我们所有思想和感受的来源，只有了解过去，我们才能了解现在的世界和现在的自己。只有了解过去，我们才能明白共同生活中几乎所有的国家法律、社会结构和态度观念。在个人层面，只有了解自己的过去，你才会明白自己思考和言语背后的动机。评论家诺思洛普·弗莱曾说，博雅教育应当带来一场认知风暴，如同戏剧的高潮那般。但在博雅教育的学习中，他说，我们最终要认知的是我们自己。

阿兰·布鲁姆认为：最成功的专制制度，是那种能够成功扼杀掉多项选择可能性的。过去给予了现在生命，但又不同于现在。看到过去，我们就拥有了不接受现在的勇气。看到过去，我们终于明白，从小接受的人生道理并非一成不变：在时间上，它们具有时代烙印；在空间上，它们具有局限性。它为我们提供了一条逃离现在的出路。它告诉我们，一切皆流：既然现在可以不同于过去，那么将来也可以不同于现在。如果你想成为一位领导者，如果你想找到新的方向，那么过去就是最合适的开端。

艺术和人文学科的捍卫者往往在争论开始之前就放弃了自己的观点。在不少人眼里，艺术不过是安慰剂或装饰品，它是属于富人阶层的一种高雅消遣方式。也有人收藏艺术品，以使其保值增值，似乎艺术在满足人的需求之上的更高价值就是用于交易。在大学校园里，艺术被视为一种"文化资本"。它是阶层跃迁的工具。著名的文艺复兴研究专家、哈佛大学教授斯蒂芬·格林布拉特曾为学习人文学科的价值辩护："实际上，文化知识对个人的职业发展是有正面意义的。"

我承认"文化资本"的现实价值，也看到了大学在其中所扮演的角色，但是这种认知不适合诠释人文学科的意义。在20世纪二三十年代，建立的经典人文课程部分目的，的确是帮助当时的移民后代（主要是来自南欧和东欧的犹太人和天主教徒）更好地融入只有WASP才能接触到的文化。但是20世纪六七十年代之后，随着高雅文化的衰落，这种说法（针对移民或者下层阶层）已经不能成立。在鸡尾酒会上，人们关心的话题不再是维吉尔或者卢梭；莱昂纳尔多·达·芬奇或者莫扎特也并非所有人都熟悉（当然好莱坞影星莱昂纳尔多倒是家喻户晓）。在酒会上，没有人知道或在乎你是否十分了解蒙田，但是你得知道 HBO 电视网、NPR（美国全国公共广播电台）及 R.E.M（美国摇滚乐队）。如今的文化资本是通过同龄人互相模仿得到传播的：一名普通学校的学生会模仿毕业于埃克塞特或道尔顿等顶级学校学生的言行举止和海外旅行的消费习惯，吸收他们的进步思想，甚至购买与他们的生活日用品相似的物品。

此外，有人认为人文艺术适合无须担心温饱问题的富裕家庭的孩子，而名校的其他类学生为了求生存，就应该更务实，学习更实用的专业，比如工程学、计算机科学或经济学等量化领域。这种说法并不鲜见，美国总统伍德罗·威尔逊在百年之前就说过："我们需要一些人接受博雅教育，我们也需要另外一些人，也许是更大的人群，放弃接受博雅教育的权利，参与具体的体力劳动。"百年之后，如果把体力换成技术，此说法依旧成立。支持博雅教育者并非精英主义的拥趸，把博雅教育预留给少数人才是真正的精英主义。不论人文艺术的价值到底是通向启蒙的道路，还是职场的文化资本，只要是有价值的，每个人就应该拥有。美国作家厄尔·肖里斯的一篇观点犀利的文章《论博雅教育的用途》清晰地阐述了人文学科对贫苦阶层的重要价值，并且他付诸行动，成功地设立了"克莱门特人文学科课程"，并在全美范围广泛推广。如果对贫困阶层是如此，那我可以说，人文经典对所有大学生（不管是达特茅斯大学中来自中产家庭的学生还是杜克大学中来自亚裔家庭的学生），都具有很高的价值。

建议移民家庭的孩子学习英语语言文学或者西方经典，这是否含有某种居高临下（以今天的话来说是"帝国主义式"）的态度？

或许有一点，但这样的学习也蕴含着巨大的力量，而且不仅仅是对个人而言。我们回想一下，在一战和二战期间，美国的犹太人群里出现了格外耀眼的人物：索尔·贝娄、诺曼·梅勒、J. D. 塞林格、伦纳德·伯恩斯坦以及众多后起之秀，如菲利普·罗斯、苏珊·桑塔格、斯蒂芬·桑德海姆、伍迪·艾伦。他们不仅融入了主流，而且成了主流，他们将自身推向了美国艺术和思想的中心，以自己的方式改变了美国形象。我坦言，美国未来最大的进步就是让亚裔以及拉丁裔也能够在不同领域发挥出自己的影响力。如果维持现状，乐见于他们仍旧只在医学或者金融等固定领域或框架之下摸爬滚打，无异于阻止这些人改变或提升他们在美国的地位，同时也阻碍了美国多元化的发展。

人文经典教育的深远意义显而易见，但我并非主张盲目推广。西方古典学铸就了西方的历史文化，因此它是每位西方现代公民的必修课。放弃这种机会等同于放弃掌握标准的英文写作能力，都是对他们的伤害，这会阻碍他们全面参与社会。但是我们（西方）必须意识到全球化所带来的巨变，以及人口结构的多元化，新的历史文化背景变得越来越重要。我们（西方）不得不去了解其他人的历史文化，或者说在新的世界格局下，西方逐渐融入（更广泛的）世界，成为其中一部分。

培养公民意识是学习古典学的重要目标，但更关键的事情是学习名著（不仅限于西方范畴的名著）。这就好比为自己找到一把卡夫卡所说的斧头；任何足够锋利和足够有分量的作品都可以。暂且不谈是谁在何时创造了这把斧头，只要能够产生一些影响，让你能够触动内心就好。一位真正的读者不会只关心西方经典图书，他会创建自己的经典书单，其中必定包含很多对他影响深远的书。

我并非主张大学生必须修英语语言文学（虽然这建议不坏。埃德蒙森说，当一个学生学习英语时，他的主修科目是"成为一个人"）。我甚至不是建议必须读人文专业。我只是建议，你们应该尽可能抓住大学里的各种机会，去尝试和体验那些与你所选专业不同的领域，尤其是人文领域所能带给你的那种独特经验。那我们是否不需要专业了呢？当然不是。相较于过去，现代人类面对的问题更加具体且复杂，因此现在比过去更加需要精尖的专业领域知识。你从政治学专业转到法学院，再成为国务院的律师，而后成为专注于国际贸易问题的国务院律师；或者从生物化学专业转为医学院，完成外科实习，最后成为一名肾脏移植专家；或者作为一名艺术生，大学毕业之后攻读博士学位，研究佛兰德斯绘画，最终成为一名研究凡·艾克的专家。既然走每一条路都需要大量的时间，那么谁还有时间去追寻泛而不精的通识教育呢？

这种错误的认识根深蒂固、由来已久，起源于人们总是假设教育的深度和广度这两个目标是相互对立的。比如在我们的现代语言里，行动相对于沉思；在文艺复兴时期，武相对于文；在古罗马，休闲相对于贸易。而博雅教育的最终目的是合二为一的，学生在博雅教育中所获得的智慧将贯穿未来的任何专业或领域，我们将不再刻意区分工作和生活，通识和专业。

当然，我们在职场上所从事的工作必定是具体的、专业的，但是我们的思考方式可以是超越领域范畴的、触类旁通的。博雅教育所培养出来的思辨习惯，在艺术、历史、哲学上的造诣，将会帮助一位职场人把人类的智慧和个人的经历融入工作中（如果你是人文专业的学生，就需要融合自然与社会科学的知识）。作为一名医生，你将是一名疗愈者，医治的对象是人，而非疾病。作为一名教授，你将会是一名导师，教授的对象是学生，而非课程。

现代社会的种种问题，不仅在于官僚主义，还在于我们的领导者是一群过于专业化的精英，他们不仅是官僚系统里的懦夫，而且不能突破自己的专业背景思考问题。美国联邦储备委员会前主席格林斯潘就是最具现实意义的例子。在2008年全球金融危机爆发之后，他承认他误判了危机的广泛性，忽视了视野范围之外的因素，他错误地以为只要市场主体是理性自利的，就足以使银行业避免遭遇灾难性结局。资深记者克里斯·赫奇斯分析，格林斯潘的失败在于他无法跳出专业的理论性框架来思考问题，无法意识到人性本质的缺陷。前国会议员希瑟·威尔逊在谈及罗德奖学金申请者整体质量的时候，亦十分忧虑：

> 即使是来自美国顶尖文理学院的学生，他们的申请材料所体现的亦是极其狭隘的专业范畴，这是上一代人无法想象的。其导致的结果是，学生面对复杂的问题，不能自如地跨领域、全方位分析原因……我们的大学培养了一批认知狭隘的精英。

这种现象并非只存在于精英培养当中。大量的教师、社会工作者、心理咨询师、医生都有一个共识：我们为了追求社会高效而依赖标准、测试、规章制度、精神药理学、电子表格，我们对评价方法和"指标"上瘾。社会的每个角落似乎都要依赖公司的各项管理机制来运营，人在社会参与中已经不是全人，更像是机器人。因此我认为，人文艺术教育是改变现状的第一步。

那么，有人开始反驳，像移植手术外科医生如此专业的人士，根本就不需要人文艺术。我们仔细思考一下这个问题。任何一名外科医生都不可能孤军作战。他是手术团队的一员，是所在医院、整个医学行业乃至整个社会的一分子。他可以选择埋头做手术，与此同时，他也可以选择观察并反思自己的周遭环境，努力改善，精益求精。不论你的职业性质如何，任何个体都可以抵制现状并思考如何改进，我们的第一身份是公民，不一定是领导者，但也不是追随者。

公民的集体自治是美国教育的根本出发点，学校的使命也在于此。这也是为什么美国学校普遍采用探究式的学习方式，让下一代掌握提问、表达思想以及创新能力，并通过探索和调查来学习。我们避免印度的填鸭式学习方法，也不采用德国的早期分流制度，把10岁的孩子分成学术群体和职业技术群体，也不效仿英式的本科生只学习单一科目。美国作为一个国家，一直以来希望培养公民，而非单纯的专才。

那么我们到底追求什么呢？难道是希望每个人都不满足现状，学会挑战现有的公共秩序以及工作制度吗？是的，就是如此。美国就是一个共和国，本义就是大家共同治国。

在《婚变》这部小说中，杰弗里·尤金尼德斯讲述了20世纪

80 年代初从布朗大学毕业的 3 位学生的故事。当时，也是美国学习符号语言学的高峰年代。在那个年代，学生的口头禅是"你怎么看？"学生在对话中会引用法国理论学家的话，他们会因为自己书架上摆着奥地利作家罗伯特·穆齐尔的作品而受人尊重，对认为文学不过是"一堆语言修辞"的人不屑一顾。书中的主人公在大学最后一个学期完成的宗教学课程对他产生了前所未有的影响。这门课的期末考核形式是开卷考试。学生可以参考任何一本书。由于没有人思考过这些问题，因此答案也就不存在，学生也不可能作弊。主人公米切尔是这样完成他的考试的（注意"实际"一词的使用方式）：

  在他回答问题的时候，他已经全然忘记了这是一份学校试卷。他已经不是为了成绩在答题，而是在思考他自己及身边同龄人一直以来的困境。这是一种奇特的感觉。虽然笔下明明在引用蒂利希和海德格尔的话来阐述观点，但是在他脑海里浮现的却是自己和他的朋友们……在回答论文的问题时，米切尔不断地将自己的答案引向跟实际生活相关的内容。他在思考他的存在以及如何度过自己的一生。这是多么完美的结束大学生涯的方式。教育最终引领米切尔走进了生活。

第九章 精神向导

  优秀的教师是优质教育的前提——道理如此浅显易懂，但是面对不尽如人意的学术界以及围绕它的公共话题，我不得不再次强调这一点。最近发展的线上教育以及长久以来对线下课堂讲师或者兼职教师（代替全职教授）的扩充是大势所趋，我们似乎正在做出决定，认为大学可以完全不需要教师，至少在任何有意义的层面上是如此。大学如果忠诚于自己的教育使命，那么对教师队伍的建设绝对不能掉以轻心。

  教育既不是一个工程类问题，也不是为灌输大量知识而存在的。"教育"（educate）的本义是"引领"。教师工作的本质是引领并唤醒在每个学生体内沉睡的能量。我们如果有幸在自己的生命中遇见过抓住工作本质的良师，对这种经历就不会陌生。在柏拉图的《会饮篇》中，苏格拉底曾经说过，老师如同一位接生婆，倘若学生的"灵魂受孕了"，老师将帮助学生释放无数的思想。那么，到底是学生先"受孕"还是老师的存在让学生"受孕"了？两者兼有：学生体内已经存在自己未知的内容，老师帮助学生发现它的存在，并迎接它的到来。

灵魂的话题可能过于遥远或抽象，那么让我们关注一下大学教育理应培养的"大脑"。打个比方：我们的大脑如同电脑，可以下载大量的数据，但是如果电脑缺乏相应的软件，有再多的数据也没用。软件的作用在于处理数据，帮助我们理解并合成新的信息，然后用于创新。大学的作用就是在我们的大脑里安装软件。话虽如此，但我们必须清楚，在电脑里安装软件的过程简易、快速，而且电脑只需要被动接受，然而我们大脑的运作绝非如此。

思考是一项复杂、浩大的工程，需要运用多种技能，但思考的培养无异于身体方面技能的培养。比如打球或者陶艺，并非仅仅依赖书本或者视频就能学会，而是需要在一位资深老师的引导下，不断地模仿和实践，并慢慢融入自己的特色。学习新事物需要在小班环境中，以便得到足够多的关注，并根据自己的天资和需求接受一对一的辅导。再打个比方：当你学习吉他的时候，老师会手把手地教你正确的姿势和手指的位置，需要你一遍一遍地重复练习直到掌握为止。我们的大脑也有"手"，而且这只手可以做成千上万种事情。

我们不要忘却，大学致力于培养学生的最核心的能力，即学会分析他人的观点并阐述自己的观点。如果掌握一项技能需要1万个小时的练习，那么大学仅仅是个起点也就不足为奇，因为更多的工作需要在研究生阶段或职场中完成。（如果将1万个小时压缩到到本科四年中，那么一个人必须做到每周不间断地思考50个小时，一年保证50周。）而这还是假设你得到了适当的指导。你写一篇论文来阐述一个观点，并且邀请老师逐条逐点地讨论逻辑上的含糊之处、结构上的错误、论据的不足、没有看到的可能性以及对反对观点可能出现的地方等。老师还会进一步提出疑问，建议你从新角度探究，并肯定你的正确之处。按照这个方式，你需要一堂课接一堂课、孜孜不倦地练习并逐渐练就一身本领。大一写作课的第一周，你可能会写一篇3页的论文，不过可能只拿了个C。到了大三，你已经能够书写多篇15页的论文；到了大学毕业前几周，你需要完成50页的毕业论文。如果换成理科生，那么你的练习对象可能是实验报告、计算机程序或者数学证明，但是过程是类似的。

远程教学者认为，讲课是一种落后的教学方式，对此我表示同意。因此我们的课堂应该小而精，方便研讨。课堂的时间不是用来抄写笔记的，而应由教授带领，通过探究和讨论，帮助学生逐渐掌握要灌输给他们的技能。教授开展课堂对话，并引导学生围绕某个主题进行讨论，以避免鸡同鸭讲。他会挑战观点，提出新的问题，迫使学生进一步展开解释自己模糊的回答。他会帮助害羞的学生表达自我，并（温和地）让自负的学生保持谦逊；他接纳并鼓励学生，但同时引导并挑战学生。教授在课堂上的任务并非回答问题（至少大部分情况下不应该是这样），而是提出问题。

研讨课上的讨论是一种开放式的合作，师生在交流中可以收获意外的惊喜和新事物，这就是共同思考模式。波莫纳学院的一名学生高度称赞他的教授所营造的轻松讨论环境，教授如此平易近人，如同龄人一般，几乎给人一种错觉，但是这绝对不是错觉。教师的职责不仅仅是授课，而且也在向年轻人学习。在《婚变》一书中，影响主人公米切尔生命的一门课是有关基督教在现代社会存在的必要性的。讲授该课的教授里克特向所有的学生提出问题，并专心致志地倾听学生们各抒己见，这一讨论在理查德森教学楼的112教室里上演。其中的一位学生迪·迈克尔斯是校园话剧《巴士车站》里玛丽莲·梦露的扮演者，她正准备为相持不下的激烈讨论抛出她的绳索，以化解分歧。作为一名老师，我学会了在课堂上"放权"，不再为了表明自己的观点而限制学生的自由发挥。也许有些讨论在表面上是无序的、随意的，但是正是这些无意间迸发出的思想火花才是最有意思的，这样的时刻标志着学生和老师的共同进步，而且是向一个未知的方向前行。

大学的课堂跟其他课堂一样，是一个缓慢的、艰苦的过程。（如果做得对并得到充分的支持，也是非常有满足感的。）教学本身是一项复杂的技艺，是无法量化产出或者自动化的。作为老师，你必须了解每一位学生，了解他们的思想，并且你必须完全相信，（就像我的一位学生写到我的老师卡尔·克罗伯的那样，）每个学生绝对是独特的。（卡尔·克罗伯一直相信，真正的老师是在教学生，而非教课。）尤金尼德斯写道："米切尔看到了里克特的一举一动，感受到了他的细致，揭露问题时的共情，尤其感受到里克特跟一群青涩、充满激情的20多岁年轻人围着圆桌互动的那份高度热情。"

根据自己多年的一线教学经验和无数次跟学生的促膝长谈，我可以很自信地说，学生最希望从教授那里得到的主要是两样东西——不是大家所普遍认为的，简单的课程和容易拿的高分，那只是退而求其次的选择。学生所期望的理想教授是，挑战学生能力并关注学生个人发展的导师，他们不想要娱乐和游戏；他们想要的是货真价实的东西。

第九章 精神向导　　175

换言之，他们需要的是导师的引导。我对自己大学的经历记忆犹新，依然能够感受到那种渴望，这些在我自己的学生身上也得到了印证。青涩的大学生所需要的是认可和归属感，甚至我们不愿意承认自己存在的对长辈的依赖感。在其他文化里，如印度、犹太或东亚，都有"一日为师，终身为父"的观念，老师如同父母。听说在韩国，父母甚至会以老师的名义来警告并制止孩子的行为不端，但是在美国，我们过于保护孩子，时刻警惕来自外界的影响。在《迈向目的之路》一书中，威廉·戴蒙强调，家庭之外的成年人对孩子的成长起到关键作用。马克·埃德蒙森承认，原生家庭会因为孩子的离开而备感失落，但是他同时提醒我们，"孩子离开原生家庭是一件非常自然的事情。孩子会有自己新生的需求和欲望，因此他们去寻找父母之外的导师是难免的"。

我的一位同事曾经与我分享，她是如何有效地在 7 分钟之内为学生提供个人咨询的，其做法就是严格专注于学生的具体问题；学生则要明确自己来访的目的。的确，教授时间有限，因此高效的咨询方式是值得推广的。但是她又补充了一句，引发了我一系列的思考。她的另外一个观点是，"除了学业，我不跟学生讨论任何其他话题。既然我不会让一位心理咨询师来批改学生的论文，那么我也不需要为学生提供心理指导"。

乍一听，这些观点颇有道理，但这也暴露了世人对导师角色的普遍误解。导师的首要功能并非告诉学生做什么，而是倾听。通过倾听，导师尝试去理解学生提问背后的那个问题，然后帮助学生听到自己的声音。如拉拉·加林斯基所言，在重要决策的关键时刻，导师扮演提问者的角色，提醒学生考虑清楚重大决定背后的"为什么"。然而现实是，大学导师的服务普遍浅尝辄止，如同布朗大学一位学生曾对我说的：大部分导师无非就是告诉你如何选课，但好的导师会"帮助你以不同的方式思考抉择"。哈里·R.刘易斯认为，真正的导师会寻找学生提问背后的问题，"帮助学生认识自己，帮助他们勇于面对抉择，并为自己的决定负责。同时，当学生受到外界的声音影响而无法忠于真我的时候，导师要给予足够的支持来解救他们"。从学生的角度来讲，他们寻找的是一位有先见之明的前辈，一个能够给予连他们的父母都无力顾及甚至反对的理解和认可的人，即支持他们走自己的路，并肯定他们选择的人。

虽然刘易斯承认，教授的指导以学术为主，但是任何一种学习和成长必须是建立在感情之上的，因此学生更愿意寻求自己高度信任的教授的帮助。学习是一种情感体验，而师生之间的交流是亲密的，甚至是神圣的。苏格拉底曾经说过，师生之间，一旦关系建立起来，就将是永恒的。作为老师，我们经历了一届又一届学生，包括当时很亲密的学生，可随着时间的推移，我们与学生会渐行渐远，他们终将变成通讯录里的一个个名字。但是，我们对学生或者学生对老师的那份深刻的感情，使大家如故交一般，不管身在何处，将永远不会淡忘。跟我们建立了深厚感情的人，不管时间过去多久，很可能由于一些思绪，又会激起那份情感。我相信，有缘人在天堂的某个角落必定重逢。

作为一名老师，教学方法可以多种多样，但个人的教学能力最终源于每个人的生活经历。评论家莱斯利·福利尔德感慨："老师，专业的业余爱好者。他并非在教授一门课，而是在分享他的人生。他能够化腐朽为神奇。教学就是一种艺术。"在求学的时候，我逐渐归纳出如何判断老师教学质量的一个规律。如果某位教授从来不透露一些与个人相关的信息，比如自己的孩子或者同事的趣闻轶事，那么我敢断定，从他身上学生将学不到太多东西。我并不是要求老师交代一切，而是希望老师能够让学生感受到他的真实存在。索尔·贝娄在分析芝加哥大学的显赫人物时说："哲学系教授莫提默·艾德勒对亚里士多德的伦理学颇有研究，但是打过交道之后，你会发现，他对如何生活给不了有价值的见解。"

学生渴望遇到坦诚的教授，尤其希望教授本人是真实的，对自己是坦诚的。作为老师，我们先要摘掉老师的帽子，带着些许讽刺去观察，敢于承认学校大环境与自己心灵之间的鸿沟。在课堂上，我们对有些东西心知肚明，特别是知道最严肃、最发自内心的话不能说：我们想表达，生活就是一场悲剧；我们想警告大家，我们的生活时刻处于虚空之中；我们想呼吁，我们在读的每一本书或讨论的每一个话题，都是在关注生活本身。但是我们会觉得学校捆绑了我们的手脚，甚至连我们的嘴都变得被动，自己讲的话只能是引用二手的信息。我们可能担心自己讲的话如落叶般触地，发出刺耳声响。此刻，与实际情况保持些许距离便显得尤为重要。我曾对学生说，我在课堂上讲述这些，并非意味着我不相信这些话是真的。

任何学生对自己最喜爱的教授都会有两方面的赞许。第一个赞许是，"我的老师是全能的"。当然不可能是字面上的全能，而是如安德鲁·哈克和克劳迪娅·德赖弗斯两位所言，优秀老师是博学的，授课旁征博引，不会只限于单个科目的范畴。优秀的老师能够帮助学生学以致用，理论联系实际。优质的教学就如同一件优秀的艺术品，让你感受到"生活"的全貌，可以消除界限，把自己跟世界联系在一起，把思想和体会联系在一起，从而让人感悟到更大、更深刻的意义。所学到的东西不是杂乱无章的，而是可以融会贯通的，这与科目的性质无关。一位学生如此描述他的海洋生态学教授："他把海洋生态学变成了反映普遍真理的学问。"

当你遇见一位良师的时候，你是可以感受得到的。你会觉得，就是这样——这正是我来此的目的。他能够进入你的内心，会满足连你自己都未曾意识到的某种渴望。你会重新审视自己的世界，会突然发现它已经变得更广阔，更有深度，就像艺术。第二个赞许是，学生会说："我最喜爱的老师改变了我的生活。"

告诉学生在大学里寻求优质的教学，只会遇到一个问题——他们很可能找不到，因为学术机构通常并不关心教学。虽然大学总是大力宣传自身的教学质量，但是我们必须保持怀疑态度。整个行业的激励机制都对教学抱有偏见，越知名的学校，偏见越深。

美国高校的设计存在着根深蒂固的内在矛盾，它来自学院和大学之间的本质区别。从 19 世纪末开始至今，高校的定位以及教授个人定位已经发展成以做学问为主、以教学为辅。哥伦比亚大学教授安德鲁·德尔班科注意到，从 20 世纪初期开始，"壮志凌云的学术界认为本科教学是一种负担，会让教授分心"。当然，这种变化是循序渐进的。到了 1923 年，布朗大学研究生院院长警告全职教授不要对教学投入过多。二战之后，尤其是为了同苏联进行太空竞赛，美国联邦政府为科研源源不断地注入资金，因此学术研究的模式开始在整个大学系统中扩散。路易斯·梅南德观察到，"研究型教授成了教授的标准"。从 1960 年至 1990 年，美国联邦政府的研究经费翻了 4 倍，但是教授的平均教学时间减少了一半。在教授圈子里有一种共识：不发表（论文）就出局。也就是说，只有在研究方面取得进步才能被认可。因此，教授把自己的时间分配给同事、硕（博）士生（课题研究助手），或用来参加会议或者专业组织、向学术刊物投稿等，唯独本科生不在大学教授的视线之内。教授要提升和发展，只需要提高自己在研究领域的造诣，而非教学。

从 20 世纪 70 年代开始，博士产出过剩，大学的招聘条件水涨船高。学术刊物和大学出版物数量爆炸式增长，教授们被迫发表更多文章，但质量难免令人担忧。另外，科技进步促成了科研成果私有化，学校用研究成果的使用权换取了更多的收入。这种新的盈利模式进一步鼓励学校加大科研投入，竭尽所能招聘善于"吸金"的明星教授，而吸引他们的一种常见策略是免除他们几乎所有与教学相关的责任，不相信的话，大家去看看哈佛就明白了。

这种竞争是全民式的，即每一位教授都力争成为明星教授，每一所高校都是参赛者。就连第二梯队的公立学校（一般是某某州立大学，如密歇根州立大学），都会把所在州的领头羊大学（如密歇根大学）定为自己的竞争对手。加剧竞争的另一个推手是《美国新闻与世界报道》杂志。年度高校排名的计算公式中，有 15% 的评分来自"学校学术声誉"，即其他大学的管理人员对该学校学术水平的评分，而这种评价大体上反映的是该校的学术研究水平，与教学水平无关。资深记者詹妮弗·沃什伯恩在她的《大学有限公司》

一书中揭露，"令人震惊的是，大学的管理层已经根本不考虑本科教学质量了"。

学术研究价值的高低，见仁见智，但是过度关注研究对课堂教学质量产生影响，这是毋庸置疑的。加州公立高等教育系统的设计师克拉克·科尔解释道："（大学）用了高级的师资，却造就了低下的本科教学质量。"教得好，需要时间。挑战学生的能力，需要时间，因为老师需要布置作业并花更多的时间给予反馈；关心学生，需要时间，因为老师得愿意花时间跟他们交流，哪怕只谈论学习方面，也不仅限7分钟内的对话时间。仅仅是学习如何管理一个班级也需要时间：你需要学会带领学生讨论，学会向学生提问，学会如何让学生专心听讲，等等，这些都需要时间。总而言之，学会教书，跟掌握其他技能一样，都需要经历1万个小时的磨炼。

在顶级大学里，重视教学的教授不仅仅被轻视，还会被直接怀疑做学术研究的态度，因为花在教学上的每一分钟意味着牺牲了做学术研究的时间。正如卡内基教学促进基金会副会长厄恩斯特·博伊尔所言："赢得'最佳教学奖'对将来申请终身教授职位是极为沉重的打击。"一位在一流大学工作的教授回忆，当年自己作为年轻教员获得如此殊荣，在领奖现场，学校副校长凑近他轻声细语地说了一句："不必担心，这个奖项是很有用的。"之后，那位教授领悟并总结出，申请终身教授一职，如果教学水平太差，对自己肯定不利；但是如果教学太出色，则会引起学校的怀疑（担心申请人对学术研究投入不够）。两者之间的平衡点是教学不必太出色。（你想象哪个大学会在自己的网站上打出宣传语——"我们拥有一支不出色的教师队伍"。）大学生有一天会发现，他们最喜爱、最受欢迎的教授竟然未能取得终身教授头衔，进而恍然大悟，原来学生的发展和需求并非大学的考虑重点。

面对这种尴尬，高校采用了一种默认的逻辑为自己解围：越出色的学者就是越优秀的教师，当然这是毫无道理的，而且可以找到许多反对理由。暂且不提时间上的冲突。严格的学术研究所需要的技能恰恰削弱了教学所需要的能力。一位好老师的言语需要通俗易懂，化抽象为实际，变枯燥为生动，能够被大众接受，但是学术界所使用的术语却难以被常人理解。一位好老师能够把生活带进课堂，触类旁通，但是学术界分工细致，每个人专注的领域极其狭窄，颇有两耳不闻窗外事的境界。例如，我曾经跟一位同事交流，询问他是否阅读了《纽约客》杂志的某篇文章，他回答说："我不读通俗性刊物。"一位好老师应是个性鲜明的，但是学者必须学会用抽象的语言来交流，以传达客观事实。学术性文章被视为是"作者缺位"的，我认为，不少课堂可以被称为是"教授缺位"的。

在大学校园里，"教授缺位"的现象越来越普遍，而且越来越严重。我无须再次大篇幅地展开讨论自20世纪70年代开始的转变，终身教授被临时性教职员工代替，包括兼职教师、博士后、在读硕（博）士生、全职的非终身教授等。根据统计数据，2011年美国高校里的终身教授人数占整体师资的比例已不足25%。显而易见，临时性教职员工降低了成本，但也降低了教学质量。兼职教师相对而言经验缺乏，工资偏低（平均3 000美元一门课），但同时他们极其尽职，因此经常过度劳累，压力过大，这也难免造成了巨大的流动性。临时性教员往往集中在终身教授不愿教授的入门级别课程，但初级课程对刚入校门的大学生有着即时并深远的影响，这些课程能够帮助学生融入这个陌生的大学环境，让他们感受到被赋予的权利。教授的授课环境往往是大课堂，与学生的实际联系往往由助教来完成，甚至在不少大学根本不存在这种互动。

大学质量的优劣学生心知肚明。尽管耶鲁大学的师生比例为1∶6，在全美范围内首屈一指，但是我的一位学生告诉我，在大学四年里让她的思想变深刻的教授屈指可数。另外有学生向我倾诉，一对一的互动机会太稀缺了，与教授进行深度思想碰撞的机会更是可遇而不可求。在教学质量方面，至少在顶尖大学圈里，耶鲁大学算是值得称赞的。当我提及教学质量的时候，我的一位哈佛教授朋友满脸惊讶，因为哈佛根本没把它放入议程。更有西北大学的学生反馈，他们还要为获得老师的注意力相互竞争。也难怪2005年的一份针对大一新生的调查问卷显示，不到1/6的新生对教学质量表示"非常满意"。另外一份针对大四学生的调查问卷显示，超过1/3的学生表示课堂很无聊。

许多人把大型开放式网络课程慕课（MOOC）看作大学教学的救星，这让我百思不得其解。是的，这种形式的确成本更低，但是它对于课堂教学来说无疑是雪上加霜。教授们本来就不容易接近，网络课程更是进一步隔离了老师和学生。学生希望完成更具挑战性的作业，并得到细致的个性化反馈，我们却推出了由电脑程序管理的选择题。MOOC的本质无非就是一种奢华的改良版的教科书而已，其提倡的学习行为与高等教育理应推崇的教学理念背道而驰：被动的学习，弱化的专注力，视频代替了阅读，教授俨然成为娱乐频道的主持人，这些滋生了教授的明星化倾向。这些新事物出现的背后是网络文化对我们的深度冲击，如谷歌或维基百科，让我们误认为信息就是理解。用MOOC来替代传统的教学无异于把一名受家长冷落的孩子转交给一只智能机械猴子。

MOOC运动表面上是为了促进教育民主化，但这只是一件华丽的外衣。它本质上是在巩固高校系统里论资排辈的做法，将机构声望转化为经济利益，进一步扩大顶尖学校的名气。哈佛学生有机会跟自己的教授现场互动，而圣何塞州立大学的学生就只能通过视频观看哈佛师生的互动。如此相对比，哈佛显得更加高大，后者更加卑微。这就是网络平台（如Coursera）会选择跟普林斯顿或加州大学伯克利分校进行合作的原因。殊不知虽然知名大学的教授是成功的学者，但他们并不具备同样高超的教学能力。从大学的角度而言，MOOC所致力于推广的并非教学质量最优化，而是学校知名品牌最优化。

当知名大学开始为网络课程授予学分的时候，它们会更严肃地对待此事。当然，这可能只是异想天开。大学最忌讳的是品牌打折，因此像达特茅斯学院以及哥伦比亚大学肯定要坚持学生入住校园，提供给学生与各大领域专家互动的机会，提供最前沿的校园设施，外加各式各样的课外活动，等等。最重要的是，名校学生在这样的环境之下，有机会建立"志同道合"的人脉关系，甚至找到"门当户对"的结婚对象。甚至从单纯的教学角度来讲，网络教学也与传统大学课堂授课相去甚远；线上线下混合式学习模式并不比传统的面对面授课更经济，也并不更省力，这是由来已久的事实。

MOOC的推广者，包括头脑不清的媒体（暂且不说它们是否具有教学背景或资质），打着为社会公益事业服务的口号，声称网络公开课将改善全球教育不公问题，可以让被遗忘于非洲某个角落的学生同样获得高质量的教育资源，我且问一句，这样的学生将如何获得高速宽带？事实上，上网络公开课的学生根本就不是MOOC原本想要帮助的对象。Coursera及其他类似机构均为营利性组织，与它们合作的大学也期待回报。它们共同的目标是把知名大学的网络课程销售给第二或第三梯队的大学，以此达到创收。美国加利福尼亚州议会在极具政界影响力的科技公司游说后，通过法律要求加州州立系统里的大学为MOOC授予大学学分。这一目标的实现已经指日可待。换言之，公立教育正在被私有化和货币化，营利性机构又向前迈了一大步。

人们常说，大学生活是泡沫，但我认为，MOOC才是真正的泡沫。尽管近些年我们向MOOC投入了大量的财力和人力，但MOOC模式到目前仍没有充分证明它的优势和作用。其中，自始至终完成一门课学习的MOOC用户数量只占整体的4%。这当中的大部分学生为成人，他们已获得学位，清楚自己的需求，因此寻求特定方向的进修机会或新技能。也就是说，这些人已经能够指导自己的教育。这正是孩子们上大学要学习的事情。当公司以"网络学习证书"的标准来招聘新人，安排他们从事复杂并有望使他们晋升的工作时，公司将很快发现MOOC的真实含金量。

我希望我们还来得及补救。社会上总是有人试图把高等教育拆分销售，一旦拆分成功，就没有回头路了。大学教育是一场整体的经历，有前后顺序，是浸入式的体验，完全不能与电视节目相提并论。电视节目完全可以以节目为单元销售，比如说美国喜剧中心频道 Comedy Central 无须依赖 Hallmark 电视频道就可以观看；或者说《每日秀》电视节目完全独立于《科尔伯特报告》，两者之间并无关联。大学一定要保持头脑清晰，不管技术如何变化，所有的教学方式或者教育内容中，唯有博雅教育是无法被复制或者自动化的。

解决教学质量问题唯一真正的办法就是尊重教学，恢复其核心地位。从具体操作层面来讲，首先学校要有改革意愿，其次就是要有充足的资金。两者齐头并进才能够扭转目前发展已久的以临时性教职员工制度和学术研究为主的模式。大学如果希望培养出高素质的劳动者、思想家、公民和领导者，那么就应该善待甚至优待培养下一代的老师。目前，虽然教授的待遇是丰厚的，但问题是教授的数量不足，就算是在目前的基础上翻倍也不过分。另外，调整教授入职门槛将会吸引更多优秀学生从事这份职业。

与此同时，教授的职责需要重新定位，简单地讲：多些教学时间，少些学术研究时间。有人建议，教学能力突出的教授可以获得津贴。然而，最彻底的改革是从根本的奖励机制着手，这意味着，我们需要在两个方面做出努力：一是在招聘、留任、晋升和终身职位的决策中，将教学与研究置于同等重要的地位；二是创建一个并行的教学团队，使成员享有同等的薪酬、工作保障和机构尊重。如果教师能够通过教学、研究或二者的结合来提升自己的职业发展，那么我们就可以减少许多无意义的学术研究，并大大提高教学质量。

我相信这是众望所归的。有些教授的确很享受学术研究，相信自己的研究成果将永久性地改变世界。同时，我们也不乏与之相悖的教授，他们很愿意放下研究工作，不再为了发表文章而发表文章。讲得通俗点儿，他们自己承认已经"没有更多的东西要讲"，为了同行发表文章实感劳累。如果有机会，他们更愿意跟学生打交道。

学生希望自己的老师是睿智的，对自己的科目是有所了解的，但是这两种特性都不需要教授是学科带头人。在耶鲁任职这么多年，我认识到，最优秀也最善于交流的老师，是那些长期在一线教授英语语言文学入门课程的同事。既然我们已经拥有了良好的教学团队，那么我们为什么不可以赋予他们同等的师资待遇，而要让他们成为学术界的附庸呢？

我时常听到关于小学和中学教育的公共讨论，同时也听到过关于高等教育的辩论，这两者实际上如出一辙。既然我们承认，在基础教育阶段学生的学习得益于个性化教学和敬业的老师，那么大学阶段又为何不同呢？一名学生从高中过渡到大学，不可能瞬间变得独立和心智成熟，否则电脑就可以代替老师了！教学并非灌输信息，也不是娱乐节目；教学是互动，是激励，而这种经历只有在小班研讨的环境下才能发生。这种教学方式并非天方夜谭，在基础教育阶段，它每天都在教室里上演，即面对面、个性化、耗费人力的方式。当然，我们可以选择走捷径，但是播什么种子，就结什么果！

第十章 排名指南

有一位被多所大学录取的学生就择校问题向我讨教：哈佛大学、耶鲁大学、斯坦福大学，该何去何从？他希望我能给予一些建议。然而，我无从下手，真不知道如何去横向对比这3所学校。我笑问他，深红色、品蓝色和鲜红色3种校园颜色，他最喜欢哪一种。事实上，不论是学生、老师还是追求成功的精神状态与疯狂的心理，这3所学校之间并无实质区别。剩下的差异都是来自营销手段和自我做出的区别，就像心理学家所说的"微小差异的自恋"，即人们为了感觉自己比那些与他们极其相似的人更优越而做出的无意义区分。真正的问题是，你是否想继续参与这些机构所形成的系统的顶端竞争，如果你不想，如果你想要获得我一直在谈论的那种教育，那么我邀请你来深入讨论一下高校系统中塔尖学校之外的其他选择。

我并非在空想大学择校不重要。纯粹从经济角度来看，你大可放心，大学的影响并不大。一项大规模且精心开展的研究发现，对于大多数人（除了低收入群体和有色人种学生）来说，你上哪所大学对未来的收入没有影响。假如一个人去了宾夕法尼亚州立大学，而不是普林斯顿大学，那么平均而言，他最终赚到的钱仍然是差不多的。真正重要的是学生——他们的聪明程度、动力和职业道德，而不是学校。

不过就实际学习而言，学校确实非常重要。我们必须严肃对待这个话题。虽然历史学家维克托·戴维斯·汉森在加州州立大学弗雷斯诺分校和斯坦福大学都有任职经历，声称这两所大学提供的是同等质量的教育，安德鲁·哈克和克劳迪娅·德赖弗斯也坚信林菲尔德学院与斯沃斯莫尔学院的教育平分秋色，但是我认为他们的言论是为了刻意地反对精英主义。汉森教授认为，加州州立大学弗雷斯诺分校与斯坦福大学之间的唯一区别是学生的素质不同，对此我表示怀疑。即便如此，学生素质确实存在巨大的差异。学生的素质决定了课堂讨论和教学的深度。在课堂之外，学生之间的相互影响，既有正面的，也有负面的，并且是时时刻刻、实实在在的（前文提到的耶鲁女生的回忆："当其他人忙于贱卖自己的灵魂时，你很难独善其身，坚守自己的灵魂"）。这也是我劝告新人要远离常春藤盟校或者类似学校的一大原因。

弗雷斯诺分校属于长期资源匮乏的加州州立大学系统。这所学校跟林菲尔德学院相似，其学生大都选择了职业技术类专业。但我们要知道，在弗雷斯诺分校与斯坦福大学之间，或者林菲尔德学院与斯沃斯莫尔学院两个级别的学校之间，还有很多其他可选的学校。不少美国家庭在本科教育上省钱，为的是给硕士或博士阶段的教育积蓄资金。虽然美国高校经历了严重的财政缩水，但是全美各个地区仍然存在不少优秀的公立大学。公立学校教育（尤其是本科一开始的两年），往往做不到个性化，但是学生群体所带来的真正的多元化家庭社会背景，实乃一种隐性的、无价的体验式学习。我的一位学生（现任教于加州大学洛杉矶分校）与我分享了他的体会：

> 我一般不习惯为了多元化而吹嘘"多元性"的价值，但是我不得不承认多元背景在公立大学课堂上的贡献和美妙之处。在我教授的一门研讨课上，有位女生来自巴基斯坦，有位来自孟加拉国，有位是坐轮椅的黑人，还有一位是以色列人，学生群体的多样性彻底影响了我们对东方文化的学术讨论。在这种氛围下，你无法对"他者"的概念进行简单的抽象和草率的分析。

就读公立学校还有其他收获，这也往往是中上阶层意识不到的。布莱恩·约翰斯路德毕业于蒙大拿州立大学，获得过罗德奖学金，在斯坦福大学攻读博士学位期间，他分享道：

> 两周之前我有幸受母校邀请，在职业发展周做了一次主题演讲。如果要为我的讲演加以标题，我会称之为"州立大学教育的优势"。我分享了我在蒙大拿州立大学所获取的技能，其中包括个人责任感。也许我并没有时常被鼓励和称赞，但是我学会了自我督促，迫使自己做到最好。另外，我勤工俭学（在校外工作），有机会将学习和生活结合起来，学会了如何承担成年人的责任。这些都是顶尖大学所缺失的。

优秀学生在州立学校可以获得更多崭露头角的机会，因此他们与教授所建立的关系也更加紧密。布莱恩·约翰斯路德进一步阐述了他在这个方面的观点：

> 在我指导蒙大拿州立大学的学生申请像罗德奖学金或马歇尔奖学金等国家级和世界级荣誉的过程中，我不得不惊叹于教授推荐信中所分享的非比寻常的个人故事。各种大小故事所呈现的是学生和教授之间深度个性化的、全身心投入的、极具学术水平的互动关系，这些在牛津或者斯坦福是很少见的。

最重要的是，公立大学普遍为优秀学生设立博雅教育荣誉项目，收费仅相当于州立学校的水平。当然除了公立大学，还有其他高质量的选择。如果你追求博雅教育，最佳的选择自然是文理学院。文理学院也有短板，并不合适所有人：该类学校规模偏小，地理位置偏僻，因此会有些自我封闭或者说独树一帜。尽管如此，文理学院还是保持了相当高的本科教学水准以及人文学科的教育质量。这是不争的事实，其他学校是不能企及的。

在文理学院，教授能否被录用或能否升职很大程度上依赖于他在教学方面的投入，包括为学生提供的个人咨询时间，投入多，他将被认为会在校园生活中发挥积极的作用。虽然他们已经被纳入与其他地方教师相同的职业体系，但是文理学院的教授具有更强的对学校身份的认同感。在文理学院，课堂教学几乎都是以研讨形式进行的，而且教学者都是全职教授，极少数为兼职讲师，更无须顾虑出现像大型学校那样由硕博学生代替教授给本科生上课的现象。整个教学和学习环境是亲切的，但也是激烈的。（没有大型研究设施也意味着，人文科学不仅仅是科学的附属。）文理学院的学生在课堂上根本无法开小差，必须积极参与教学研讨。在课外，学生和教授时常促膝长谈。学生还经常对学校的运营产生影响，比如招生政策、新生宿舍楼的设计、教授的聘任等。这背后的理念是，学生是学校大家庭的一员，而非学校的客户。这在大型的研究型高校是难以想象的。

学校之间最关键的差异永远是学生群体。一位学生写信告诉我，她一直以为，综合性大学吸引的是野心勃勃的学生，而文理学院则是为那些真正对思想感兴趣的人准备的。这种认知勉强成立，但是未必完全正确。我从波莫纳学院的学生口中得知，职场的激烈竞赛往往在大四那年开始，晚于常春藤盟校一两年。由于《美国新闻与世界报道》的影响力不断扩大，而且大学招生录取机制的演变造成学生背景同质化，最顶尖的文理学院——或者至少它们的学生——已变得越来越接近常春藤盟校。目前，经济学已经成为排在前 20 名的文理学院里最受欢迎的专业，至少在 6 所甚至多达 14 所学校中都是如此，其中 7 所是排在前 9 名的学校。

最佳的高校也许是第二梯队的文理学院，比如里德、凯尼恩、卫斯理、西沃恩和曼荷莲等。这些学校一心服务于教育真正的价值，没有兴趣与哈佛、耶鲁进行竞争。虽然属于第二梯队，但是它们的质量绝非二流。在比较学校的时候，我建议多考虑《美国新闻与世界报道》排名之外的其他榜单，如"改变人生的大学排行榜"，"隐藏的常春藤"，或《华盛顿月刊》的大学指南与排名，后者是以大学为社会所做的贡献为依据的。你需要的是一所关心你的学校，而不是一所在墨西哥湾地区刚刚建立 MBA 项目的学校。如果一个学校大力宣传课程的灵活性，而非课程的标准和质量，或者淡化艺术和人文学科，强调许多"实用性"项目，那么我们就得格外小心了。我们要知道，由于美国长久以来博士过剩，如今优秀的教授在各个大学比比皆是。

《美国新闻与世界报道》杂志进行年度排名时统计了各所大学新生竞争力的数据，其中排在前20名的综合性大学，其超过90%的新生在高中阶段处于年级前10%，多所顶尖文理学院的情况也是如此。尽管并非任何一个排名前10%的学生都是"优秀的绵羊"，但也有足够多的人是这样，你要慎重考虑是否要与他们为伍。相较而言，非顶尖学府的学生更有趣，更有好奇心，更加开放，对自己所拥有的更具有感恩之心。同时，他们不会那么咄咄逼人或者自命不凡。总而言之，他们更像是伙伴，而非竞争对手。

在这里，我分享一个学生的亲身经历：

> 高中时期，我在一些课程中的表现一般，自己也没有特别在意，所以，我就去读了一所规模很小的非常春藤联盟的文理学院。在那里，我遇见了志同道合的朋友，我们喜欢追求广博的知识，不需要假装喜欢某一特定领域或者希望成为某类人才。与此同时，教授们总是鞭策我们，让我们提问、思辨，以开放的心态对待每一门科目，并运用已学的跨学科知识来验证正在接触的理论，以及提出自己的见解。在我最初撰写荣誉生论文时，我的研究主题跟自身的政治学专业并不完全相符，我面临不通过的风险。在困惑之际，我的导师鼓励我摒弃系里的指导方针，勇于承担风险，即使最终与论文奖项无缘，我在此过程

中也会有所收获并得到成长。此后，我在做任何事时都会遵循这个建议。

后来，这位学生成为一位博士生，在非本科专业领域钻研。我再分享另外一位女士的经历：

> 我很庆幸获得了贝里学院的全额奖学金。这所学校坐落于佐治亚州的东北部，拥有美丽的校园及出色的写作课程。学校虽然不大，但是气氛别具一格，个别方面特别优秀，因此非常适合我。学院里有几位有名的教授，更严格来讲，只有一位，但是学校的人文课程不乏极其聪慧且极具人情味的教授。他们很享受在小型课堂上跟学生探讨人性和人生的过程。有几位最出色的教授在常人眼中简直是"半癫"。我周围的同学是我之前未曾遇见过的。他们真心喜欢思想，喜欢书籍。与他们相处，我丝毫不需要掩盖最真实的自己，至少在智力方面。在贝里学院，我找到了前所未有、之后也将不再有的宝贵经历，我发自内心地感受到，这是一个团结的大家庭；我们之间可以促膝长谈：文学，艺术，自我，等等。尤其是在大学毕业前夕，面临毕业以后诸多现实压力，我们之间相互的支持成了我们最有效的减压手段。

* * *

教学和人文学科是博雅教育的核心，但是你也应该寻找那些关注教育目的的学院。在新生入学时，不少大学简单地把课程目录交到学生手里，举办一场迎新仪式，然后退场，让学生开始"摸着石头过河"。虽然学生会跟指导老师见几次面，但那也不足以满足新生的需求。最理想的方法是，让大一新生参加研讨课，引导学生了解大学教育的目的，而不仅仅是提供一门写作课或选课指导。

引导学生入门可以有多种方式，威斯康星州的劳伦斯大学自1945年开始，为学生开设为期两个学期的大一新生课程，博雅教育入门这一课程就是值得借鉴的例子。这门课程旨在激发学生的学术冒险精神以及构建学术社区感。在课堂上，学生会讨论人生和人性相关的大课题，比如，什么是好的生活。课程大纲是基于人文学科的，但是教学内容吸收了各个学科的精髓，涵盖了爱因斯坦、斯蒂芬·古尔德、柏拉图、弗吉尼亚·伍尔夫、斯特拉文斯基等。几乎所有的课（小班授课，学生有15人）都有全职教授任教。其中一位教授欣然说道："这样的课程推动学生拓展自己的专业选择。他们会发现自己原来对历史、艺术、物理等都具有浓厚的兴趣。"

这样的课程不仅能够帮助学生发现新事物，还会使他们变得更有自主性。一群大四的学生认为，大一课程帮助他们逐步明白了大学教育的意义。在大学四年里，他们获得了鼓舞，学会了自我主导教育的手段。这些学生的SAT成绩的确逊色于我所执教过的耶鲁的学生，但是他们似乎更有自我意识，对自己未来的选择更加坚定，更加坦然。其中一人夸口说，在这一届毕业的350人中，只有少数人选择去上法学院。

大学教育的出口与入口同等重要，因此择校的另一个考虑是，大学如何积极帮助学生从本科阶段过渡到大学之后的生活。一所理想的学校会主动为所有专业的学生提供各种机会，这一过程并非可有可无的附加项。学校愿意为你做长线投资，而不是等到你大四时临时抱佛脚——简单地把职业技能包装成"领导力"卖给学生。

我完全赞成积极的、服务性质的、学以致用的学习方式、课程或者项目。反思和行动是相辅相成的，思考时不能仅仅考虑自身的利益。本宁顿学院的新课程就是个完美范例。这些课程横跨大学四年，每位学生都会接受导师的一对一指导，书面记录自己的心得，并设计自己个性化的学习计划和方向。同时，学生参加为期7周的"实地实践"年度学习项目，为大学毕业之后的工作做最充分的、最具系统性的准备。校园里的社会公益行动中心为学生提供多样性的复合学科课程，学生可以围绕某个特定的关于贫困、公共卫生或者环境的课题进行探索和研究。本宁顿学院的整体课程设计理念是利用自身的资源来促进社会进步，这也是"领导力"和"公民精神"的高度体现，而不仅仅是漂亮的口号。

还有一种更大胆的选择：放弃上大学。前世界首富比尔·盖茨和脸书创始人马克·扎克伯格从哈佛大学辍学后成功创业的故事不知道激励了多少新人，如今的年轻人蠢蠢欲动，争先恐后地去模仿两位前辈的事迹。著名的风险投资家彼得·蒂尔毕业于斯坦福大学哲学系和法学院，他一直鼓励20岁以下的年轻人放弃读大学，并提供资源，支持他们创业。当然，如果你是一位计算机天才，这可能是值得考虑的选择，否则这将是一个愚蠢的决定。就经济回报而言，不论是个人薪酬、就业竞争力还是长远发展空间等，攻读大学学位都是一项很好的投资，根据最近的一项研究，它甚至是你可以做出的最优投资。它也是从事多种工作和接受任何专业培训所必需的资质证明。

　　我们不能放弃读大学，更不能忽视大学教育更高的目标。历史上总是有了不起的自学成功的人物，如作家弗兰·勒博维茨。她很庆幸自己被高中开除，因此她有了更多的阅读时间。如此人物，给她一座图书馆，她将获得整个世界。但这些人几乎和比尔·盖茨、马克·扎克伯格一样罕见。美国著名作家和哲学家梭罗，以标新立异的个性著称，也是大学的教育成就了他。大学的教育通常是有瑕疵的，即使在最理想的条件之下。一个人灵魂的培养肯定不能完全依赖于大学的教学大纲或者固定的学期制度，一个人想象力和勇气的培养与教学大纲严格的框架也并不完美兼容。我们可能认为，大学所提供的教育并不理想，但我们还是需要一个基础，之后才能在基础之上腾飞，因此放弃大学教育并非明智之举。

　　相较于到底是去哪所大学，更重要的问题是，你为什么要上大学以及如何利用大学教育。在制定大学申请名单以及访问校园的时候，你考虑的因素有哪些。也许你会被豪华的学生宿舍或者一流的体育馆设施吸引，但大学不是乡村俱乐部，你更应该关注的是——学生和老师的质量，寻找那些着重于思考的学校。了解一所学校最理想的方式是到课堂试听，而大多数大学申请者都做不到这一点。《美国新闻与世界报道》杂志就"本科教学质量"做了排名，依据的是他校行政管理人员的评价。虽然此排名不完美，但是其名单里往往会出现一些在其他综合排行榜上见不到的学校，因此还是值得参考的。同时我们在对待排名的时候，千万要对一些非直接相关的数据保持谨慎，如师生比例或者低于20岁学生的比例，等等。

这些数据无法提供实质性信息，如授课老师的背景，师生关系，等等。这些需要每个人亲自去了解。

对待排名的最好办法就是忽略它。排行榜往往把两类风马牛不相及的学校进行对比，或者在两所极其类似的高校之间进行一些毫无意义的评分。排名体现的是学校的市场地位，而非教学质量。选择一所能与你产生共鸣的学校，而不是像大部分学生总是在做的那样，选择最有名望的学校。

不论就读于哪所大学，一定要学会主宰自己的教育，而不是让教育来支配你。首先，毋庸置疑，老师是关键，因为正所谓"师者，所以传道、授业、解惑也"。初到大学，我们要以敏锐的嗅觉迅速寻找良师，并要勇于在课堂之外同他们建立关系，正所谓"师之所存，道之所存也"。再者，大学教育要先帮助我们成人，后帮助我们获取某领域的专业技能，因此选课的原则就是如此。至于具体的专业选择，那得听从你的直觉，一定要选择一个能够让你兴奋四年的专业。大学是完全属于你自己的，大学代表着人生的一次机会，善待这次机会，不要急着成为自己心中早已计划好成为的那个人，而是成为你自己从未遇见的那个人，遇见那个更好的自己！做到这一点，最重要的因素并不是你就读的学校，而是你自己。

04
第四部分 社 会

我们真的要继续维持一个"赢家通吃"的社会吗？我们真的要继续人为地让教育资源处于匮乏状态，然后让我们的孩子为有限的空间相互厮杀，进而陷入绝望和恐惧吗？我们真的要继续浪费我们共同的人力资源，而不是汇聚所有人的才能来实现更大利益吗？

第十一章 欢迎加入俱乐部

到目前为止，我一直都在探讨，我们的精英教育系统对经历该系统的人有哪些影响。下面我们来谈谈，精英教育系统对整个国家会产生怎样的影响。简言之，精英教育系统是在不断地复制、繁衍美国的阶层系统，其影响与一个世纪之前的"三巨头"之所为并无二致。具体来说，它是在加剧社会不平等，阻碍社会流动，固化阶层特权，并创造了一个与盎格鲁-撒克逊类似的、与社会隔离的精英阶层——尽管这一阶层本应引领社会。实际上，他们甚至会为自己的这一特权沾沾自喜。

统计数据能够说明一切。1985年，美国250所重点大学中，有46%的学生来自美国收入前25%的家庭；而到了2000年，这一比例达到了55%。到了2006年（尽管该年统计数据样本要小一些），这一比例已达到67%。据统计，在2006年大学入学新生中，仅有15%的学生来自收入低于中间值的家庭；稍早时候的一项研究表明，仅有3%的新生来自收入最低的25%这一部分的家庭。学校越是显赫，它的学生构成比例就越是悬殊。杰罗姆·卡拉贝尔指出，哈佛、耶鲁、普林斯顿"依然是美国主要研究型大学中学生经济背景差异最小的"。另一方面，公立机构也好不到哪儿去。2004年，美国州立重点大学里，有40%的学生来自年收入10万美元以上的家庭，而就在5年之前，该数字仅为32%。同一年的另一项研究指出，"从社会经济的角度来说，如今的美国高等教育是近30年来分化最严重的"。可以肯定，自那以后的10年，情况只会变得更糟。

出现这一趋势的主要原因非常明确。没错，越来越高的学费是一个因素，但主要原因是：如今培养一个有能力角逐常春藤盟校的孩子的成本越来越高。一路关卡越多，家长们在孩子身上的投入就越高。私人教师、考前辅导等只是一个方面。富裕家庭几乎从孩子生下来那一刻起，就开始往孩子身上倾注各种资源：音乐课，运动装备，国外旅行（各种美其名曰"拓展项目"的活动），等等。当然，还有一项最重要的，那就是私立学校学费，或者在顶级公立学校的生活成本。

设置SAT的本意是摸清学生的学习能力；但实际上，它衡量的是学生的家庭收入，更准确来说是家庭财富。在过去30年间，高收入和低收入家庭孩子的学习成绩差距扩大了约40%。自20世纪80年代后期到现在，高收入和低收入家庭孩子完成大学教育的人数差距扩大了约50%。来自低收入家庭的高分学生中，连**申请**就读四年制大学的比例都不到一半。先停下来，让我们仔细想想，这些数据到底意味着什么。正如保罗·克鲁格曼所言："穷人家的聪明小孩拿到学位的可能性，要低于有钱人家的笨小孩。"一位曾在昂贵的私立高中就读的学生告诉我，有钱人家的孩子，包括那些吸食毒品最厉害的和最捣蛋的,如今都过得不错,他们"太有钱了,不可能失败"。

如今美国的收入差距甚至比大萧条之前还要大,或者说,如今美国的社会流动性几乎比其他任何一个发达国家都要低,这并非偶然。当然,主要责任并不在大学,但毋庸置疑,大学并没有采取任何措施来逆转这一趋势,反而起到了推波助澜的作用。没错,近些年来,精英学校,尤其是那些最有钱的精英学校,已经给了中低收入家庭的学生更多机会。2007年,哈佛为家庭年收入不到6万美元的学生减免了学费,为家庭年收入不到18万美元的学生减免了10%的学费。在许多极其挑剔的学校里,能够享受学校经济援助的孩子比例越来越高,同时普通助学金覆盖的费用比例也越来越高。尽管如此,在如哈佛之类的学校里,还是有40%甚至更多的学生仍在全额支付学费。年收入18万美元的家庭在美国只能排到收入曲线的第94百分位,这也就意味着,哈佛有超过40%的学生来自美国最富有的6%的家庭——可能还不止于此,因为助学金的接受者并不局限于家庭年收入低于18万美元的学生。经济不平等导致教育不平等,从而导致申请者队伍严重向富裕家庭倾斜。

但这并不是说,来自低收入家庭的申请者人数就很少。精英学校绝对不会让本校学生的经济背景与整个社会的阶层分布一模一样。它们也无法承受这么做,而且我甚至怀疑它们根本不想这么做。这些学校需要吸收大批能承担全额学费的学生,它们要照顾捐款人,还要考虑最主要的生源群体,这些人主要来自美国(或者说全世界)的上流或中上阶层,它们的校友主要来自这一阶层,它们的管理者属于这一阶层，它们的学生毕业后也都会进入这一阶层。一项研究表明，美国 100 所高中（大约占美国高中总量的 0.3%）的毕业生要占到哈佛、耶鲁、普林斯顿全部学生的 22%。在这 100 所高中当中，只有 6 所不是私立高中。可见，"输送"系统不仅依然存在，而且生机勃勃。

精英学校不仅无力逆转这个越来越不平等的社会，它们甚至还火上浇油。种种迹象表明，重点学校在选拔生源时不会给低收入家庭学生任何优待，同时却会更加照顾其他群体，尤其是高收入家庭的学生。在《大学潜规则：美国统治精英如何花钱进入顶尖大学》（一本我读起来就想吐的书）中，作者丹尼尔·戈尔登详细描述了精英学校录取学生时会给予特殊照顾的三类人：捐款人、潜在捐款人，以及名人子女；教工子弟；运动员和校友子女（人数最多的一类人）。每一类人所占的比例从 10% 到 25% 不等。

当其他条件都相同时，校友子女拿到录取通知书的比例会高出普通学生 24 个百分点；而运动员则比普通学生高出 48 个百分点。照顾校友子女本质上是在复制特权阶层，但给予运动员特殊关照绝不是为了抵消这一做法。精英学校通常会组建几十支运动队，总的来说，在这些学校里，壁球、击剑、高尔夫、皮划艇、帆船、滑雪、网球、马球之类的贵族运动要比橄榄球和篮球之类的运动更为流行。戈尔登指出，美国教育法修正案第九条颁布以来，各种体育运动已经成为面向富家子弟的平权行动计划。"精英大学里至少有 1/3 的学生，文理学院里至少有 1/2 的学生，他们的履历都会在申请过程中被注意到，从而受到优待。"别忘了，即便不考虑这一点，这些富家子弟在学习方面本来也已经享有巨大优势了。

如果一定要把哈佛这样的大学说成"特权堡垒",有钱人把自己的孩子送到这类面向18—22岁群体的寄宿学校,让他们学会像有钱人那样走路、说话,像有钱人那样思考,以确保他们以后也会继续当个有钱人,那这种说法让人感觉有些可笑。难道这不是尽人皆知的事情吗?这些学校并不是凭空被称为精英学校的。但另一方面,我们偏偏要假装事情不是这样的。美国如今是一个优绩主义社会。难道不应该人人机会均等吗?

似乎是为了体现当前系统所宣称的公平,或者说,要与之前的做法"决裂",我们打着"多样性"的幌子制定了一系列政策。这种"多样性"的意义丝毫不亚于一场社会革命。举个例子,直到1961年,普林斯顿才承认自己有了第一位女性毕业生——该年度只有整整一位黑人学生被这所大学录取(确实很孤独),时至今日,普林斯顿有一半学生是女性,而且这所大学只有一半白人。但这种性别和种族的多样性其实只是个幌子,甚至可以说是一种托词,它所掩盖的是当前社会经济日趋分化的现实。精英学校依然在享用自己20世纪60年代积累的道德资本(当时这些学校确实迈出了勇敢的一步,打破了之前的盎格鲁-撒克逊贵族机制)。事实上,所谓的优绩主义,从来都是不公平的。记得我们之前说过,金曼·布鲁斯特在耶鲁的改革措施刚一出台,就立刻遭到该校校友的反对,他们明确要求布鲁斯特尊重运动员和校友子女,并指出捐款人的孩子无疑应当享有最高程度的关照。但如今,即便是一个人的学术潜力(如SAT成绩和其他标准所显示的那样),也已成为一种复制特权的工具。虽然表面上我们已进入一个种族多元、男女平等的优绩主义社会,但这种模式本身又会形成新的特权阶层,而我们的教育系统也在朝这个方向倾斜。

这很大程度上就是当前"多样性"的含义。到这个伟大国度的任何一所精英学校转转,你会看到一些令人激动的画面:白人精英(比如商界人士和专业人士)的孩子与黑人、亚裔、拉丁裔商界人士或专业人士的孩子一起学习,一起玩耍。这画面确实温馨,不是吗?对于在像斯坦福这样的大学里就读的孩子来说,如果有位同学来自密苏里州,另一位同学来自巴基斯坦,或者有一位同学会拉大提琴,有一位同学擅长曲棍球——哦,当然,他们的父母不是医生就是银行家——这就是绝对的"多样性"了。他们其实并不像自己所说的那样,与"各种各样的人"在一起,事实上,他们的同学都是一样的人,只不过碰巧来自不同的地方罢了。正如一位学生所写的,他们"意识到自己是学术精英,而并不认为自己是社会(或经济)精英"。

当然,也会有一些例外,一方面是因为这些大学知道,要为获得免税特权装装样子,另一方面也是因为精英阶层也要补充新鲜血液,仅此而已。在现行的录取政策下,最没有优势的群体是工人阶层和白人农民家庭的子女,在这一点上,他们甚至比不上亚裔学生(亚裔学生正在经历的,与一个世纪前针对犹太人的配额制度类似),所以你在那些精英学校里几乎很少看到他们的身影。认为精英学校多样化的唯一原因在于,你认为自己所见即全部。

或许有人会说,美国的教育系统是为了替代欧洲社会福利国家制度而设立的,其目的就是缓解不平等现象。换句话说,我们的学校提供的是机会,而不是"救济品"。没错,在以前,事情的确如此。二战之后的几十年中,公立高等学校史无前例地扩张,各种私立学校史无前例地敞开大门，为美国创造了一个庞大的中产阶层群体，一个新的中上流阶层。但如今，这套系统不仅没有努力消除不平等，甚至成了不平等的帮凶。

米切尔·L.史蒂文斯在《创造一个阶层》一书中写道，这些学校的录取流程"复杂、容易被公众接受而且成本高昂，已经成为当代美国社会持续强化特权的主要方式"。在我看来，这本书仅凭书名就应该获得一个奖项，更何况作者还在书中深度讲述了一所重点文理学院的招生过程。虽然申请大学确实会让一些中上阶层子弟有些焦虑，但这个漫长的过程"本质上只是走走形式"。真正重要的并不是你怎么做，而是你已经获得了游戏资格。可能最后获胜者会去布朗大学，失败者会去布兰迪斯大学，但别忘了，绝大多数孩子根本就没有机会申请这些大学，他们最终只能选择那些经费明显不足的州立大学，或者预算总是吃紧的社区学院，或者干脆不读大学。沃尔特·本·迈克尔斯在《多样性的麻烦》一书中指出，类似"平权行动"或奖学金之类的项目，其目的只不过是装点门面，让那些无缘进名校的孩子无话可说而已。"哈佛也会招一些穷人家的孩子（数量极少），其用意在于激励那些为数众多的富家子弟，告诉他们，你不能只用钱买到进入哈佛的资格。"迈克尔斯指出，美国的大学是阶层结构的"宣传机器"。

如果一所精英大学邀请我去发表新生入学演讲，我会告诉这些年轻人：你们或许确实很聪明，也很努力，但你们能来到这里，最主要的原因在于，你们很走运。你们或许的确通过竞争打败了自己的同龄对手，但事实上，你们的对手中有90%在比赛开始之前就已经出局了。

实际上，在这样的场合，演讲者说的话大都与我刚刚描述的完全相反。安德鲁·德尔班科指出，所有的大学校长都会用某种标准致辞来告诉新生，"在所有跨进这所学校大门的学生中，你们是最棒的"。这绝不是在夸大。一位已经毕业的学生几年前在一篇文章中这样写道：

> 我敢打赌，耶鲁2012届学生绝大多数都能准确说出当年的录取率……他们没有理由不知道。我记得所有人，从校长莱文到新生辅导员，都曾在新生培训周反复提到这个数字——9.9%。当时，这可是一项新纪录。这个数字背后的含义很明显：你们这一届是耶鲁有史以来最棒的学生！

这种情况绝不仅只发生在本科生身上，也不仅只局限于美国。我曾听到肯尼迪学院、沃顿商学院、普林斯顿大学、多伦多大学（加拿大顶级高校之一），以及智利天主教大学（拉丁美洲顶级高校之一）的学生都这么说过。一位本科生甚至在《哈佛深红报》中写道：

> 这些学生还没翻开课本、上第一堂课，就被强行戴上了无数顶高帽，这些高帽甚至多到让他们手足无措……让人郁闷的是，那些人人习以为常的赞誉几乎无处不在，已经不限于毕业典礼这种隆重场合，它们一直悄无声息地渗透进每一间教

室……就在这个星期（刚开学不到一个月），一位教授就在一堂大课上表示，全世界懂得这个领域的人当中，99.9%都在这所学校，而你们就属于这99.9%。

事情并非一直如此。在盎格鲁-撒克逊贵族的时代，学生听到的开学演讲完全是另外一回事。我之前一位比较年长的同事曾经告诉我：

> 以前的耶鲁可不是现在这样，那时老师们会对新生的资质持怀疑态度。记得在1957年9月的前几个星期，耶鲁一个学院的院长告诫我们："今年的申请人数太多了，即便学校最后录取的是其他人，相信他们也会跟你们一样优秀。"他还说："在接下来的4年里，你们有责任通过努力证明耶鲁录取你们是正确的选择。"1969年，我作为教师回到耶鲁，当时情况已经发生了变化。院长们开始告诉新生，他们是耶鲁有史以来最棒的学生，他们能选择耶鲁，实在让耶鲁感到荣幸。

当然，之所以出现这种改变，原因在于优绩主义时代的来临。学校开始拼命讨好学生，这样做有很多原因。它会让客户（学生）开心。只要客户开心，捐款自然就会源源不断。除了各种增强归属感的仪式，比如集会、新生入学仪式、毕业典礼等，学校还会通过各种印有大学标志的T恤和贴纸，有助于增强集体凝聚力的体育比赛，以及各种校友会来培养学生对学校的忠诚度，以此来丰富学生们的生活。但总的来说，它们这样做是出于一种信念感。这种恭维本质上是一种自我恭维——"我们伟大，所以你才伟大"。（我的一位学生曾经把这种心态描述为"耶鲁需要没完没了的自我庆祝。"）毕竟，学校和教授们本身就是优绩主义的产物，他们能跻身这样一所精英机构，这本身就足以让他们窃喜一辈子。他们对于世界、对于社会、对于公正的认同感与学生们的心态并无二致：这里可不是谁都能混进来的，能在这里站稳脚跟，说明他们是最棒的！

当然，这种思维是精英心态的本质，是这一动态游戏中的光鲜一面。它就像是一个契约，当你学会用分数来评判自己时，你就已经在这张契约上签了字。这种评判方式并不完美，但问题并不在于此。问题在于，在这种心态的主导下，学生们会坚信，分数就是一切。你在学校里表现越好，你就越优秀，无论是从道德上还是思想上，甚至是从其他各个层面上。

为自己的高智商或学术成就感到自豪并没有什么不对。可是问题在于，从精英学校给学生发出一沓厚厚的录取信那一刻开始，它们就在不遗余力地给学生灌输一种自大和自喜的观念。学生的优越感会通过各种方式展现出来，包括讲话的语音语调、举手投足的姿势、校报上的文章、各种学校传统等。校方要传达的信息非常明确："恭喜你！你成功了！欢迎加入精英俱乐部！"由此得出的结论也非常明确："因为你能来到这里，所以你值得随之而来的一切荣耀和特权。"很多人发现，精英学校的学生大都有一种优越感：因为他们的 SAT 分数比普通人高，所以他们自然就应该享有一些他人享受不到的特权。而事实上，真正的逻辑应当是：他们的 SAT 分数之所以比别人高，是因为他们本来得到的就比别人多。

当我撰文分析精英教育的劣势时，我在开头分享过一个水管工的故事。那是我 35 岁那年发生的事情，我第一次作为房主找人来维修水管。当水管工站在厨房里，准备钻到下水道去工作时，我突然发现，我不知道该跟他说什么。我从未接触过水管工，也不清楚他的价值观是什么，他用的很多字眼对我来说都很神秘，我根本不知道该跟他聊什么。就这样，受过 14 年高等教育的我，傻愣愣地站在那儿，手足无措，大脑一片空白，被自己的傻气搞得哑口无言。我可以轻松地跟来自其他国家的人，用其他国家的语言，聊上半天，却不知道该跟一个来到我家的水管工说些什么。

许多读者不认为这个故事是精英困境的写照——不赞同我所说的，精英教育的一个缺点是它让你无法与不完全像你的人交谈，而原因很简单，因为你从未遇到过任何人。他们坚称，**他们与水管工的沟通没有任何困难**。没错，或许他们说得对，也可能我确实在这方面比较愚钝，这是我个人的问题。我在美国郊区的上层中产社区自由生活，在一个正统的犹太教社区长大，小时候上的大多是教会学校。但我也非常清楚地认识到一点，当遇到类似的问题时，人们可能会看不太清楚，可能根本意识不到自己的阶层地位，意识不到这种地位如何使自己脱离了周围的世界。你或许觉得自己了解普通大众，但事实可能并非如此。

而且我还很清楚的一点是：抛开宗教因素不说，我的成长路径，如今正变得越来越普遍。媒体专家利明璋曾专门论述美国的"社区同质化"现象：整个社会在所使用的思维方式和生活方式方面日趋分化，但实际上，导致分化的根源在于收入水平。如今的美国社会结构僵化，有钱人变得更有钱，他们的孩子会进入私立学校或者近似于私立学校的公立学校,这一切都使得上层人从一出生(而不是从大学起)就开始脱离其他社会阶层。当初我所经历的受到庇护的狭隘抚养方式,如今已经成为非常普遍的事情,特别是对那些从小就进入私立学校的孩子来说更是如此,当然,他们也不会遇到"水管工"这样的人。

但问题不仅仅在于"脱离"社会。精英教育不仅不会教给你如何跟水管工们交谈,它甚至还会告诉你实在不必去操心这种事。别管什么阶层不阶层的。你根本没必要在一个没上过名牌大学的人身上浪费时间——不管他属于什么阶层。正如这些名牌大学喜欢说的那样,你是天之骄子,是"最优秀、最聪明的人之一",其他人根本没法跟你相比,他们没你优秀,没你聪明,因此无论如何,他们都应该生活在你之下。"我一位朋友曾说过自己坐火车去波士顿的经历,"一位哈佛学生在写给我的信中说道,"他说自己看着其他乘客,感觉这些人永远不可能像自己一样聪明,根本就不可能像其他哈佛人一样生存。"

当然,这种心态与所谓的"奉献意识"或者伴随精英心态而来的不安全感并不矛盾。事实上,诸如"为美国而教"这样的精英组织所宣扬的"奉献意识",在骨子里是一种屈尊俯就。当这些组织中的精英人士在为他人——为那些不幸的穷人——做某些事时,他们是在告诉那些接受帮助的人,这些事情他们能做,但对方做不到。于是,他们主动降低自己的身份,弯下腰来,用自己惊人的智慧和美德拯救别人。没错,他们客观上确实承认这些不幸穷人的存在,但却是用一种能够保持自己优越感的方式去帮助的——实际上,是强化这种优越感。

至于不安全感，这也是精英心态的一个组成部分。爱丽丝·米勒在《天才儿童的悲剧》一书（"轻蔑者本人的孤独"一节）中指出，抱着轻蔑这种心态，实际上是为了避免产生自卑感。

只要我们对他人采取轻蔑的态度，同时夸大自己的成就（"我能做的事，他做不到"），我们就不用担心别人会因为我们不够成功而不爱我们。但是，如果我们总是一味逃避，那意味着我们本质上仍然是被蔑视的，因为我们会蔑视自己身上那些所有不够出色、不够聪明的地方。

还记得虎妈吗？"失败者"对她的心理平衡是多么重要！"失败者"代表的是自我中那些被拒绝的部分，是内心深处最隐秘的噩梦。"失败者"哪怕只存在于想象中，都是一种持续起效的药膏，一种心理资源，它可以帮助你重新找到那种脆弱却又对你而言无比珍贵的自尊。这就是为什么精英阶层的那种"理所应得感"与老派的贵族阶层身上那种真正的自信相去甚远。理所应得感总是伴随着一种焦躁和自私，拥有理所应得感的人总是被笼罩在对失败的恐惧之中。

几年前，社会科学家让·阿尼翁发表过一篇名为《社会阶层和工作背后的看不见的课程》的文章。在调查了新泽西州5所小学之后，阿尼翁得出结论：学生在校的学习方式，比他们在校所接触的学习内容更会影响他们未来所处的阶层地位。工薪阶层的孩子会学习如何严格遵守纪律，所接受的教育也都比较机械，大都是死记硬背的；专业人士的子女则会学习如何创造，如何表达自我；商业阶层的孩子则会学习如何掌握权力、统治和自我掌控等内容。

大学也是一样。精英教育不仅会带你进入上层社会，还会帮助你为上层社会的生活做好准备。"当耶鲁在为学生提供奖学金，帮助他们去中国学习或去纽约看一场百老汇演出时，"一位学生写道，"它是在出钱为学生提供一些比较奢侈的教育，比如说如何拓展思维视野或如何更有教养。校方其实最主要的是在教你如何成为有钱人。"

直到我把自己的经历甚至我学生的经历，与我的一位在克利夫兰州立大学读书的朋友进行比较，我才意识到，这位学生所说的其实都是真相。我的这位朋友成绩一直都是全A，但是有一次，她在期末考试中得了D，之所以会如此，是因为她要在餐厅打工，结果论文晚交了一个小时。这可能是一个极端的例子，但它在耶鲁是不可想象的。没错，精英学校也有日期和出勤率的要求，但学生根本不会把这些当回事。只要他们提出申请，什么事情都可以延期；虽然校方也会规定，上课缺勤会影响成绩，但这样的规定很少得到执行。换句话说，那些在名牌学校就读的孩子，永远都有第二次机会。

而且同样不可思议的是，我的这位朋友竟然无处申诉。在克利夫兰州立大学这样的学校里，无论是辅导老师、导师还是系主任都根本不会为学生开脱，不会给予学生任何额外的帮助，甚至不会在学生摔倒时扶上一把。学生受到的教育都是冷漠的校方官僚机构"批发"给他们的，在这样的学校里，学生根本不会得到任何精心的照顾。他们几乎不可能有机会像精英学校的学生一样，去跟来校访问的政治掮客们一起同窗就读，或者跟来自外国的政要一同共进晚餐。这样的学校也很少会发放任何特殊经费，而在精英学校里，各种特殊经费唾手可得，比如旅行津贴、研究经费以及各种绩效补助等。我之前任教的英文系，每年都会发放几十种现金奖项，上到高年级学生的学术论文，下到一年级新生的优秀论文，都可以用来申请各种奖金。2009年，这样的奖金累计总额竟然远超10万美元——而且这只是一个系的情况！

像在克利夫兰州立大学这样的学校，学生得A-都不那么容易。精英学校和普通学校里的打分标准相差甚大。在20世纪50年代，公立学校和私立学校的GPA平均数大致相同，都是2.5左右。然后情况开始发生变化。到2007年，公立学校的GPA平均大约为3.01，而私立学校的GPA平均则为3.30，在那些顶级的私立学校里，这一数字甚至达到了3.43。只有在常春藤盟校之类的地方，老师们才会把A-当成默认分数，当成优秀生和普通生的分水岭。在这样的学校里，与其说A-是个分数，倒不如说是一种隐喻，一种平庸的特权的象征。事实上，校方是在告诉自己的学生，别担心，我们会罩着你！

在像克利夫兰州立大学这样的地方，学生接受的教育就是如何成为中产阶层，或者如何在各种官僚机构里供职。我也跟一些类似大学的学生交流过，他们证实我的观察很有代表性。他们以后的生活跟大学里差不多，凡事很少有第二次机会，不可以延期，几乎得不到什么支持，面临的机会也非常有限——总而言之，他们的生活就是服从、被管理和被控制，始终要在截止日期前完成任务，同时又得不到任何指导。而对于那些在名校就读的学生来说，情况则恰恰相反，他们的生活充满人脉、机会、免费赠品、特权以及各种上升通道。此外，他们还会享有一项特权：豁免权。优绩主义非但不完美，还有很大的局限性。精英的门槛确实很高，但一旦跨过门槛，你就几乎不可能被踢出局。哪怕你成绩很差，哪怕你严重抄袭，或者甚至对你的同学造成人身伤害——这三种情况我都听说过——这都没关系，你都不会因此被开除。一旦你获准进入精英俱乐部，你似乎就有了一种上帝赋予的特权，它让你可以永远留在那里。

如今这种自我保护不仅适用于男性，在更新换代后还适用于女性。事实上，情况比我描述的还要糟糕得多。我的那位1957年进入耶鲁的前同事曾经这样写道：

> 校方会根据一套公正的评分系统来决定对我们的态度。一旦某门课不及格，你就会得到类似于F的成绩，如果你有多门功课都得F，那你就毕不了业。在我们那个时代，每一级都有10%~15%的学生拿不到学位。情况虽然可能并不像"看看你左边，再看看你右边，4年之后，你们只有两个人能留在这里"那么残酷，但确实有这种意思。简单来说，当时的耶鲁是一个特权与责任共存的世界。我觉得这种方式是对的，你不能一味地鼓励一个18岁的孩子，让他认为自己已经大功告成，根本不需要再奋斗了。

但那是发生在20世纪50年代。那位在哈佛研究自我效能的学生也跟我说过她在学校经历过的"yes文化"：哈佛会让它的学生感觉自己无所不能，因为哈佛几乎会对学生想要的一切都说"yes"。

打个比方，作为哈佛学生，如果你想去中国学习一年，它会立刻给你准备好钱——你只需举手示意就行了。我没跟她说，这可能跟宽松的评分标准有关，但我告诉她，她所说的多多少少反映了名校学生那种"理所应得"的心理。她立刻表示反对："没什么是理所应得的，我们只是比别人更努力罢了。"没错，我说，"你们确实很努力，但只有努力是不够的，因为奖赏只应给予那些有成就的人，而不是勤奋或有欲望的人"。她对此不以为然，她说虽然罗德奖学金要求 GPA 至少 3.9，但她一位 GPA 只有 3.6 的朋友还是可以申请罗德奖学金，她认为这是好事。我告诉她，一个 GPA 只有 3.6 的孩子是不应该得到罗德奖学金的。她认为这就是精英主义：一个 GPA 只有 3.6 的人，只要她有足够强烈的需要，就应该可以申请罗德奖学金。换句话说，这世界不应该对精英人士设限。

我们不是理所应得，我们只是足够努力——这种说法很常见。没错，你可能确实比你身边的孩子学习更努力，但那些你没看到的孩子呢？你真的以为他们没有一个人在努力吗？还有那些在临近小镇上公立学校的孩子，他们每个星期都花跟你一样的时间学习，但最终却只有少部分人上了好大学，这是怎么回事呢？按照目前的情况，能够得到公平对待本身就是一种特权。大多数很努力的美国人最终都没能得到自己应有的回报。事实上，这就是今天的社会不平等。

我认识一位从海军退役，上过社区大学，后来又进入斯坦福的学生，他这样描述名校学生周围的"泡沫"：

> 我认为斯坦福（以及美国和世界上其他与斯坦福类似的学

校）的学生都是长在花园里的鲜花。他们会得到很多人的照顾，包括他们的父母、辅导员、考试辅导专家、老师、朋友等。只有在这些人的精心培育下，他们才能盛开。这些花朵虽然美丽，却很脆弱，而且必须远离风霜雨雪。真要感谢那些持续耕耘的园丁了！

我就像是这个花园里的一棵杂草，假装自己是朵花罢了。当园丁跟花朵讲述外面的故事时，我根本听不下去，因为我所见到的世界不是那样的，我见到的比他们任何一个人见到的都要多得多。事实上，我的心已经变得粗糙，无法享受他们那些有机食谱、自以为是的志愿工作以及孕育出众多年轻的自由世界领袖的枕边谈话了。我的根或许生长得很慢，生长过程也很痛苦，但它深深地扎在真实世界的硬土里。

我并不是要浪漫化我之前的生活，我只是说，经历过风霜雨雪的植物要比花园里的植物更加强壮。但对于一般人来说，为什么要离开色彩斑斓、稳定安全、美丽单纯的花园，去投入不太确定甚至有些危险的外部世界呢？在这里，人生的模式非常清晰：只要做到 A，你至少能得到 B。但如果这个世界没有那么简单，如果即使你做到了 A，也得不到 B，这些可怜的花朵又该怎么办呢？

很多年轻人写信问我，有什么办法能避免成为与社会脱节、自以为是的人呢？我也不知道，我最多只能建议他们转去公立大学看看。你无法通过沉思来同情不同背景的人，更不用说了解他们了。要想真正了解与自己背景不同的人，你只能实际进入他们的世界：

不是去进行所谓的"奉献",更不是请人喝杯咖啡,或带着屈尊俯就的态度去向下层人民嘘寒问暖一番。你如果要做到把对方当成与你平等的人,就得去了解他们本来的样子。

与其抱着"奉献"的心态去屈尊俯就,不如真正去体验一下他们的工作。只有这样,你才能体会到社会大众的艰难——不只是体力上的,还包括心理上的。我知道,很多人都夸你很聪明,但其实你并没有那么聪明;你只是在某些地方比别人聪明一些,而且只是比你周围的那群人聪明一些而已。名校之外还有很多聪明人,他们之所以没进名校,可能就是因为他们在这个世界上的阶层地位。很多不"聪明"的人其实很聪明。你肯定听说过"智商有很多种"吧。现在你可以去亲身体验一下。一位从高校毕业后前往社区大学就职的老师这样描述那里的情况:"每个学生的情况都大不相同,有的学生明显需要帮助,有的则让我感觉很年轻、粗俗,而且愚蠢。"只有在非常狭隘的意义上,"优秀"与"聪明"才是同义词。

我知道,一个享有特权的年轻人是很难听到这些说法的。刚开始接受教育时,我也很难听到这些声音。没错,你出生在大富之家,从小受到优待,但这不是你的错。不过现在,你需要负起责任了。首先,你要明白,不管别人怎么夸赞你,你都并不比别人更重要。你的痛苦并不比别人的痛苦更深重。你的灵魂也并不比别人的更高尚。如果非要用宗教的说法,我会说,上帝并没有更爱你。正如约翰·罗斯金告诉一位年轻精英人士的那样:"用大脑去尽力抢占一切并不比用拳头抢占更高尚。没错,这个社会总是要有分工的,有人要干活,有人要管理,但管理者并不应该拿走所有的利益。"

但这就是现状,过去80年的情况都没有这么糟糕过:我们的

"领袖们"——精英阶层——本该为公共利益而努力，却正在享受别人的劳动果实，通过剥削别人来让自己更富有，并堂而皇之地宣称这一切都是正常的，因为自己"更优秀"。不做一个认为自己理所应得的小混蛋是令人钦佩的目标，但真正的问题是，当前的环境让我们很难做出其他选择。事实上，真正的问题在于精英教育系统本身。那么你会问，该如何改变这个系统呢？这就是我在本书最后一章将要探讨的话题。

第十二章　精英教育的自我救赎

"出类拔萃之辈"这个流传了几十年的陈词确实是一个绝妙的讽刺。显然大家都已经忘记了,这个说法原本出自20世纪一本讥讽越南战争设计者的书,因为正是这群"出类拔萃之辈"的狂妄自大,将美国整个国家拖入了泥潭。[①] 没错,这群人的确够聪明,够优秀,但你见过比这群人更自恋的领导者吗?这世上还有比这帮家伙更失败的吗?如今这种被各种光环围绕的优绩主义,正在统治着这个史无前例的大衰退时代,这种治理准确地反映了负责复制它的教育制度。现在时机已到,我们不仅要自上而下地发动一场变革,还要开始思考另一种形式的领导模式,甚至是另一种模式的社会制度。

跟所有统治阶层一样,优绩主义也主张"一切从大众利益出发"。根据定义,这一思想本身就是一种捍卫自身利益的方式,它

---

① 参见[美]大卫·哈伯斯塔姆:《出类拔萃之辈:一代精英如何让美国陷入越南战争大败局》,齐沛合译,中信出版社,2019年。——编者注

绝口不提责任和义务，不提品德或领导力，只是强调个人成功和个人利益。从定义可以再次看出，优绩主义相信自身的卓越性，那就是"merit"一词的本义。除此之外，"优绩"一词还有一种道德含义，那是"智商"或"天赋"，甚至"优秀"或"成就"这些词里都没有的。"优绩主义"这个词的含义是：精英都是被上帝挑选出来的人，由精英来统治他人。这个词的精神意味自中世纪便已出现，直到今天，它仍然有这个含义。所有领导阶层都会发展出一套证明自己权力合法性的意识形态。比如说盎格鲁-撒克逊贵族提出了社会达尔文主义，他们认为日耳曼人之所以能统治世界，是人类生存演化的自然结果。现在又冒出来一个查尔斯·默里，在《钟形曲线》一书中，默里大谈"认知精英"和智商遗传等。如果有人指出这只是另一种形式的社会达尔文主义，默里等人就会悄悄地把"努力"替换为"天赋"，把"勤奋"替换为"基因遗传"。就好像那位哈佛学生所说的那样，他们会告诉自己，我之所以拥有今天的地位，完全是因为我**努力**（显然，其他人都是在混日子）。穷人之所以穷，是因为他们本身就低我一等；有钱人之所以有钱又有权，是因为他们本身就有"优绩"。

在共和党总统候选人身上，2012年总统大选又让我们对精英心态多了一层认识。我指的不仅仅是他关于47%的臭名昭著的言论，即47%的美国人"依赖政府，以受害者自居"。关于失业危机这件事，候选人米特·罗姆尼提出的观点同样让人大跌眼镜：应届毕业生应该从父母那儿借钱去创业！小说家朱利安·巴恩斯指出："在很久以前，有一些部落，他们四处游荡，认为自己是地球上唯一的部落，哪怕是在途中遇到了其他部落，他们也会坚持这么认为。"还记得那位坐火车去波士顿的哈佛学生吗？对于像他以及米特·罗姆尼这样的人而言，从某种心理层面上，那些不属于自己圈子里的人根本不存在。

其实精英们知道那些人是存在的，但他们就是无法想象那些人的生活是怎样的。虽然他们做出的很多决定都会影响普罗大众的生活，但他们根本没兴趣去体验大众的生活。正如我的一位朋友一针见血地指出的那样，这是一种"常春藤迟钝症"。如果你觉得把罗姆尼作为精英人士"不食人间烟火"的例子有些极端，那不妨想想罗姆尼之前的另外两个民主党总统候选人：阿尔·戈尔和约翰·凯里。他们一个出身哈佛，一个来自耶鲁，都是非常认真、聪明、体面的精英人士，但他们都无法跟广大选民进行真正的交流。事实上，就连美国总统奥巴马也做不到。这个来自火奴鲁鲁名校普纳荷，并先后在哥伦比亚大学和哈佛大学法学院拿到学位的家伙，虽然是位黑人，虽然口才极佳，虽然在社区工作多年，但同样无法跟他口口声声所说的"同胞们"进行情感交流。

至于他的前任小布什，那位平庸的典范，则更是精英教育系统的一个完美产品。他的整个任期都在实践"理所应当的平庸"这一理念，而且正如我们在过去几十年或更长时间里所看到的那样，这一思想如今已经成为整个领袖阶层做事的原则。如今不仅我们的政府处于全面失败状态（乔治·帕克曾撰文称，伊拉克战争是一场压力测试，它揭露出"行政与立法部门、军队、情报界、营利机构、非营利组织和媒体"的弱点；克里斯托弗·海耶斯在《精英的黄昏》中将过去十年合称为"失败的十年"），而且没有人为这场失败负责。对于精英阶层来说，他们总是可以被赦免，得到保释，可以求得宽恕，可以再来一次。那些没能达标的 CEO 仍然能拿到大把的薪水，这本身就是成人版的 A-。相信任何记得安然事件的人都知道，该公司负责人肯尼思·莱犯的错误足以让他在监狱里度过余生，但最终他在科罗拉多的家中悄然离世，这就是我们的领导者们所享受的特权。其实你根本不需要记住肯尼思·莱，因为这样的悲喜剧每天都在华尔街反复上演。

但话又说回来，小布什至少对他的前任克林顿做出了正确的评价，并且不经意间说出了自己所属群体的本质。记得在入职后的第一次集会演讲上，小布什这样评价克林顿："我们的现任总统象征了一代人的潜力。那么有才华，那么富有魅力，那么多才多艺。但最后，这一切都被用来做什么了呢？做出了那么多承诺，却并没有实现什么伟大的目标。"目标"，多么熟悉的字眼啊！事实上，如果说小布什是不负责任的特权的化身，那么克林顿体现的是整个系统一直在鼓吹的一种无目标的雄心壮志。所有的总统候选人，以及在任何领域取得高位的人，都会展现出惊人的野心。克林顿他就是在野心中泡大的，许多人也是如此。他很清楚自己想要什么，却不知道自己为什么要那个。

此外，我还想到了最近几任政府以及其他各种机构里，一直不乏类似于康多莉扎·赖斯这样的官僚，或者埃琳娜·卡根这样的人，都不用什么亮眼的简历，就可以平步青云进入美国联邦最高法院——她们明显缺乏激情，小心翼翼地让自己攀登至顶峰。既然连领袖人物都没有目标感，我们这个国家还会有目标吗？记得以前，我们曾经雄心勃勃地要去消除贫困、打赢冷战、登上月球、实现种族平等，创造一个更加公平的社会。可现在呢？你能告诉我如今的美国在向着什么目标前进吗？我们有那么多自由，那么多财富和权力，那么高精尖的技术，可到最后，我们要这一切干什么呢？

聪明、有天分、活力四射，同时又充满焦虑、贪婪、冷漠、怯懦，没有勇气，没有远见——这就是今天的精英阶层。优绩主义也是一种技术统治。它可以解决你摆在它面前的问题，但无法判断这些问题是否值得去解决。统治者们接受的训练只会告诉他们如何在系统内工作，所以他们根本不会思考是否还可以创造一个更好的系统。他们不会去思考信念、价值观、道德标准这些人文的东西，因为他们一直把这些东西当成理所当然的事物，以至于都忘记了这些东西的存在。这个系统所拥有的智力资源，并不比今天的专栏文章或昨天的立场文件更可靠。在优绩主义的社会，统治者们大都是专家，或者用索尔·贝娄的话来说，是"高智商的笨蛋"，是"缺乏宏大视野的人"。没错，我们需要专家，但我们不想被专家统治。

这里我恐怕还要引用另一位布什总统——老布什的话。1988年，他的竞选对手迈克尔·杜卡基斯（毕业于斯沃斯莫尔学院和哈佛大学，是第一位受优绩主义熏陶的主要政党的总统候选人）在一次演讲中指出："这次选举的重点不是意识形态，而是能力。"这是典型的技术官僚思想。而老布什则反驳道："能力确实能让火车往前跑，可问题是，它无法给火车找到方向。"他进一步说道，这次选举的重点应该是，或者所有人都关心的问题应该是，信念、价值观和道德标准。

说到技术官僚的典型，除了可怜的"高智商笨蛋"杜卡基斯之外，我还可以举一个更有名的例子——美国总统奥巴马。他的一本书名字是《无畏的希望》，可真正无畏的，只是他个人的野心。作为一名骑墙派人士，一个实用主义者，一个总是寻求妥协和共识的人，他像整个系统的其他产品一样，凡事都喜欢求稳。他会披上一层外衣，把自己打扮成一个"高瞻远瞩的人"，但实际上，他的远见就是统治技术本身——所以他才会大谈那些"常识性的解决方案"。如果说政治是"可能性的艺术"，那么奥巴马作为一位领导人的失败就在于，他无法去想象更多的可能性，他只懂得在现实的框架内活动。

就好像有些学生因为怕考不好而不敢选某门课一样，奥巴马也会刻意回避那些比较难处理的事。这个类比并不牵强，因为他给自己列了一份成绩清单（是的，你没看错），而且给任期的前两年打了70分（也就是说，他认为自己完成了预期任务的70%）。换言之，他给自己打分的时候相当慷慨——典型得不能再典型的优绩主义心态！可选民好像并不这么认为，所以2010年的民意调查结果让奥巴马颇感震惊。由于没有意识到正在发生的灾难，他似乎认为，只要得到正确的答案，他就能在中期考评（一个甜蜜而熟悉的名称）中取得好成绩——这让他后来的总统任期更加难堪。

此外，他还无法理解人们为什么会反对他的几项任命，比如说他任命蒂莫西·盖特纳担任财政部长，任命劳伦斯·萨默斯担任国家经济委员会主任——尽管这两个人在把美国拖入金融危机这件事上难辞其咎。在奥巴马看来，这两个人是"最优秀的"，还能有谁更适合去掌管美国经济呢？无论怎样掩饰，奥巴马及其顾问的傲慢都是不应该的。当奥巴马说这些话的时候，他似乎根本想不到，这个世界绝对不仅仅只有方程式，除了他所认同的价值观、视角和利益群体之外，还有其他不同的价值观、视角和利益群体。虽然奥巴马的种族和出身背景相对底层，但他的当选本质上也是一种优绩主义的胜利。让人感到悲哀的是，事实就是如此。

我一直认为，近年来几任总统候选人都是优绩主义失败的典型例子，但最引人注目的现实是：这些候选人首先是美国整个系统的产物。1988—2012 年，美国两党一共推出了 10 位总统候选人。其中只有两位没上过精英私立名校，他们是鲍勃·多尔和约翰·麦凯恩。在其他 8 位之中，有 7 位都上过精英专业学校。所有这 8 位，即两位布什、杜卡基斯、克林顿、戈尔、克里、奥巴马和罗姆尼，都上过哈佛或耶鲁。

相比之下，从 1948 年到 1984 年（这段时间也是公立大学的黄金时期）的 14 名候选人当中，只有 3 人上过精英私立大学，只有两人跟哈佛或耶鲁有关（还有一位上了普林斯顿）。其中有 8 人上过州立学校，超过了总人数的一半，相对而言，从 1988 年到 2012 年的总统候选人中只有一位上过州立学校。理查德·尼克松上的是惠特学院，罗纳德·里根上的是尤里卡学院，林登·约翰逊上的是得州西南师范学院，巴里·戈德华特没读完大学，哈里·杜鲁门则根本没上过大学。

此外，还有一个极其令人震惊的事实：近年来的总统候选人大都出身名门。从 1948 年到 1984 年的总统候选人，只有两位出身名门。而此后 10 位总统候选人中则有 6 位出身名门：两位布什、戈尔、克里、麦凯恩以及罗姆尼——他们的父辈不是参议员、总统就是海军上将、州长，克里的父亲曾经担任美国驻外使节，并先后就读于安杜佛、耶鲁和哈佛（克里的母亲则来自福布斯家族）。在2000—2012年的四届总统选举中，出身名门的总统候选人比例则更高，6位候选人中有5位。（如果把2016年的希拉里·克林顿和杰布·布什或者兰德·保罗也包括在内，这一比例甚至达到了7/8。）这绝不是特例，正如我在前面所说的：这就是我们这套系统的运作方式。

这种情况绝不仅存在于总统竞选过程中，如今整个精英阶层都是如此。最高法院的9位大法官中有8位都毕业于哈佛或耶鲁，这一比例史无前例，而且有6位都是从本科开始就在哈佛、普林斯顿或斯坦福就读。2011年的内阁成员中，只有一位上过公立大学。根据2002年版的《谁统治美国？》中的数据，54%的商界领袖和42%的政界精英毕业于美国12所大学中的一所或多所。精英研究生教育通常只存在于少数几所大学，而私营公司也越来越倾向于从排名最靠前的几十所大学中招聘人才。一项研究表明，在招聘新人时，美国最顶尖的律师事务所、投资银行和咨询公司只会把目光投向哈佛、耶鲁、普林斯顿、斯坦福之类的学校——或许它们还会考虑沃顿商学院的MBA。甚至连麻省理工、哥伦比亚、达特茅斯这样的学校都会被看成是次优选择。

随着优秀的大学增多，以及越来越多的优秀学生被哈佛、耶鲁、普林斯顿和斯坦福拒之门外，我们该如何解释这种疯狂的排他呢？根源在于推动整个系统的那种精英心态。出身名校的人根本不认为其他学校毕业生有资格进入自己的圈子。我刚刚说过的那项研究中，研究者们还提到了"一种对血统的疯狂迷恋"。而且雇用哈佛或普林斯顿的毕业生也是一种安全的选择。如果这位毕业生入职后表现并不理想，那么招聘者不会因此受到责备——他毕竟是名校毕业的。相比之下，只凭直觉或碰运气的招聘方式就太危险了。

考虑到我们整个系统正在批量生产越来越多的同类，你可能会觉得，人们可能会需要一些不同的头脑或者说不同个性的人。可问题是，一旦精英开始内部繁殖，他们就会绵绵不绝。所以那些位高权重的人，虽然他们个个出身显赫，却总是会一次又一次地重复犯相同的错误。结果就是，美国整个国家的命运都可以事实上追溯到小学，或者更贴切地说，追溯到子宫。

优绩主义不仅自我封闭，自我强化，它还会假公济私。如今我们到处可以看到权力阶层在滥用职权，去伤害那些他们发誓要服务的人：医生会接受医药公司的好处，即便有更安全、更便宜的药，他们还是会向病人推荐医药公司的新产品；大学教授一边倡导提高学费，一边压缩预算，同时又给自己猛涨工资；政客们放弃政治生涯，为了赚钱而充当利益集团的说客；监管人员纷纷离职，去他们之前监管的公司就职；CEO们掠夺自己的公司；投资银行密谋去欺骗客户；会计公司和信用评级机构做假账。总而言之一句话，我们的领导阶层不是在为普罗大众服务，而是在与大众为敌。因此毫不奇怪，在当今这个优绩主义的时代，虽然很多精英人士披上了一层自由主义的外衣，但他们信奉的仍然是里根主义——二者的逻辑都是一样的：人不为己，天诛地灭。

似乎没有人认为领导本身就意味着机遇和责任。没有人觉得不应该事事从自己的生活方式出发。刘易斯·拉普曼一针见血地指

第十二章　精英教育的自我救赎　229

出:"管理精英们只忠于自己的野心,其他一切都不重要。"最有代表性的例子恐怕要数英国石油公司前CEO托尼·海沃德了。他在自己的公司造成了人类历史上最大的环境灾难之后,竟然当众大哭,说希望自己的生活能恢复正常。他的公司把整个墨西哥湾变成了一摊污水,而他真正关心的却只有一个人:他自己。

类似的情况以前也出现过。E.迪格比·巴尔策尔在《新教当权者》一书中写道:"历史总是会埋葬那些把特权凌驾于领导义务之上的阶层。"波茨尔一直致力于对盎格鲁-撒克逊贵族的研究,他于1964年发表了自己的研究成果,"WASP"一词从此成为大众用语。也正是在这一年,耶鲁开始改革自己的录取方式,所以这一年也被称为"优绩主义元年"。正如俗话所说:"密涅瓦的猫头鹰总在黄昏起飞。"人们只有在一种现象成为历史时,才会更加清醒地意识到它的含义。

盎格鲁-撒克逊贵族的统治曾在20世纪20年代达到顶峰,所以波茨尔将其称为"盎格鲁-撒克逊的十年"。正如我们所知,那10年同时也是疯狂过剩的10年,是美国社会进入极度不平等的10年——直到今天,我们才再次重复这一现象。第一次世界大战的结束,就像后来苏联解体一样,极大地推动了美国的发展。全球领导棒被传递到了美国,也就是盎格鲁-撒克逊贵族手上。接下来发生的事情我们都很清楚了。"1920年,整个世界的命运被交给了美国的盎格鲁-撒克逊人,"巴尔策尔后来引用一位盎格鲁-撒克逊人士的话说,"然后他们在接下来的9年里像猪一样疯狂地拱食巨额利润，直到打翻整张宴会桌。"

20世纪30年代，美国深陷经济危机，詹姆斯·B.科南特开始推行优绩主义，统治阶层开始应对现实，他们一方面扶持正在上升的社会群体，发动整个国家的有才之士，另一方面开始直面自己灾难性的失败。1929年的大萧条让这些往日的贵族意识到，自己的时代已经过去了。这一时期盎格鲁-撒克逊贵族的所作所为确实令人称道，其中一点就是，他们，至少是他们当中的相当一部分人，不管出于什么动机，开始慢慢地（虽然有些不情愿）为权力的交替做准备。他们战胜了自己，他们把整个国家的利益放到了自己的利益之上——因为他们已经意识到这两种利益并不一致了。他们最终还是明白了一个道理：一个完全不同的新的阶层将势必取代自己的位置。

今天的情形与当时惊人地相似。当时的贵族和今天的优绩主义精英在崩溃前都曾辉煌过一段时间：前者的兴盛期是从19世纪80年代到1929年，后者的兴盛期则是从20世纪60年代到2008年。但两者在其他方面则有很大不同。今天的统治阶层——至少是当权派——似乎还没有人从2008年的全球金融危机中吸取教训。我这里所说的教训并不是指金融监管或者法律问责方面的教训，而是指他们应该意识到一个道理：是时候继续前进了。是时候了，世袭的优绩主义精英阶层必须开始战胜自我了，不是只1%的富豪统治，而是10%~15%甚至整个精英阶层，包括专业人士及银行家，自由人士及保守人士，中上阶层及上流社会，无论当前的系统是如何自圆其说的，如何自我恭维的，它都已经行不通了。现在我们必须想象一个不同的社会形态，并鼓起勇气去将其变为现实。

新的分配必须保证特权不会代代相传，这一点非常重要。教育系统必须能调节整个社会的阶层系统，正如它在 20 世纪中叶所做的那样，而不是复制和繁衍。我们可以像 20 世纪 30 年代那样，首先从录取方式上进行改革。平权行动应当根据阶层，而非种族，这是许多人多年来一直呼吁的改变。应当抛弃对名门之后和运动员的偏爱。SAT 分数应该让位于各种社会经济因素——早在 20 世纪 90 年代，就有人制订过类似计划（当然，被否定了）。大学应当限制申请人在简历上列举的课外活动数量。它们应该更加注重低收入家庭的孩子在高中阶段参与的志愿工作——那些高分学生几乎从来不做这些。千万不要太在意申请人凭借父母财力所得到的经历或机遇。当然，它们必须立刻停止跟《美国新闻与世界报道》杂志之间的合作。

或者我们把范围再扩大一点，它们需要重新思考"优绩"一词的含义。如果学校想要培养出更加优秀的领导者，那它们必须问自己，到底想要培养孩子怎样的品质以及如何培养。一旦录取标准改变，整个教育系统都会相应改变。我们希望孩子们更能承受挫折，更自立，更加精神独立，对世界充满好奇，更有创造力，更愿意去冒险，不怕犯错误。一位在波莫纳学院招生办公室工作的学生告诉我，她在面试中最喜欢的申请人是那些在高中阶段有过失败经历的人，她认为这样的人很有趣，但遗憾的是，这样的学生从来不会被录取。有人建议，在递交申请资料时，除了列出自己的成绩以外，申请者们还应当提交一份"失败履历"。戴维·布鲁克斯指出，我们的社会不会认可那些"聪明而又坏脾气的搅局者"，但在我看来，他们才是我们真正要认可的人。

大学应该记住，如果一味根据GPA来招生，那最终只会让那些苦哈哈的拼命三郎受益，却不利于真正有创造力的孩子。同时应该记住，在审查学生的AP课程与课外活动时，我们也应当遵循这一原则。要想在某一领域做到真正优秀，你必须学会专一，集中精力，听从自己的直觉，而不是去在意自己的履历是否丰富多彩。哈佛教授、美国诗歌评论家协会主席海伦·文德勒曾经试图提醒她所属的机构，真正伟大的艺术家不太可能是"领袖人物"或那种什么都擅长的人（或者想要什么都擅长的人）。我要说，真正伟大的科学家、思想家或者其他任何领域的大家，都是如此。当耶鲁在20世纪60年代开始改革自己的录取方式时，它的目标是摆脱愚笨且平庸的预科生，寻找"真正有才华有活力的大脑"。可事到如今，当初符合这一标准的人，如今已经变成另一种形式的平庸之辈。谁还会认为今天的常春藤盟校学生在智识层面依然生机勃勃呢？谁还会认为今天的他们（极少数除外）依然才华横溢呢？（才华横溢和极其聪明并不是一回事。）忘了那些A-吧，如今就连A都已经没什么意义了。这个社会迫切需要一些成绩A+的学生，哪怕这样会意味着有时需要冒险，有时会犯错误，那也没关系。

优绩主义起源于一个与当前世界完全不同的世界，它的教育系统也是为一个完全不同的经济形态而设计的。二战后的美国主要靠各种大型官僚机构来发展，而运行这些机构的，是各种科学和社会科学专业人士。当时主导美国社会的是福特汽车公司、NASA（美国国家航空航天局）、五角大楼和贝尔实验室这样的机构，而且这种局面似乎会永远持续下去。在这样的背景之下，通过考试来评定人才，并训练他们成为社会机器中的一环，是一种非常有效的做法。

此外，在二战之后，也就是冷战时代，在这样一种静态的全球系统下，最重要的事情就是管理和应对现状，尤其是当现状似乎会一直持续下去的时候，更是如此。但现在我们面对的是一个经济动荡、政治不稳定的世界，各种风险和机遇都难以预料。我们需要一种截然不同的思路。

仅仅改变精英学校的录取方式是远远不够的，我们要发起的变革必须更加深入。改变录取方式或许能够解决平庸这一问题，但无法改变这个社会的不平等。私立学校和大学可以向穷人或中产阶层敞开大门，因为它们能做的，也只有这些。我们需要做的是，对组织高等教育系统的整体方式进行一次大修。真正的问题不在于录取方式，而在于常春藤盟校本身——在于它们和其他学校所享有的地位。问题在于，我们把培训未来国家领导人的工作外包给了一群私立机构。无论这些私立机构如何宣扬自己的使命感，无论它们怎样信誓旦旦地要服务全社会，从根本上来说，它们都会把自己的利益放在第一位。它们终究只是富人的"产物"。这种安排对学校来说是好事，因为学校的财富和影响力会继续扩大，但问题是，难道就因为哈佛需要校友捐款，我们就要放任它继续强化当前的阶层系统吗？我曾经认为，我们需要创造一个公平的环境，要让所有的孩子都有平等的机会进入常春藤盟校。现在我突然意识到，我们真正要做的，不是让所有孩子都能上常春藤盟校，而是让孩子不用上常春藤盟校（或任何其他私立学校）也能享受到一流的教育。

这种想法其实并不新鲜。它自二战之后就一直存在，甚至还直接推动了公立高等教育的发展。纽约州州长纳尔逊·洛克菲勒，属于最后一批盎格鲁-撒克逊贵族，大力拓展纽约州的大学教育系统，他之所以这么做，按照洛克菲勒的说法，是因为他认为"每一位公民都应该有机会接受跟他在达特茅斯接受的一样的教育"。加利福尼亚州根据同样的理念，创办了世界上最伟大的教育系统之一——实际上的西海岸常春藤联盟。公立学校，既然是公众出钱创办的，就应该服务于公众的利益。每个人只要他足够努力，足够有天分，就能得到平等的机会（这是我们常说的美国梦）。每个人，只要他有需要，就应该得到人文教育所能提供的那种拓宽视野和丰富灵魂的经历。我们认为每个人都应该得到免费的高品质的K–12教育，这是一种人权；我们也需要承认，其实高等教育也是如此，正如美国曾经做到的，以及许多国家正在实行的那样。

可事实呢？政府决定不再为这一理想埋单。高校的经费不再来自税收，而是来自学生贷款。随着2008年经济进入萧条期，美国政府在高等教育上的开支明显下滑，自1980年以来，它在国家预算中所占的比例已经下降近1/3。自2008年以来，教育预算的比例绝对值已经下降18个百分点，在几个大州下降的幅度甚至超过30个百分点。在过去10年中，公立大学的学费每年都会增长5%，增速甚至比私立大学高出两倍（后者实际上几乎保持不变），这并非巧合。自1989年以来，美国在高等教育上的投入——换句话说，社会大众承担的那一部分——几乎下降了一半。几乎在同一时期，学费在公立大学收入中所占的比重，也就是来自学生及其家庭的那一部分，增加了几乎一倍。如果这些比例保持不变的话，或者说如果我们继续坚持二战之后的教育理念的话，如今包含学生债务在内的美国大学学费至少应该减少一半。

其实并不是那个教育系统无法维系，正如有人评论的那样，而是根本没有人维系那个系统。现在我们开始讨论 MOOC 和价值一万美元的文学学士学位。公共高等教育开始面临与许多其他公共项目一样的问题：经费不足，而且备受指责（公众认为这些大学根本没有发挥其应有的作用）。我们从先辈那里继承了一个强大而繁荣的美国，但似乎并没有去投入更多，让它变得更好，反而不停地去透支它，并把账单塞给我们的子孙后代。如今的学生负债累累，想知道谁是罪魁祸首吗？照照镜子就知道了。如果你的孩子在大学毕业后无法自立，还需要你继续补贴的话，千万别怪别人，你只是在以某种形式偿还自己对社会的欠债——你的行为本质上是在完成原本应当通过税收完成的代际财富转移。

但我们如果想创造一个真正公平的社会，仅仅提供一流的免费公共高等教育是不够的。要想让孩子在大学里有平等的机会，就要让他们在准备申请大学之前就享受公平。毫无疑问，有些不平等是无法避免的；有的人总是比别人做得更好。但关键是要防止这种优势的代际传递。所谓公平，并不是要让每个孩子都要有一样的东西；它只是代表我们每个人都应当拥有足够的资源。最重要的是，我们要消除 K–12 阶段的不平等。大家都很清楚该怎么做：给全美的中小学都提供同等金额的经费，或者更进一步，就像世界上最优秀的一些教育系统一样，比如芬兰、加拿大和新加坡，给低收入家庭的孩子提供更多帮助。但当权者根本不愿意这么做。这两种方式都需要从国民总收入中调拨经费，而不是主要通过地方财税来资助学生。前者是大多数发达国家的做法，而后者是有钱人用来保持自己特权的做法。

当然，无论哪种做法都需要大量经费。幸运的是，我们有充足的资金，只是把它用错地方了。你可能经常听政府哀叹："我们快要破产了。"但事实并非如此。即使按人均计算，除少数国家外，美国仍然是世界上最富有的国家。只要稍微削减一下高达7000亿美元的国防预算，减少一些政府花在监狱上的开支，美国就可以筹集很多资金。跟20世纪80年代相比，如今公司税收占联邦政府收入的比例已不及那时的一半。如果企业想要在未来招到更高素质的员工，它们必须现在就付出代价。还有那著名的1%，他们的财富从1953年到1981年在美国社会总财富中大约只占到10%，但如今该比例已经增加到了约23%——若按美国的社会财富总额16万亿美元计算，这意味着每年超过2万亿美元的溢价，是联邦政府财政赤字的几倍。我个人会理解为，美国最富有的1%的群体，在过去一些年当中，通过操纵立法机构与司法机构（以收买为主）等方式，从其他美国人的口袋里偷走了财富。

但税务并不是唯一的问题，美国的超级富豪们绝不是日益加剧的贫富分化的唯一受益者。如今，美国前1%的富人财富在社会总财富中所占的比例达到了1928年以来的最高值，但前10%的份额已升至1913年有记录以来的最高水平，超过了50个百分点。所谓的"1%"，作为一个概念或口号，其实只是中上阶层——或者说那些毕业于名校并且计划把自己的孩子也送进名校的精英人士——逃避社会指责的一种说辞罢了。

压缩公共教育经费，无论是高等教育的还是中小学的，不仅会让富人少缴税，还会创造一个对富家子弟更加有利的经济系统。当有钱人把自家孩子的竞争对手都排除在外时，自家孩子的日子就会好过很多。这是一个龌龊的小秘密，也是富人们一直回避的一个话题。他们已经表现出对自身美德的一种维多利亚时代的膨胀。我们相信，或者宣称自己相信，社会流动性是必需的，但在内心最深处我们都知道，社会流动本身是一种零和游戏。大家都在拼命往上爬，有人成功，自然就有人失败。凯特琳·弗拉纳根曾说过，那些进入名校的人，大都接受过足够的教育，知道该如何保持政治正确，但他们所受的教育不足以让他们"认为精英大学的理念令人反感"。我们可以在种族、性别和性取向问题上保持进步，却对一些最关键的社会问题（如阶层问题）视而不见。不仅如此，我们还会精心地守护阶层划分，因为它是舒适、自尊甚至美德的来源。

事实上，精英阶层以牺牲子孙后代的幸福为代价来换取自身的延续。孩子要跨越的障碍越多，他们付出的代价也就越多，能做到这一点的家庭也就越少。然而，需要跨越的障碍越多，他们的人生就会越悲惨。我们在本书第一部分讨论的所有问题，比如恐慌、疲惫、空虚、茫然、恐惧、玩世不恭等，还有我们在最后一部分讨论的理所应得感、平庸性、对社会分层的漠然，以及领导阶层的无能等，其根源都在于精英阶层本身。只要精英阶层仍然在牺牲别人的利益来为自己的孩子换取优势，这些问题就都无法避免。这实际上是一种悲剧式的救赎。你以为你在毁掉别人家的孩子，但到最后，要为这一切买单的是你自己。

自我救赎是一件非常严肃的事情。它与所谓的"服务",与你在导致别人陷入贫困之后又去帮助别人时的"慈善感",完全不是一回事。你真的想要帮助那些不幸的人吗？那就别挡着他们的路。换句话说,不要拿走所有的资源。社会正义意味着你需要放弃一些你拥有的东西,从而让别人能够拥有更多。这才是我们在思考这个国家的高等教育时最终要面对的问题。我们真的要继续维持一个"赢家通吃"的社会吗？我们真的要继续人为地让教育资源处于匮乏状态,然后让我们的孩子为有限的空间相互厮杀,进而陷入绝望和恐惧吗？我们真的要继续浪费我们共同的人力资源,而不是汇聚所有人的才能来实现更大利益吗？我们真的要成为一个部落社会,每个人都袖手旁观,听任整个社会慢慢毁灭吗？

在《无名的裘德》一书中,托马斯·哈代讲述了一个贫穷、勤奋而又才华横溢的年轻人的故事。由于没能进入精英大学,他被剥夺了改变自己人生的机会。多年之后,有一个年轻人出现在他家门前——可能是他的亲生骨肉,也可能不是。要不要收留这个年轻人呢？他告诉自己：

> 血统真的是一个很愚蠢的问题。为什么要考虑这个问题呢？仔细想想,孩子到底是不是你的亲生骨肉有什么关系呢？我们这个时代的所有孩子,都是这个时代成年人的孩子,都应该得到所有成年人的照顾。

如果我们想要创造一个体面的社会,一个正义的社会,一个明智而繁荣的社会,一个孩子们因为热爱所以学习、人们因为热爱工作而工作的社会，我们就必须接受托马斯·哈代的这一理念。我们不一定非要像爱自己一样爱我们的邻居，但我们要像爱自己的孩子一样爱邻居的孩子。我们已经尝试过贵族统治，尝试过优绩制，接下来是该试试民主治理的时候了。

致 谢

本书绝对是集体努力的结晶。为感谢所有帮助我构思和完成这本书的人，我会逐个列出所有对我的文章做出过回应、在校园活动上向我提问或与我一起上过课的人——更不用说，还有我在耶鲁执教时教过的每一位学生。我希望，这本书本身就是一种感谢。

我要向多年来与我分享见解和经验的众多学生致以最崇高的谢意，特别是 Laura Zax、Ed Goode、Su Ching Teh、Nikki Greenwood、Alex Milsom、Matt Strother、Joanna Neborsky、Krista Deitemeyer、Aaron Thier、Chiara Scully、Amy Fish、Nicole Allan、Mariangela Crema、Alex Schwartz、Rachel Mannheimer、David Gorin、Curt Ellis、Molly Worthen、Kate Riley、Blake Charlton、Emma Vawter、Adrian Quinlan、Benita Singh、Maria Richardson、Jasper Sherman-Presser、John McEachin、Presca Ahn、David Busis、Jinan Joudeh、Al Kegel、Maria Spiegel、Chrissie Schmidt、Catherine Killingsworth 和 Sabrina Silver。还要感谢 Matt、Helen Rittlemeyer 和 Ben Orlin 允许我引用未发表的文章。

衷心感谢与我讨论过这些问题的朋友和前同事，特别是 Blakey Vermeule、Sarah Mahurin、Ravit Reichman、Wes Davis、Pericles Lewis、Barry McCrea、Priscilla Gilman、Kimberly Jannarone 和 Donald Brown。其他与我对谈并提供宝贵意见的人士包括 Tammy Kim、Rob Reich、Mark Edmundson、Lloyd Thacker、Lara Galinsky、Gloria Kweskin、Becko Copenhaver、Kathy Kirshenbaum、Amy Whitaker、Caroline Kahn、Peter Chemery、Jonathan Weiler、Daniel Schwartz、Frances Bronet、William Treseder、Ronald Newburgh、Josipa Roksa、Dan Chazan、Stephen Bergman、Yong Zhao、Herman D'Hooge 和 Michael Koehn。

感谢 Terri Lobdell、James Axtell、Roger Geiger、Gurumurthy Neelakantan、D. Parthasarathy、Sean F. Reardon、Dorothe J. Bach、Chris Miller、Gong Szeto 和一贯亲切的 Andrew Delbanco 提供的研究帮助。

特别感谢那些让我有机会在校园和其他场合露面的人，包括耶鲁大学圣安东尼大厅的 Lily Janiak、哈佛大学人文中心学生委员会的 Lois Beckett 和 Elsa Kim、康奈尔大学的 Jefferson Cowie、西点军校的 Scott Krawczyk 上校和 Karin Roffman 以及 Elizabeth Samet、斯坦福大学的 Blakey Vermeule 和 Jennifer Summit、波莫纳学院学生会的 Julius Taranto、寄宿学校协会的 Peter Upham、斯坦福大学麦考伊社会伦理中心的学生、波特兰州立大学的 George Karnezis、密西西比大学荣誉学院的 Douglass Sullivan-González、中康涅狄格州立大学的 Mary Collins、劳伦斯大学的 David McGlynn 和 Timothy Spurgin、弗吉尼亚大学商业伦理学会的 Logan Spangler、耶鲁-新加坡国立大学学院的 Bryan Garsten、Y Syndicate 组织的 Marc DeWitt、霍勒斯·曼高中的 David Schiller 和 Jessica Levenstein、波莫纳学院学生联合会的 Saahil Abhijit Desai、斯克里普斯研究所的 Gayle Greene、达拉斯人文与文化研究所的 Larry 和 Claudia Allums，以及他们的同行、同事和支持人员。特别感谢克莱蒙特·麦肯纳学院的 Audrey Bilger 和其他许多人，去年秋天，我在那里完成了手稿，并进行了非常有意义的对话。

非常感谢《美国学者》的 Robert Wilson，在我的一篇充满奇思怪想的短文被一家有钱的出版刊物拒绝后，他为我提供了庇护，并从那时起继续允许我发表对这些问题的看法。还要感谢《国家》的 John Palattella 和《高等教育纪事报》的 Evan Goldstein，他们给了我更多机会倾诉对美国大学现状的不满。感谢我的编辑 Alessandra Bastagli，以及自由出版社的工作人员（Alex Jacobs、Tyler Allen）和切纳里代理公司的其他工作人员。最重要的是，感谢我的骑士和杰出经纪人 Elyse Cheney，没有她，我可能会站在高速出口的匝道旁，举着一块牌子，上面写着"愿意为金钱宣誓"。

我最深切的感谢献给我的妻子 Aleeza Jill Nussbaum，感谢她的洞察力、智慧、耐心和黑色幽默：不论是在谈话中还是在生活中，她都是我真正的伴侣。

最后，感谢所有允许匿名引用他们电子邮件或口头评论的人。为保护他们，一些细节做了更改。印刷错误已被悄悄更正，材料的一些省略号已删除，但含义并未发生任何改变。

有关文献来源和进一步阅读的建议，请访问 Excellent Sheep.com。